VERA LENGSFELD
1989 – Tagebuch der Friedlichen Revolution

VERA LENGSFELD

1989 – Tagebuch der Friedlichen Revolution

1. Januar bis 31. Dezember

TvR

© 2014 by TvR Medienverlag, Jena
1989 – Tagebuch der Friedlichen Revolution

★

1. Auflage 2014.
TvR Medienverlag, Jena
http://www.tvrmedienverlag.de

★

LaTeX-Satz: Bernd Freistedt
Cover: © TvR Medienverlag
Druck und Bindung: UAB „Baltijos Kopija", Vilnius
Printed in Lithuania
All rights reserved

★

ISBN 978-3-940431-15-8

Für alle unbekannten Revolutionäre

Inhaltsverzeichnis

Vorwort	9
Januar	11
Februar	38
März	55
April	76
Mai	95
Juni	114
Juli	137
August	151
September	166
Oktober	184
November	218
Dezember	253
Weiterführende Literatur	282
Personenverzeichnis	283

Vorwort

„Ein großes Gedächtnisjahr hebt seine Röcke und möchte begattet werden," beginnt Walter Kempowski seine Chronik „Alkor"[1] des Jahres 1989, ohne zu wissen, dass er am Jahresende über viel mehr als 50 Jahre Kriegsbeginn, 40 Jahre DDR und BRD, 200 Jahre Französische Revolution, sowie seinen 60. Geburtstag zu berichten haben würde.

Kempowski war Ende 1989 einer der wenigen Intellektuellen, die mit reiner Freude auf den Fall der Mauer und den Zusammenbruch des Kommunismus reagieren konnten und die es nicht bereuen mussten, den falschen Heilspropheten gehuldigt zu haben.

Es ist ein Allgemeinplatz, dass die Zeitzeugen eines gesellschaftlichen Umbruchs sich allzu oft Täuschungen darüber hingeben, was sie eigentlich miterleben. „Die Geschichte lehrt, wie man sie fälscht", dieses Bonmot des polnischen Aphoristikers Stanisław Jerzy Lec ist seit DDR-Zeiten für mich eine Art Ariadne-Faden durch die Wirren der Geschichte und ihre Wahrnehmung.

Fünfundzwanzig Jahre nach ihrem Zusammenbruch leben wir in einer Gesellschaft, in der die DDR als Schimäre wiederauferstanden ist, die Mehrheit nicht mehr weiß, was die Mauer bedeutet hat und man einen Preis für Zivilcourage erwerben kann, indem man sich ein Hakenkreuz in die Hüfte ritzt und hinterher behauptet, die Rechtsradikalen hätten das getan.

Die friedliche Revolution hat den Grundstein für ein freies, einiges und demokratisches Europa gelegt. Diese entscheidende Tatsache ist leider keineswegs im öffentlichen Bewusstsein. Um das zu ändern, habe ich dieses Tagebuch der Friedlichen Revolution geschrieben, um den Geschichtslegenden die Fakten entgegen zu halten.

---

[1] Die Auszüge aus Walter Kempowskis Tagebuch „Alkor" wurden mit freundlicher Genehmigung des Knaus Verlages München abgedruckt.

Januar

Erster

Am 1. Januar 1989 tritt in der DDR etwas in Kraft, das man als einen Vorboten für die kommende Entwicklung sehen könnte. Ein neues Reisegesetz eröffnet erweiterte Möglichkeiten für private Besuche im Westen, aber auch für die ständige Ausreise. In den kommenden Monaten sollte sich erweisen, dass die DDR-Bürger entschlossen waren, diese Möglichkeiten zu nutzen.

Zweiter

Am 2. Januar 1989 kehrt der litauische Titularbischof Steponavičius nach 28 Jahren Exil nach Wilna zurück. Damit endet die schlimmste Zeit der Unterdrückung der Kirchen in den baltischen Staaten. Sie sollten bald eine entscheidende Rolle in den kommenden Ereignissen spielen.

Zu Jahresbeginn sind die staatlichen Organe, wie sie in der DDR hießen, schon bestens auf mögliche Zusammenstöße mit der Bevölkerung vorbereitet. Eine Schlüsselfunktion haben dabei die *Kampfgruppen*. Das sind militärische Organisationen auf Betriebsbasis, denen vor allem ehemalige Zeitsoldaten angehören.

Ein Kampfgruppenkommandeur erinnert sich daran, dass bis 1984 das „Sperren der Bewegungsrichtung" einer der taktischen Ausbildungsschwerpunkte für die Kampfgruppen war. Das hieß im Klartext: die Eindämmung eines NATO-Angriffs auf eigenem Territorium; Freihaltung der Marschrouten und Aufstellungsräume der regulären Armeen; Bekämpfung versprengter Einheiten des Gegners. Also mussten die Kampfgruppen alles lernen, was irgendwie mit der NATO zu tun hatte. Es gab sogar ein „Gegner"-Kabinett mit Puppen in Original-Uniformen.

Das änderte sich ab 1985: Die neue Taktik hieß jetzt „Aufrechterhaltung der inneren Ordnung und Sicherheit". Geübt wurde nun das Räumen von Straßen und Plätzen, die Suche nach „Störern der öffentlichen Ordnung", die Zuführung von Verhafteten und die Auflösung von Zusammenrottungen. Ab sofort sollten auch Frauen in die Hundertschaften aufgenommen werden. Die Ausbildung schloss nun den Umgang mit Schlagstock und Handfesseln ein. Dafür wurden „Demonstrationsübungen" für alle Kommandeure veranstaltet. Die neue Taktik kam bei den Kämpfern nicht gut an. Es gab erste Austritte und allgemeines Murren, was bis dahin undenkbar war.

„Die Öffentlichkeit hatte keine Ahnung, worauf wir uns vorbereiteten. Die Ausbildung fand immer in Waldgebieten statt. Dort lernten wir das Sperren und Räumen von Straßen und Plätzen anhand von Stadtplänen, oder, vom Frühjahr 1986 an, Taktikelemente wie ‚Zuführung von bekannten Störern'. Dafür gab es Listen von Zuführungspunkten, die flächendeckend in der ganzen DDR eingerichtet worden waren: einsam gelegene, aufgelassene Fabriken, Schlösser, Feriensiedlungen – damit im Ernstfall die in weiteren Listen erfassten ‚Gegner der DDR' schnell isoliert werden konnten."

Dritter

Die Zentrale Erfassungsstelle Salzgitter gibt bekannt, dass sie 1988 1 235 Gewaltakte des DDR-Staates gegen seine Bürger registriert hat. Für diese Gewalttaten sind die Verantwortlichen kaum zur Rechenschaft gezogen worden. Das machte das Vergessen leicht.

Vierter

Während das *Neue Deutschland* ungerührt titelt „Kollektive im Wettbewerb zum Wohle des Volkes" und damit ein weiteres Signal setzt, dass sich in der heilen sozialistischen Welt nichts ändert, sind die Journalisten-Kollegen jenseits der Oder-Neiße-Friedensgrenze schon viel näher an der Realität.

Die Wochenzeitung der Polnischen Kommunistischen Partei *Polytika* interviewt erstmals den Vorsitzenden der verbotenen Gewerkschaft *Solidarność* Lech Wałęsa. Das war eine offizielle Anerkennung des Einflusses, den die Gewerkschaft und ihre Anhänger trotz der Repressalien während des Kriegsrechts gewonnen hatten. Man kann mit Fug und Recht sagen, dass die polnische *Solidarność* ebenso gestärkt aus dem Kriegsrecht hervorging, wie seinerzeit die deutschen Sozialdemokraten aus den Verfolgungen des Sozialistengesetztes. Das Interview von Wałęsa wirkte weit über Polen hinaus. Der Text wurde übersetzt und in vielen Ländern des Warschauer Paktes verbreitet. Anders als viele friedensbewegte Oppositionelle der DDR ließ sich Wałesa niemals auf eine pauschale Verdammung des Nato-Doppelbeschlusses ein, sondern er formulierte als Ziel von *Solidarność* klar eine rechtsstaatliche Demokratie, keinen verbesserten Sozialismus.

Die SED erkannte sehr genau, welche Gefahr ihr aus dem Nachbarland drohte. Ihr Zentralorgan, das *Neue Deutschland* scheute sich nicht, offene Hetze gegen die Polen zu betreiben, die nur in die DDR kämen, um den Bürgern alles wegzukaufen. So wurden aus Sicht der SED zwei Fliegen mit einer Klappe geschlagen: Die polnischen Nachbarn wurden diskreditiert und zum Sündenbock für die immer häufiger auftretenden Versorgungsmängel der späten 80er Jahre gemacht. Geholfen hat das freilich nicht viel. In der Herbstrevolution orientierten sich die in schneller Folge gegründeten Bürgerrechtsparteien der DDR an den Aktionen der polnischen Oppositionellen. Nach deren Vorbild riefen sie den *Runden Tisch* ins Leben, der die letzten Tage der SED-Regierung begleitete und die ersten und letzten freien Volkskammerwahlen initiierte.

Fünfter

Das *Neue Deutschland* titelt, dass Wehrdienst im Sozialismus „Dienst am Frieden" sei. An diesem Tag gelingt es einem 34-jährigen Mann in Berlin-Lichtenrade die Grenzanlagen zu überwinden. Die Diener am Frieden machen von ihren Schusswaffen Gebrauch, glücklicherweise ohne den Flüchtling zu treffen. Wären die Schützen erfolgreich gewesen, hätte es Sonderurlaub gegeben. Leuten, die glaubten, der Dienst am Frieden müsse nicht zwangsläufig das Schießen auf unbewaffnete Flüchtlinge beinhalten und dies ihrem Vorgesetzten mitteilten, liefen Gefahr, im Militärgefängnis Schwedt zu landen.

Schon die Weigerung, an der Grenze zu dienen, konnte dramatische Folgen für die berufliche Laufbahn haben. An ein Hochschulstudium war dann kaum noch zu denken. Welcher Achtzehnjährige – in diesem Alter wurde man in der Regel in die NVA eingezogen – hat die Kraft, sich alle Zukunftschancen zu verbauen? In einer Diktatur gibt es keine freie Wahl. Das gerät heute oft in Vergessenheit und damit aus dem Blick, dass alle DDR-Oppositionellen ein Außenseiterdasein in Kauf genommen und Flüchtlinge bis zum Schluss ihr Leben aufs Spiel gesetzt haben.

Die Alliierten und der Westberliner Senat protestierten übrigens noch am selben Tag gegen den Schusswaffengebrauch an der DDR-Grenze und dokumentierten damit, dass es diese Vorfälle tatsächlich gegeben hat. Die Einlassungen der politisch Verantwortlichen für das DDR-Grenzregime lesen sich heute hingegen so, als hätte nie ein Schießbefehl existiert.

Sechster

In der letzten der zwölf heiligen Nächte erreicht nach altem Glauben die dämonische Macht der Finsternis ihren Höhepunkt. Ein guter Tag, alte Dämonen zu entsorgen. Hat die FDP deshalb ihr Dreikönigstreffen auf diesen Tag gelegt? Bundesaußenminister Genscher wünscht sich in seiner Rede vor dem Parteigremium eine „Brandmauer" gegen die Aufrüstung. So verquer das Bild auch war, noch vor Ende des Jahres ging sein Wunsch durch den Mauerfall in Erfüllung.

Ganz ohne Vorahnungen demonstriert das *Neue Deutschland* seine andauernde Realitätsverweigerung mit dem Titel: „Hohe Wettbewerbsziele zum 40. Jahrestag der DDR."

Siebter

Nach dem geglückten Fluchtversuch in Berlin zwei Tage zuvor, versucht wieder jemand die Grenze zu überwinden, diesmal im Bereich des Kontrollplatzes Drewitz. Durch mehrere Schüsse wird dieser Fluchtversuch verhindert. Nähere Umstände sind nicht bekannt.

Mit an Sicherheit grenzender Wahrscheinlichkeit wurde der Fluchtwillige ins Stasigefängnis Berlin-Hohenschönhausen eingeliefert. Wer unverletzt war, kam in eine Zelle, wer verwundet war, ins Haftkrankenhaus. Es war die einzige Institution, die an der Grenze Verletzte und Tote aufnehmen durfte, auch wenn sie zu weit von der Mauer entfernt war, um im Notfall rechtzeitig erreicht werden zu können. Die Ärzte, die in den 80er Jahren in diesem Krankenhaus gearbeitet haben, praktizieren zum Teil heute noch in der Nähe ihrer ehemaligen Arbeitsstelle. Die meisten wohnen noch immer in Hohenschönhausen, das seinen Namen nicht zu Unrecht trägt, denn am Oranke- oder am

Obersee ist es wirklich schön. Die heute sorgfältig herausgeputzten Häuser wurden erst in der kurzen Zeit der Regierung Modrow Eigentum ihrer heutigen Besitzer. Die in „Volkseigentum" befindlichen Häuser und Grundstücke, die ihren rechtmäßigen Besitzern durch Enteignung abhandenkamen, konnten aufgrund des sogenannten Modrow-Gesetzes zu Schleuderpreisen an die Systemstützen des DDR-Regimes verkauft werden.

Das *Neue Deutschland* meldet an diesem Tag „Wachsende Leistungskraft der Volkswirtschaft 1988". Dabei war der Staat seit 1983 pleite. Das wissen wir vom Devisenbeschaffer der SED Schalck-Golodkowski, der nach seiner Flucht in den Westen Anfang Dezember 1989 noch ein paar aufschlussreiche Interviews gab, bevor er sich in seiner Luxusvilla am Tegernsee in Schweigen hüllte.

Wie sehr die Wirtschaft der DDR zu dieser Zeit am Boden lag, ist längst vergessen. Tatsächlich hat sich die Volkswirtschaft nie mehr vom sogenannten „Katastrophenwinter" 1978/79 erholt, in dem eine Kältewelle ab Anfang Januar große Teile der Produktion zum Erliegen brachte. Braunkohle konnte bei diesen Temperaturen nicht ausreichend gefördert werden. Und seit Mitte der 70er Jahre verfügte die DDR über keinerlei Reserven mehr, sodass die Kohle direkt aus dem Tagebau in die Öfen geschaufelt wurde. Die Erdgaslieferung aus der Sowjetunion stockte. Die Arbeiter in den Betrieben wurden ein paar Tage mit der „Pflege und Wartung" der Maschinen beauftragt und dann nach Hause geschickt, wo sie das Ende der Kälte abwarten sollten. Büromenschen wurden zum Winterdienst auf Straßen und Gehsteigen verpflichtet, weil die Stadtreinigung kein Benzin mehr hatte. Abends ging immer öfter das Licht aus. Man saß dann im Kerzenschein und konnte das sozialistische Leben sogar romantisch finden. Prekär wurde es jedoch, als nicht mehr genügend Kohle für die Privatöfen in den sozialistischen Handel gelangte. An manchen Orten gab es bereits kleinere Rebellionen. In ihrer Not wandte sich die Partei- und Staatsführung an den Klassenfeind und wurde, wie so oft, von ihm gerettet. Die BRD lieferte Ruhrkohle. Das machte die Kohlehändler der DDR kurzfristig zu populären Beziehungspersonen. Wer seinem Händler etwas bieten konnte, bekam die begehrten Steinkohlenbriketts und musste weniger oft heizen. Nach dem Abebben der Kältewelle stellte sich heraus, dass der volkswirtschaftliche Schaden so groß war, dass zehn Jahre lang kein Geld für Forschung und Entwicklung mehr zur Verfügung stehen würde. So sollte es tatsächlich kommen.

Achter

An diesem Tag geschieht etwas ganz Unerhörtes: die Veröffentlichung eines Briefes, in dem verschiedene Oppositionsgruppen die Christen dazu auffordern, bei den kommenden Kommunalwahlen im Mai eigene Kandidaten aufzustellen. Bisher hatten diese Gruppen, die sich in schneller Folge seit Anfang der 80er Jahre gegründet hatten, hauptsächlich Briefe an Partei- und Staatschef Honecker, das Politbüro, den Parteitag der SED oder die Kirchenleitung geschrieben. Nun wenden sie sich zum ersten Mal an eine breitere Öffentlichkeit.

Warum schrieben sie nur an die Christen? Die Oppositionsgruppen hatten sich eine Gesetzeslücke zunutze gemacht, die Anfang der 80er Jahre entstanden war. Damals hatte Erich Honecker mit dem damaligen Konsistorialpräsidenten Manfred Stolpe ein Abkommen geschlossen, dass die Evangelische Kirche der DDR als „Kirche im Sozialismus" anerkennt. Im Gegenzug bekam die Kirche die Hoheit über ihre eignen Räume garantiert. Das hieß, in kirchlichen Räumen konnte die Staatssicherheit keine Verhaftungen vornehmen, keine Versammlungen auflösen, keine Veranstaltungen verbieten, keine Ausstellungen abbauen. Solange eine Kirchgemeinde solche Aktivitäten duldete, konnte die Staatssicherheit nur zähneknirschend zusehen und ihre Spione, genannt Inoffizielle Mitarbeiter (IM), zur Beobachtung schicken.

Anfang 1989 gab es über hundert Oppositionsgruppen in mehr als dreißig Städten der DDR mit insgesamt etwa 3 000 Mitgliedern. Dies ist eine hohe Zahl, wenn man bedenkt, dass allen, die sich öffentlich engagierten, Repressalien sicher waren. Man musste mit Schikanen wie Reise- und Berufsverbot rechnen, mit offiziellen und inoffiziellen Hausdurchsuchungen, vorläufigen Festnahmen und Verhaftungen. Reiseverbot bedeutete, dass man die wenigen sozialistischen Länder, die den Bewohnern der DDR offen standen, nicht mehr besuchen durfte. Berufsverbot hieß, dass man keiner akademischen oder sonstigen gehobenen Tätigkeit nachgehen durfte. Lediglich Hilfsarbeiterjobs standen noch zur Verfügung. Wer von staatlichen Betrieben auch in solchen Positionen nicht mehr beschäftigt wurde, war auf die Kirche angewiesen und konnte Hilfsgärtner auf dem Friedhof oder Hilfspfleger in einer kirchlichen

Einrichtung werden. Wer keine Beschäftigung nachweisen konnte, der galt laut § 249, dem „Asozialen-Paragraf", als „arbeitsscheu" und konnte mit bis zu zwei Jahren Haft bestraft werden.

Die offiziellen Hausdurchsuchungen, mit denen Regimekritiker zu rechnen hatten, begannen in der Regel um sechs Uhr morgens, indem ein Rollkommando der Staatssicherheit die Wohnung stürmte, um „belastendes" Material zu suchen. Eine inoffizielle Hausdurchsuchung erkannte man hingegen daran, dass man beim Nach-Hause-Kommen eine offen stehende Wohnungstür und ein durchsuchtes Arbeitszimmer vorfand, wenn auch nichts fehlte. Sie sollte lediglich klar machen, dass man keinen Rückzugsraum hatte, weil die Stasi überall auftauchen konnte, auch am helllichten Tag.

Wer diese Schikanen aushielt, konnte in der Kirche machen, was er wollte, sofern die Gemeinde damit einverstanden war.

Den kirchlichen Freiraum hat die Opposition der 80er Jahre jedenfalls weidlich genutzt.

Die Aufforderung, eigene Kandidaten bei der nächsten Wahl aufzustellen, war eine offene Kampfansage an das Regime. Sie zeugt davon, wie stark und selbstbewusst sich die Bürgerrechtler schon fühlten. Die Aufstellung der Kandidatenlisten, auch die der Blockparteien war bisher allein Sache der SED. Wie willkürlich dabei verfahren wurde, konnte ich als junge Wissenschaftliche Mitarbeiterin der Akademie der Wissenschaften selbst erleben. Eine Kollegin war bei der Kommunalwahl für die SED in den Gemeinderat gewählt worden. Nach der Wahl stellte sich heraus, dass die Frauenorganisation DFD bei der Aufstellung vergessen worden war. Also wurde meine Kollegin kurzerhand zur Vertreterin der Frauenorganisation erklärt. Da die Wahl ohnehin keine war, regte sich niemand darüber auf.

Die Wahllokale waren so gestaltet, dass die Wähler vom Empfang der Wahlzettel bis zur Urne in einer Reihe standen. Vorgesehen war, dass man die Wahlzettel lediglich faltete und dann in die Urne warf. Wer die Wahlkabine benutzen wollte, die in der entferntesten Ecke des Raumes stand, musste vor aller Augen aus der Reihe ausscheren und den Raum durchqueren. In der Kabine lag für gewöhnlich ein Bleistift, mit der härtesten Mine, die so spitz wie möglich war. Um eine ungültige Stimme abzugeben, musste man alle Namen einzeln durchstreichen und darauf achten, dass sich der Strich in der Mitte des Namens befand. Wenn er verrutschte, waren die Stimmzähler der Meinung, dass der Wähler den Namen unterstreichen, also seine Zustimmung zum gesamten Wahlvorschlag der Nationalen Front bekunden wollte. So kamen regelmäßig die gewünschten Ergebnisse zustande.

Neunter

Am 9. Januar flüchten neun DDR-Bürger in die Ständige Vertretung der Bundesrepublik Deutschland in Berlin, um ihre Ausreise zu erzwingen. Dies war die erste von vielen nachfolgenden Botschaftsbesetzungen in der DDR und anderen sozialistischen Ländern. Damit entstand ein vorher nie da gewesener Druck auf das Regime. Niemand im Politbüro oder in der Bundesregierung wusste, wie man mit diesem Problem umgehen sollte. Gewährte man den Besetzern eine schnelle Ausreise, konnten sich andere ermutigt fühlen, ihre Ausreise auf demselben Weg zu beschleunigen. Andererseits demonstrierten die Flüchtlinge in der Botschaft jeden Tag, wie unattraktiv sie das Leben im Realsozialismus fanden. Dabei wurde so viel versucht, um den gegenteiligen Eindruck zu erwecken. Erst zehn Tage zuvor hatte Parteichef Erich Honecker die Formel vom „Sozialismus in den Farben der DDR" geprägt. Es klang allerdings von Anfang an mehr nach einer Beschwörung, als nach einer Beschreibung des tristen sozialistischen Alltags.

Das *Neue Deutschland* berichtet auf der Titelseite: „Werner Eberlein sprach auf Meeting der DKP – Großes Interesse für den realen Sozialismus auf deutschem Boden." Dieses Interesse war umso größer, je weniger man ihn erdulden musste. Die DDR kann heute nur deshalb verklärt werden, weil sie unwiederbringlich verschwunden ist.

Zehnter

Die andauernde Besetzung der Ständigen Vertretung der BRD in der DDR sorgt für Unruhe im Land. Es ist das Thema Nummer Eins, aber nicht in Westdeutschland. Für *Bild* hat die Operation Robert Lembkes am offenen Herzen einen höheren Nachrichtenwert.

Selbst Walter Kempowski geht in seinem Tagebuch mit keinem Wort auf die dramatischen Ereignisse in Ostberlin ein. Das heißt, dass der eifrige Zeitungsleser in seinen Blättern nichts darüber erfahren hat.

Januar

Die Kirchenleitung der Evangelischen Kirche der DDR ist äußerst besorgt über die jüngsten Ereignisse und ihre möglichen Folgen. Sie sieht in der Verbesserung der Reisemöglichkeiten für DDR-Bürger ein Ventil. Der Leipziger Superintendent Friedrich Magirius wird deshalb für einen Kirchenmann ungewohnt deutlich: Beim „Jahreswechselgespräch" mit Vertretern der Stadt Leipzig kritisiert er die jüngsten Reiseerlasse der DDR-Regierung als „Bürokratismus". Das war unerhört, schließlich stellte diese Verordnung eine Verbesserung der bisherigen rigiden Reisebestimmungen dar.

Für die SED waren die Reiseerleichterungen, zu denen sie sich unter dem Druck der Umstände durchgerungen hatte, ein zweischneidiges Schwert. Einerseits erfüllten sie tatsächlich eine gewisse Ventilfunktion: Im Jahr 1988 hatte die Unzufriedenheit der DDR-Bevölkerung einen vorläufigen Höhepunkt erreicht. Die Ergebnisse der Forschungen zur Stimmung unter der Bevölkerung, die von der SED in Auftrag gegeben worden waren, verschwanden sofort im Panzerschrank und wurden mit „Streng geheim" klassifiziert. Als Hauptgründe wurden die sich verschlechternde Umweltsituation, die miserable Versorgungslage, aber auch die fehlenden Reisemöglichkeiten benannt. Da half es, Unzufriedene mit Westreisen ruhig zu stellen und noch mehr, sie mit der Hoffnung auf eine eventuelle Reise zum Mundhalten zu veranlassen. Auf der anderen Seite trugen die von den Westreisen Heimgekehrten zur weiteren Stimmungsverschlechterung bei, weil sie Verwandten und Kollegen vom traumhaften Warenangebot in den Läden vorschwärmten, von den tollen Autos auf den Straßen, den gepflegten Häusern, den Wohnungen mit Bädern und Fernheizung, den sauberen, schlaglochfreien Straßen und den pünktlichen Zügen. Dem direkten Vergleich mit dem Lebensniveau des Klassenfeindes konnte die triste sozialistische Realität keinesfalls standhalten. Die Diskussionen am Arbeitsplatz und anderswo wurden immer lauter. Die Staatssicherheit konnte nur registrieren, dass sich selbst SED-Genossen kaum noch wagten, der offenen Unzufriedenheit entgegenzutreten. Die Kluft zwischen der veröffentlichten Meinung und der tatsächlichen Stimmung hätte kaum größer sein können.

Elfter

Die *Initiative zur demokratischen Erneuerung unserer Gesellschaft* ruft zu einem Schweigemarsch am 15. Januar, dem Jahrestag der Ermordung von Karl Liebknecht und Rosa Luxemburg, auf. Obwohl die SED selbst der ermordeten Spartakistenführer traditionell mit einer Großdemonstration am dritten Januarsonntag gedachte, ließ sie elf Mitglieder der Initiative verhaften. Es durfte nur im staatlich vorgegebenen Rahmen an Karl und Rosa gedacht werden.

Im Jahr zuvor hatte die Staatssicherheit am Rande eben dieser Gedenkdemonstration die größte politische Massenverhaftung von Oppositionellen in der Geschichte der DDR durchgeführt. Innerhalb weniger Stunden wurden über hundert Bürgerrechtler verhaftet. Die Stasi hatte damals vor, mittels eines von ihr sogenannten „Enthauptungsschlages" die Opposition, die sich in den achtziger Jahren in der DDR entwickelt hatte, führungslos und damit handlungsunfähig zu machen. Doch damit hatte sie sich verrechnet. Nach den Massenverhaftungen gab es anhaltende Massenproteste. Solange die Bürgerrechtler inhaftiert waren, fanden in mehr als dreißig Städten allabendlich Protestgottesdienste statt. Der Größte in Berlin, wo sich außer Bürgerrechtlern auch die in der DDR akkreditierten Westjournalisten einfanden. Durch die tägliche Berichterstattung im Westen gelangte die Nachricht von den Protestaktionen bis ins letzte Dorf der DDR, aber auch in die ganze Welt. Der politische Druck wurde so groß, dass Staats- und Parteichef Honecker nach zwei Wochen die Freilassung aller Bürgerrechtler auf einer internationalen Pressekonferenz versprechen musste. Allerdings wurden die Verhafteten nicht einfach freigelassen, sondern nach und nach in den Westen abgeschoben. Diejenigen, die sich der Ausbürgerung verweigerten, wurden mit einem DDR-Pass und dem Versprechen ausgestattet, nach einer bestimmten Zeit wieder in die DDR zurückkehren zu dürfen.

Ich befand mich unter den Verhafteten und später Abgeschobenen und verließ das Gefängnis Hohenschönhausen mit einem DDR-Pass und dem Versprechen, nach einem Jahr in die DDR zurückkehren zu dürfen. Mit meinen beiden jüngsten Söhnen, drei und fünf Jahre alt, wurde ich morgens gegen zwei Uhr an der Autobahngrenzübergangsstelle Herleshausen in die BRD abgeschoben – nur mit dem, was ich auf dem Leib getragen hatte, als ich verhaftet worden war, und ohne die Gelegenheit gehabt zu haben, für mich und meine Kinder wenigstens das Notwendigste einzupacken.

Januar

Von der sogenannten Liebknecht-Luxemburg-Affäre ist allerdings nie die Rede, wenn die SED-Linke und ihre Vorfeldorganisationen alljährlich zum Sozialistenfriedhof in Berlin-Friedrichsfelde pilgern, um am Gedenkstein für Liebknecht und Luxemburg rote Nelken abzulegen.

Zwölfter

Die Besetzung der Ständigen Vertretung der BRD in der DDR durch die neun Menschen, die ihre Ausreise in den Westen erzwingen wollen, hält an. Die Medien in der BRD berichten darüber sehr verhalten. Im Fernsehen, so notiert Walter Kempowski in seinem Tagebuch, werden Bilder von der Fassade der Ständigen Vertretung mit den Wachposten davor gezeigt. Keine Bilder vom Botschaftsinneren. Keine Aufnahmen oder gar Interviews von den Flüchtlingen. Sie sind in der *Tagesschau* nur als Schatten hinter den Gardinen zu sehen. „Eine sonderbare Art, die Menschheit zu informieren", findet Kempowski.

Aber es gibt noch mehr Sonderbarkeiten. Am Tag zuvor waren in Ungarn unabhängige Parteien zugelassen worden. Auch dieses wahrhaft bahnbrechende Ereignis findet keine Erwähnung auf den Titelseiten.

Das *Neue Deutschland* berichtet über Honeckers Neujahrsempfang für das Diplomatische Korps. Wie hat er wohl den Ungarischen Botschafter begrüßt? Hat er ihn gefragt, ob seine Genossen in Budapest noch alle ihre Sinne beisammenhaben? Oder war Honecker gar nicht bewusst, dass nun ein entscheidender Stein ins Rollen gekommen war, der das Imperium, in dem er mitregierte, zum baldigen Einsturz bringen würde. In seiner Rede vor den Diplomaten beschränkt er sich jedenfalls auf Beteuerungen, dass der Abrüstungsprozess beschleunigt werden müsse und die DDR ein zuverlässiger und berechenbarer Partner bliebe.

Ein Artikel im Mittelteil des *Neuen Deutschlands* zeigt, dass sich das Zentralorgan der SED den Veränderungen ringsum nicht ganz verschließen kann. Erstmals berichtet das Blatt über Verbrechen, die in der Stalinzeit an deutschen Kommunisten begangen wurden, wenn auch nicht im vollen Umfang. In den Terrorjahren 1937/38 ließ Stalin 1,5 Millionen Menschen verhaften, 680 000 von ihnen erschießen. Mindestens 6 Millionen kamen bei der Zwangskollektivierung ums Leben. Bis 1953 wurden etwa 20 Millionen Menschen in Straflager deportiert, von denen viele durch Hunger, Kälte und durch Krankheiten umkamen. Von den rund 3 500 in die Sowjetunion emigrierten kommunistischen

Funktionären wurden siebzig Prozent hingerichtet. Andere starben in der Verbannung. Darunter Idealisten wie der Maler Heinrich Vogeler. Er hatte sein schönes Haus in Worpswede der Roten Hilfe vermacht und im Vaterland aller Werktätigen die Erfüllung seiner utopischen Träume gesucht, aber nur den elenden Tod durch Verhungern gefunden.

Der *Spiegel* veröffentlicht Szenen des realsozialistischen Alltags in der SU: Sogar in Moskau, der am besten versorgten Stadt der Sowjetunion, gab es kein Waschpulver, keine Kernseife zu kaufen. Es fehlten Benzin, Tee, Zahnpasta, Rasierklingen, Regenschirme und Streichhölzer. Dieser etwas willkürlichen Aufzählung kann ich aus eigener Erfahrung hinzufügen, dass es in ganz Moskau weder Einmal-Damenbinden, geschweige denn Tampons gab, keine Watte, kein Shampoo. Kosmetische Artikel wurden gehandelt wie Goldstaub. Viel schlimmer sah es in den Provinzen aus, denn hier fehlte es auch an Fleisch, Wurst, Butter und Zucker, die es ohnehin nur auf Karten zu kaufen gab. Von technischen Geräten, die im Westen längst zum Standard gehörten und jedem Sozialhilfe-Empfänger zustanden, wie Fernseher, Kühlschränke oder Waschmaschinen konnte man in der Sowjetunion jahrelang nur träumen. Ganz zu schweigen von Luxusgütern wie Autos, Rekorder oder Filmkameras. Schon die tägliche Versorgung der Bevölkerung bereitete größte Schwierigkeiten. Von den 87 Millionen Tonnen Kartoffeln, die produziert worden sein sollen, erreichten nur 7 Millionen Tonnen die Verbraucher. Der *Spiegel* vermutete darin Sabotage der Politik Gorbatschows. Es war aber wohl eher die Folge der rabiaten Ausblutung der Bauernschaft. Bis zum Oktoberputsch 1917 war Russland Getreide- und Nahrungsmittelexporteur, aber schon Anfang der 20er Jahre war das vorbei. Die Sowjetunion sollte bis zu ihrem Ende auf Lebensmittelimporte angewiesen sein.

Dreizehnter

Nur zwei Tage nachdem in Ungarn unabhängige Parteien zugelassen wurden, wird die Sozialdemokratische Partei Ungarns in Budapest wieder gegründet. Damit kehren die Sozialdemokraten nach über vierzig Jahren in die Politik zurück.

Eine Intervention der Sowjetunion, wie im Jahre 1956, ist nicht mehr zu befürchten. Partei- und Staatschef Gorbatschow hatte bereits 1987 erklärt, sein Land werde sich nicht mehr in die inneren Angelegenheiten der anderen sozialistischen Staaten einmischen.

Ungarische und tschechische Intellektuelle um Vàclav Havel und Konrád György hatten seit Jahren an der Entwicklung von zivilgesellschaftlichen Konzepten gearbeitet. Kernpunkt der Überlegungen war, wie man die Macht der Kommunistischen Partei durch ein Mehrparteienmodell begrenzen könnte. Gleichzeitig sollte mit einem Mehrparteiensystem die faktische Okkupation der Staatsmacht durch die Kommunisten beendet werden.

In den Überlegungen, wie ein offener politischer Raum geschaffen werden könnte, waren die ostmitteleuropäischen Denker viel weiter fortgeschritten, als die Oppositionellen in der DDR, die wenig Gedanken darauf verschwendeten, was an die Stelle des Realsozialismus gesetzt werden könnte.

Wenn es konzeptionelle Überlegungen gab, dann zielten sie eher auf eine Verbesserung des Realsozialismus als auf seine Abschaffung. Politische Programme schienen erst in ferner Zukunft nötig zu werden. Man konzentrierte sich auf praktische Aktionen: die Entlarvung der Herrschaftssprache des SED-Regimes, die Einforderung von Rechtsstaatlichkeit und die Korrektur der offiziellen Geschichtsschreibung, vor allem die Aufdeckung der verschwiegenen Verbrechen des Kommunismus.

Diese drei Kerngebiete oppositioneller Betätigung sollten in der Folge genügend Sprengkraft entfalten.

Vierzehnter

Große Ereignisse werfen ihre Schatten voraus. Das *Neue Deutschland* meldet Vorbereitungen zur Gründung eines *Verbandes der Freidenker der DDR*.

Damit reagiert die Staatsmacht zum zweiten Mal auf den Druck, der durch die Aktivitäten der Opposition in den Kirchen aufgebaut wurde.

Mitte der 80er Jahre war bereits unter dem Dach des *Kulturbundes* die *Gesellschaft für Natur und Umwelt* gegründet worden, um den Umweltgruppen der Opposition das Thema nicht als Alleinstellungsmerkmal zu überlassen.

Nun sollte also ein „Freidenkerverband" den Anschein von Meinungsfreiheit erwecken und gleichzeitig ein Diskussionsforum für die Unzufriedenen bieten, die zu den Veranstaltungen in den Kirchen strömten. Die traditionelle Organisation der Freidenker war in der DDR verboten.

Die beabsichtigte Gründung sollte vom Namen her den Eindruck erwecken, sie sähe sich in der Tradition der europäischen Freidenkerverbände, mit ihrem Bekenntnis zu Freiheit, Gleichheit, Toleranz und Gewaltverzicht. Bis zum Ende der DDR blieb der Freidenkerverband eine Fußnote in der Machterhaltungspolitik der SED. Eine eigenständige Wirkung hat er nie entfaltet.

Während die SED glaubt, durch etwas Dampfablassen weiterregieren zu können wie bisher, sehen sich die Polen veranlasst, sich vor den eventuellen Folgen der künftigen Entwicklungen zu schützen.

Sie fordern vor dem Besuch des polnischen Ministerpräsidenten Rakowski in der Bundesrepublik eine Garantie der polnischen Westgrenze, auch im Falle einer Wiedervereinigung.

Fünfzehnter

Am ersten Jahrestag der Massenverhaftungen während der Gedenkdemonstration zu Ehren von Karl Liebknecht und Rosa Luxemburg folgen in Leipzig trotz sofort einsetzender Verhaftungen mehr als 800 Menschen dem Aufruf der *Demokratischen Initiative* für die Demokratisierung der DDR zu demonstrieren. Die Kundgebung wird schließlich von Volkspolizei und Staatssicherheit gewaltsam aufgelöst.

Die *Demokratische Initiative* hatte sich erst im Herbst 1988 als *Initiative zur demokratischen Erneuerung unserer Gesellschaft* gegründet und in ihrem Gründungspapier ehrgeizige Vorhaben angekündigt. Sie nahm die Einrichtung eines „Archivs zur Öffentlichkeitsarbeit und des zivilen Ungehorsams" in Angriff. Aus diesem Archiv sollten jährliche Berichte und Analysen zum Zeitgeschehen und zur Geschichte hervorgehen.

Unmittelbar darauf erschien die erste Geschichte der unabhängigen Friedensbewegung der DDR unter dem Titel „Spuren" im Selbstverlag Samisdat. Die Initiative plante, Ereignisse wie den Aufstand vom 17. Juni 1953 ungeachtet der offiziellen Geschichtsschreibung neu zu bewerten.

In Prag wird am selben Tag auf dem Wenzelsplatz eine Demonstration zum Gedenken an Jan Pallach von der Polizei brutal aufgelöst. Pallach hatte sich zwanzig Jahre zuvor aus Protest gegen die gewaltsame Niederschlagung des Prager Frühlings durch die Sowjets selbst verbrannt.

Am Abend sitzt Walter Kempowski in Nartum vor dem Fernseher und sieht sich eine Sendung mit Freya Klier und Stephan Krawczyk an, die an die Massenverhaftungen und die darauf folgenden Abschiebungen im Jahr davor erinnern. Kempowski fragt sich, ob Klier und Krawczyk etwas von den „alten Bautzenern", den Gefangenen des „Gelben Elends" wissen.

In den Jahren darauf hat sich Freya Klier sehr verdient gemacht, indem sie die fast vergessenen Geschichten der zwangsdeportierten Frauen der 40er und 50er Jahre dokumentiert hat. Diese Frauen konnten in ihren Durchgangsgefängnissen keine Herbarien anlegen, wie Rosa Luxemburg es getan hat. Man hat ihnen auch keine Korbsessel in die Freigangszellen gestellt, damit sie es bequem haben. Rosa Luxemburgs „Briefe aus dem Gefängnis", wenn sie verfügbar gewesen wären, hätten in Stalins Lagern geklungen wie Nachrichten aus dem Paradies.

Die Teilnehmer des dritten KSZE-Folgetreffens (Konferenz über Sicherheit und Zusammenarbeit in Europa) in Wien sprechen sich in ihrem Schlussdokument für konventionelle Abrüstung in Europa und die Beachtung der Menschenrechte aus. Die DDR-Medien ignorieren diese Nachricht.

Sechzehnter

Die Polnische Kommunistische Partei beschließt die Wiederzulassung der unabhängigen Gewerkschaft *Solidarność*. Seit August 1988 hatte es Gespräche zwischen der Führung der Kommunistischen Partei und der am 8. Oktober 1982 während des Kriegsrechts verbotenen Gewerkschaft gegeben. Die offizielle staatliche Anerkennung erfolgte dann allerdings erst im April, als die inoffiziellen Treffen als Gespräche am *Runden Tisch* öffentlich gemacht wurden.

Am Runden Tisch wurden die Modalitäten für die erste halb freie Wahl in Polen ausgehandelt.

Weder in Ost- noch in Westdeutschland macht der Entschluss der polnischen KP Schlagzeilen.

Für *Bild* ist der sanfte Tod von Robert Lembke das Ereignis des Tages, das *Neue Deutschland* berichtet über die Liebknecht-Luxemburg-Demonstration. Und Walter Kempowski zitiert aus diesem Anlass in seinem Tagebuch einen Bericht von Harry Graf Kessler über Karl

Liebknecht, als dieser vom Balkon des Berliner Schlosses die sozialistische Republik ausrief:

> „Er redet wie ein Pastor, mit salbungsvollem Pathos, langsam und gefühlvoll die Worte singend. Man sah ihn nicht, weil er aus einem verdunkelten Zimmer sprach, man verstand nur einzelne von seinen Worten, aber der Singsang seiner Stimme tönte über die lautlos lauschende Menge bis weit hinten in den Platz. Am Schluss brüllte alles im Chor „Hoch", rote Fahnen bewegten sich, tausende von Händen und Hüten flogen auf. Er war wie ein unsichtbarer Priester der Revolution, ein geheimnisvolles, tönendes Symbol, zu dem diese Leute aufblickten. Halb schien das Ganze eine Messe, halb ein riesiges Konventikel. Die Welle des Bolschewismus, die von Osten kommt, hat etwas von der Überflutung durch Mohammed im siebenten Jahrhundert. Fanatismus und Waffen im Dienste einer unklaren neuen Hoffnung, der weithin nur Trümmer alter Weltanschauungen entgegenstehen. Die Fahne des Propheten weht auch vor Lenins Heeren."

Das Beste, was man heute von Liebknechts Rede sagen kann, ist der Umstand, dass sie das berühmte Eosander-Portal davor bewahrt hat, wie der Rest des Berliner Schlosses gesprengt zu werden. Es wurde sorgfältig abgebaut und später in die Fassade des neuen Staatsratsgebäudes eingefügt. Nach dem Wiederaufbau des Schlosses wird es demnach zwei Eosander-Portale geben, die in Sichtweite voneinander entfernt sind. Denn natürlich wird niemand wagen, das Staatsratsgebäude seiner einzigen Zierde zu berauben, geschweige denn, es abzureißen, wie es eigentlich nötig wäre.

Siebzehnter

Der Blick der Briten auf die Ereignisse in der DDR und in Osteuropa wird immer kritischer. Der *Independent* betont in einem Leitartikel, dass die offene deutsche Frage rein akademisch sei. In der Realität bestünden zwei deutschen Staaten, und dies würde auch so bleiben, wenn der Status quo in Europa nicht gefährdet werden solle.

Die Briten waren nicht die Einzigen, die eine Zweistaatlichkeit Deutschlands am liebsten für die Ewigkeit zementiert hätten. Aber glücklicherweise ist Geschichte ein lebendiger Prozess und nicht auf Dauer manipulierbar.

Das *Neue Deutschland* berichtet von einer Begegnung, bei der es auch um den Erhalt des Status quo ging. Erich Honecker traf sich mit Horst Schmidt zum Meinungsaustausch über die Zusammenarbeit der DDR mit West-Berlin. Dass Honecker und Schmidt übereinkamen, die Zusammenarbeit zum gegenseitigen Nutzen weiter auszubauen, war als Nachricht das Papier nicht wert, auf dem sie im *ND* gedruckt wurde.

Achtzehnter

Bei einem Treffen mit dem bundesdeutschen Außenminister Genscher in Wien betont DDR-Außenminister Oskar Fischer, dass die Mauer so lange bestehen bleibe, wie die Gründe, die zu ihrer Errichtung geführt haben, existieren. Er ahnte nicht, wie Recht er damit hatte, aber anders als gedacht.

Das *Neue Deutschland* sieht in dem bevorstehenden Besuch des schwedischen Ministerpräsidenten Ingvar Carlsson einen „Meilenstein in den Beziehungen zwischen Schweden und der DDR".

Nach dem Fall der Mauer gab es eine nicht unbeträchtliche Abwanderung von ehemaligen DDR-Deutschen nach Schweden. Die einen gingen dorthin, um endlich den richtigen, den menschlichen Sozialismus zu erleben, die anderen, weil sie der geistigen Atmosphäre des vereinigten Deutschlands entfliehen wollten. Die einen wie die anderen sind enttäuscht worden. Schweden musste seine sozialistischen Experimente in den 90er Jahren wegen der bedrohlich gewordenen Staatsverschuldung zurückfahren. Die Befreiung von den sozialistischen Heilsideen im Geiste fand ebenso wenig statt wie in Deutschland.

Neunzehnter

Der Bemerkung seines Außenministers Fischer vom Vortag setzt DDR-Staatschef Honecker heute noch eins drauf. Seinem Redemanuskript für die Tagung des Thomas-Müntzer-Komitees in Berlin hatte Honecker eine Seite 5a hinzugefügt und darauf handschriftlich vermerkt:

„Mit dem Bau des antifaschistischen Schutzwalls im Jahr 1961 wurde die Lage in Europa stabilisiert, der Frieden gerettet ... Sie wird in fünfzig und auch in hundert Jahren noch bestehen bleiben. Das ist schon erforderlich, um unsere Republik vor Räubern zu schützen, ganz zu schweigen vor denen, die gern bereit seien, Stabilität und Frieden in Europa zu stören."

Dieses Müntzer-Komitee war eines von vielen Versuchen des Politbüros, eine DDR-Identität zu erzeugen, indem man markante historische Persönlichkeiten zu Vorläufern des SED-Staates umzudeuten suchte.

Wobei sich die Persönlichkeit Müntzers dafür besser eignete als zum Beispiel die Luthers, den die Politbürokraten ebenfalls zu vereinnahmen suchten. Müntzers Charakter weist Züge auf, die den späteren kommunistischen Führern sehr ähnlich sind. Der rhetorisch sehr begabte, keine Demagogie und keine Hasstirade scheuende Prediger hatte im Mai 1525 bei Frankenhausen in Thüringen hunderte schlecht bewaffnete, zum großen Teil kampfunerfahrene Bauern auf einen Berg geführt, wo die Entscheidungsschlacht gegen die Fürstenheere gesucht werden sollte. Müntzers Bauernhaufen wurde prompt eingekreist. Als das Schlachten begann, ließen die Fürstlichen nur eine schmale Gasse, durch die alle getrieben wurden. Die sogenannte Blutrinne ist heute noch erkennbar. Müntzer konnte sich als einer der Wenigen in die Stadt Frankenhausen retten, dank seiner sechzigköpfigen gut trainierten Leibgarde. Er wurde von der Frau eines Torwächters versteckt und erst entdeckt, als die Stadt zur Plünderung freigegeben wurde, weil seine feine Ledertasche die Begehrlichkeit eines Landsers weckte. Dieses ganz und gar unheroische Verhalten des Bauernführers blieb in der DDR-Rezeption natürlich im Verborgenen. Der Maler Werner Tübke bekam vom Politbüro den Auftrag, auf dem Schlachtenberg ein riesiges Panoramagemälde zur Verherrlichung des Bauernkrieges zu fertigen. Ironischerweise war er es, der Zweifel an der offiziellen Geschichtsschreibung ins Bild brachte. Das Politbüro konnte nicht mehr protestieren. Als das Gemälde nach Jahren fertig wurde, war die DDR am Ende.

Honecker hatte sich für das Jahr 1989 viel vorgenommen und wollte unter anderem den 40. Jahrestag der DDR mit großem Pomp feiern. Dabei hätte er schon wissen können, auf welch dünnem Eis seine Herrschaft stand. Als die Archive des Politbüros der SED geöffnet wurden, fanden sich darin tausende Briefe von verzweifelten Parteisekretären Volkseigener Betriebe, die über die Schwierigkeiten des alltäglichen Produktionsprozesses berichteten, vom Mangel an Material und Energie, von Stockungen wegen Schäden an überalterten Maschinen. Allein aus dem Studium dieser Hilferufe wird erkennbar, dass die Wirtschaft des Landes am Ende war. Die sozialen „Geschenke", so dürftig sie auch ausfielen, waren längst nicht mehr gedeckt. Auch an Warnungen von Wirtschaftsfachleuten fehlte es nicht. Doch das Politbüro übte sich weiterhin in Selbsttäuschung. Es war ja so lange gut gegangen. Und am Ende hatte noch immer der Klassenfeind mit Krediten oder anderen Vergünstigungen geholfen.

Zwanzigster

In der Leipziger Markusgemeinde lässt der *Arbeitskreis Solidarische Kirche* ein Fürbittgebet halten, das vor allem von ehemaligen politischen Häftlingen gestaltet wird, und bricht damit ein Tabu. Denn in der DDR gab es offiziell keine politischen Gefangenen, sondern nur Kriminelle. Um das nachvollziehen zu können, genügt ein Blick in das Strafgesetzbuch der DDR. Nach dem Gesetz des DDR-Regimes waren alle guten demokratischen Rechte, die wir heute für selbstverständlich halten, kriminelle Delikte. Die Regierung zu kritisieren, Witze über die Regierung zu machen, eine Demonstration anzumelden, sich zu versammeln, die Meinung frei und öffentlich zu äußern, war genauso strafbar, wie eine Bürgerinitiative, einen Verein, eine Partei zu gründen oder gar das Land zu verlassen, weil man lieber woanders leben wollte. Es war nicht nur ungesetzlich, all dies zu tun, sondern auch nur daran zu denken. In der DDR waren die Orwellschen Gedankenverbrechen Realität.

Das sicherlich absurdeste Gesetz war eines, das die Sammlung nicht geheimer Informationen unter Strafe stellte. Demnach konnte es sogar gefährlich werden, mit ein paar alten Artikeln aus der Parteipresse zu argumentieren, denn unter Umständen hatte man schon den Straftatbestand des Sammelns nicht geheimer Informationen erfüllt.

Mit den Gesetzen der DDR war die Bevölkerung latent kriminalisiert. Das heißt natürlich nicht, dass alle verfolgt wurden. Aber über jedem schwebte diese Möglichkeit wie ein Damoklesschwert. Diese staatliche Willkür gehört zu den fast vergessenen Tatbeständen der zweiten deutschen Diktatur.

Die nicht-existenten politischen Gefangenen merkten ihre bevorstehende Entlassung in den Westen daran, dass sie plötzlich aufgefordert wurden, alles aufzuschreiben, was sie jemals an der DDR gestört hat. Besonders in den 80er Jahren war für die chronisch devisenknappe DDR der Häftlingsverkauf eine unverzichtbare Nebeneinnahme. Und politische Häftlinge erzielten auf dem Freikaufmarkt einen guten Preis.

Einundzwanzigster

Der Berliner Regierende Bürgermeister Eberhard Diepgen reagiert auf den Honecker-Satz über die Mauer, die noch hundert Jahre stehen wird. Für ihn ist die Mauer ein Symbol gegen den Geist der Zeit und für die Unfähigkeit, Menschenrechte zu gewähren. Selten hat sich Honecker in den letzten Jahren so unverblümten Widerspruch anhören müssen.

Das *Neue Deutschland* nimmt von Diepgens offener Kritik keine Notiz. Es berichtet lieber, dass im Jahr „1989 erneut für 300 Millionen Mark Konsumgüter zusätzlich zum Plan" produziert werden sollen. Damit reagiert die Zeitung auf die wachsenden Versorgungsschwierigkeiten im Land. Um die schlimmsten Lücken zu schließen, wurden alle Betriebe, auch die der Schwerindustrie, verpflichtet, mindestens ein Konsumgut zu produzieren, auch wenn das nicht in ihr Profil passt.

Produkte, die nach der neuen Direktive entstehen, sind von solch schlechter Qualität, dass sie oft nicht ausgeliefert werden können. Manchmal können sie noch in die Sowjetunion exportiert werden, wo es Gegenden gibt, in denen es den Menschen egal ist, wie ein Radio, ein Tonbandgerät oder eine Waschmaschine aussieht, wenn sie nur funktionieren.

Zweiundzwanzigster

Mehrere DDR-Oppositionsgruppen kündigen in einem „Offenen Brief" die Aufstellung eigener Kandidaten bei der bevorstehenden Kommunalwahl im Mai an. Das ist eine unverhüllte Kampfansage an das Regime. Eine Reaktion auf den Brief gibt es zunächst nicht.

In den Gruppen beginnen die Vorbereitungen. Wer sich als unabhängiger Kandidat zur Wahl stellt, geht ein erhebliches Risiko ein. Er

macht damit seine Ablehnung der Einheitsliste der Nationalen Front deutlich und setzt sich dem Verdacht aus, die Organe und Institutionen der DDR verächtlich zu machen. Das ist ein eindeutiger Straftatbestand.
Die Medien in Westdeutschland nehmen auch diese Aktion der Bürgerbewegung kaum zur Kenntnis.

Bild konzentriert sich an diesem Tag auf Spekulationen über künftige Staatsbesuche von BRD-Politikern in Polen: „Erst Kohl, dann Weizsäcker – Reist der Bundespräsident zum Tag des deutschen Einmarsches nach Polen?"

Dies war gewiss eine spannende Frage, aber angesichts der Entwicklungen im zweiten deutschen Staat nicht unbedingt das Thema des Tages. In der Ignoranz der Medien gegenüber den Ereignissen in der DDR liegt übrigens einer der Gründe dafür, dass die westliche Öffentlichkeit von der Herbstrevolution überrascht wurde.

Dreiundzwanzigster

Der Chef der Staatssicherheit Erich Mielke äußert in einer internen Besprechung die Befürchtung, dass die Bekanntgabe des KSZE-Abschlussdokuments oppositionelle Kräfte in der DDR ermutigt.

Damit hatte er natürlich recht. Die DDR befand sich seit Jahren diesbezüglich in der Zwickmühle. Einerseits wollte sie bei internationalen Verhandlungen und Vereinbarungen als gleichberechtigter Partner dabei sein, andererseits forderten immer mehr DDR-Bürger, dass sich die Machthaber an die eingegangenen Verpflichtungen hielten. Seit die Helsinki-Konferenz Mitte der 70er Jahre erstmals die Möglichkeit eröffnet hatte, die DDR mittels Ausreiseantrag offiziell zu verlassen, war die Zahl der Ausreisewilligen ununterbrochen gestiegen. Dabei war es keineswegs einfach, eine Ausreisegenehmigung zu erhalten. Wer einen Ausreiseantrag stellte und Akademiker war, musste mit dem Verlust seines Arbeitsplatzes rechnen. Hinzu kamen alle erdenklichen Schikanen, die oft jahrelang andauerten, bis die Ausreise endlich gestattet wurde.

Wer ein Haus besaß, durfte es nicht mehr frei verkaufen. In der Regel gingen solche Immobilien dann für ein Taschengeld an Funktionäre oder andere Systemstützen. Antiquitäten und wertvolle Sammlungen, die nicht mitgenommen werden durften, wurden für lächerlich niedrige

Summen von staatlichen Institutionen aufgekauft und gewinnbringend weiterveräußert, gern auch gegen Devisen an den Klassenfeind.

Was Stasichef Mielke damals befürchtete, war seit Jahren gang und gäbe: Bürgerrechtsgruppen beschafften, vervielfältigten und verteilten Dokumente wie die „Allgemeine Erklärung der Menschenrechte", die Helsinki-Vereinbarungen und auch die Gesetzblätter der DDR, in denen die Ausreise geregelt war, die von den Behörden aber unter Verschluss gehalten wurden. Viel Risiko und Erfindungsgeist waren im Spiel, um das überhaupt möglich zu machen. So schmuggelte einmal ein Rollstuhl fahrendes Mitglied des Geraer Bürgerrechtskreises, der wegen seiner Behinderung frei in den Westen reisen durfte, das betreffende Gesetzblatt der DDR am Körper in den Westen, wo es bei Freunden vervielfältigt und anschließend in die DDR zurück geschmuggelt wurde.

Im *Neuen Deutschland* dieses Tages ist zu lesen, dass nach Aussage von Horst Dohlus, Sekretär des Zentralkomitees der SED, jeder sechste der 17 Millionen Einwohner der DDR Mitglied der SED sei.

Außerdem meldete das ND „Zuwachs bei Erzeugnissen mit höchstem Gütezeichen". Übersetzt aus dem Zeitungsdeutsch der DDR hieß das, dass hochwertige Konsumgüter knapp geworden waren.

Vierundzwanzigster

Die *taz* berichtet über das Wiedererscheinen der Oppositionszeitschrift *Grenzfall* in der DDR – was ein weiterer Meilenstein auf dem Weg zu einer freien Gesellschaft war. Der *Grenzfall* war unter den Oppositionszeitschriften der DDR insofern etwas Besonderes, als seine Redakteure bewusst auf den schützenden Hinweis „Nur für den innerkirchlichen Dienstgebrauch" verzichteten.

Somit war sie nach den Gesetzen der DDR illegal.

Im Herbst 1987 hatte die Staatssicherheit mithilfe des *Grenzfalls* versucht, einen Keil zwischen Opposition und Evangelische Kirche zu treiben. Ein Inoffizieller Mitarbeiter der Staatssicherheit sollte dafür sorgen, dass das aktuelle Heft auf der Druckmaschine der Berliner Zionsgemeinde gedruckt wurde. Die Aktivisten der *Umweltbibliothek*, die sich unter dem Dach der Zionsgemeinde befand, sollten dann durch die Staatssicherheit beim Druck einer verbotenen Zeitung erwischt werden.

Der Plan ging jedoch schief. Der IM konnte wegen einer Autopanne die Matrizen nicht termingemäß zur *Umweltbibliothek* bringen und seinen Führungsoffizier nicht rechtzeitig benachrichtigen, weil es keine Möglichkeit gab, zu telefonieren. So wurden beim Auftauchen der Stasi gerade die legalen, weil angeblich „Nur für den Innerkirchlichen Dienstgebrauch" bestimmten *Umweltblätter* gedruckt. Die Staatssicherheit bemerkte das allerdings nicht und verhaftete die anwesenden Mitglieder der *Umweltbibliothek*.

Daraus entwickelte sich die erste öffentliche Kraftprobe zwischen der Bürgerrechtsbewegung und der Staatssicherheit. Bereits wenige Stunden später beschlossen eilig zusammengerufene Bürgerrechtsaktivisten im Atelier von Bärbel Bohley, mit einer Mahnwache vor und in der Zionskirche gegen die Verhaftungen zu protestieren. Der Protest geriet zu einer äußerst medienwirksamen Aktion, denn die Zionskirche liegt mitten in einem der am dichtesten besiedelten Gebiete Berlins. Vier Tage später mussten die Verhafteten freigelassen werden.

Das war die erste sichtbare Niederlage der Staatssicherheit, aber das Erscheinen des *Grenzfalls* war damit vorerst unmöglich geworden.

Dass die Schwierigkeiten nun überwunden waren und man sogar die Westpresse über die Wiederaufnahme der Herausgabe einer illegalen Zeitung informierte, zeugt davon, wie stark sich die Opposition bereits fühlte.

Während sich die Opposition gegen das SED-Regime einen wichtigen Freiraum zurückerobert hat, berichtet *Bild* über die „Abrüstungsinitiative" von Staatschef Honecker. Der hatte angekündigt, dass die Nationale Volksarmee um 10 000 Soldaten reduziert werden sollte. Ein genauer Termin wurde nicht genannt. Es blieb bis zum Ende seiner Regierungszeit bei der Ankündigung. Honeckers demonstrative Friedensliebe machte beim Springer-Verlag solchen Eindruck, dass im Hause laut darüber nachgedacht wurde, auf die Anführungsstriche bei Nennung der DDR zu verzichten.

Fünfundzwanzigster

Anlässlich der bevorstehenden Wahl zum Westberliner Abgeordnetenhaus äußern sich die Spitzenkandidaten der beiden Volksparteien CDU und SPD zu den Aussichten für die Berliner Mauer. Während Eberhard Diepgen, CDU, den Mauerfall noch im 20. Jahrhundert erwartet, fürchtet Walter Momper, SPD, man werde über das Jahr 2000 hinaus mit der Mauer leben müssen. Damit liegt Diepgen zwar richtiger als sein Kontrahent, aber er muss um seinen Posten bangen. Nach der letzten Wahlumfrage vor dem Urnengang liegen CDU und FDP bei 48 Prozent, SPD und AL (Alternative Liste, heute Grüne) bei 47. Diepgen kommentiert treffend: „Das wird eng."

Das *Neue Deutschland* berichtet, die neue Abrüstungsinitiative der DDR fände „weltweit starke Beachtung". Es ist immer wieder erstaunlich, wie sich die demokratische Öffentlichkeit von Diktatoren aller Couleur an der Nase herumführen lässt.

Sechsundzwanzigster

Die Kommunalwahl wirft lange Schatten voraus.

Das *Neue Deutschland* berichtet, dass die Wahlkommission zu ihrer ersten Sitzung zusammengetreten ist.

Es war mit Sicherheit keine Routinesitzung. Auch wenn man die Ankündigung der Oppositionsgruppen, eigene Kandidaten aufzustellen, nicht thematisiert haben sollte, so stand das Wissen dennoch im Raum. Und irgendjemand musste festlegen, wie mit dieser Ankündigung umgegangen werden sollte. Es mussten Anweisungen ausgearbeitet werden, wie reagiert werden konnte, sollte es wirklich eine unabhängige Liste geben.

Aufregend sind die Nachrichten aus Riga, der Hauptstadt der lettischen Sowjetrepublik. Dort wird der Weihbischof von Riga nach dreiundvierzig Jahren Lagerhaft und Verbannung rehabilitiert. Dreiundvierzig Jahre – das sind fast das ganze Erwachsenenleben. Insgesamt waren zwanzig Millionen Menschen während der Stalinzeit in Lager verschleppt worden. Aber Stalin war seit 1953 tot, seit 1955 wurden die politischen Gefangenen aus seinen Lagern entlassen. Viele mussten nach der Entlassung in Sibirien bleiben. Michail Gorbatschow war seit 1986 an der Macht. Die Verbannung des Bischofs wurde dennoch erst 1989 aufgehoben.

Siebenundzwanzigster

Der gestrigen Sitzung der Wahlkommission folgt heute der Wahlaufruf zur Kommunalwahl im Mai. Wieder wird gefordert, die Kandidaten der Einheitsliste der Nationalen Front zu unterstützen.

Zwar gibt es verschiedene Parteien und Massenorganisationen in der DDR, es gibt aber nur eine Liste für alle. Während die SED-Partei- und Staatsführung bangen muss, ob die nächsten Wahlen problemlos über die Bühne gehen werden, ist Partei- und Staatschef Gorbatschow in der Sowjetunion in schwere Turbulenzen geraten. Die Währung der Sowjetunion ist außer Kontrolle. Der Rubel fällt ins Bodenlose. Die ohnehin geringen Einkommen der Sowjetbürger werden bedrohlich reduziert.

Die Versorgung gerät immer öfter ins Stocken. Auf dem Lande ist man schon längst zur Naturalwirtschaft zurückgekehrt, in den Städten blüht der Schwarzmarkt. Nur hier kann man all die Produkte erhalten, die es in den staatlichen Läden schon längst nicht mehr gibt. Selbst in Moskau, auf den großen Boulevards, sind immer mehr Schaufenster mit Pappe vernagelt. Gorbatschow muss die geplante Preisreform auf den Sankt-Nimmerleins-Tag verschieben.

Bild spekuliert, ob der sowjetische Staatschef noch in der Lage ist, diese Krise zu bewältigen, oder ob er stürzt.

Achtundzwanzigster

In Warschau verständigt sich die Regierung der Volksrepublik Polen mit Vertretern der zwar nicht mehr verbotenen, aber immer noch nicht offiziell anerkannten Gewerkschaft *Solidarność* auf Gespräche am Runden Tisch. Das kommt einem Eingeständnis gleich, dass das Regime nicht mehr in der Lage ist, seine totalitären Regierungspraktiken fortzusetzen. Merkwürdig bleibt, dass fast allen westlichen Beobachtern die politische Dimension dieser Entwicklung entgeht.

In der DDR gibt es auch Zusammentreffen, allerdings von der gewohnten Art. Wie das *Neue Deutschland* berichtet, treffen sich die Bauernfunktionäre des Landes zu einer „großen demokratischen Aussprache", bei der natürlich auch „neue Vorhaben" beraten und beschlossen werden. Im Klartext eine Planübererfüllung. Die Beschlüsse sind schon in der Minute, in der sie gefasst werden, obsolet.

Neunundzwanzigster

Das gemeinsame Haus der „sozialistischen Staatengemeinschaft" bekommt unübersehbare Risse. Das ungarische Politbüromitglied

Imre Pozsgay bewertet die Ereignisse von 1956, die Niederschlagung der ungarischen Erhebung gegen das kommunistische Regime, als „Volksaufstand". Damit widerspricht ein ranghohes Parteimitglied dem offiziellen Geschichtskanon, demzufolge von westlichen Agenten gekaufte konterrevolutionäre Subjekte einen Putsch gegen die von der Mehrheit der Bevölkerung getragene sozialistische Republik angezettelt hätten und von der Arbeiterschaft in die Schranken gewiesen worden wären. Dass Pozsgays Geschichtsrevisionismus kein Zufall, sondern Bestandteil einer neuen Strategie des Reformflügels der Kommunistischen Partei ist, beweist seine nachfolgende Aussage, Ungarn habe nur unter Zwang ein sozialistisches Modell gewählt. Dieses Modell hätte in eine Sackgasse geführt.

Wenn der Sozialismus in eine Sackgasse führt, so konnte jeder den Satz weiterdenken, lohnt es sich nicht, ihn verändern oder verbessern zu wollen. In einer Sackgasse kann man nur umkehren. Genau das nahmen die ungarischen Reformer in Angriff.

Dreißigster

Mitglieder der Friedenskirche Leipzig-Gohlis beantragen beim Volkspolizeikreisamt und dem Rat des Stadtbezirkes Leipzig die Durchführung eines Schweigemarsches am Jahrestag der Hinrichtung der Geschwister Scholl. Damit tun sie so, als wäre die DDR tatsächlich ein demokratischer Staat wie alle anderen auch, in dem man einfach eine Demonstration anmelden kann.

Obwohl die Friedensgemeinde im Bemühen, den Staatsorganen entgegenzukommen und die Provokation in Grenzen zu halten, von vornherein versichert, dass es keine Reden und keine mitgeführten Transparente geben solle, übt der SED-Machtapparat Druck aus, diesen Antrag zurückzuziehen. Schließlich geben die Gemeindemitglieder nach und verzichten auf den Schweigemarsch. Aber ein wichtiger Anfang ist gemacht: Nachdem man es einmal gewagt hat, ist es nun nicht mehr undenkbar, Demonstrationen einfach anzumelden. Ein weiterer Schritt hin zu einer freieren Gesellschaft ist getan.

Einunddreißigster

In der Tschechoslowakei sitzt Václav Havel wieder mal im Gefängnis. Der Schweizer Schriftstellerverband fordert seine sofortige Freilassung. In Westberlin bemüht sich Jürgen Fuchs, der 1976 nach über acht Monaten Stasihaft in den Westen abgeschoben wurde, unter den westdeutschen Schriftstellern Solidarität mit Havel einzufordern.

Auch die Oppositionsgruppen der DDR protestieren. Bei Veranstaltungen in den Kirchen liegen Unterschriftenlisten für Protestresolutionen aus, die der Botschaft übergeben werden.

Václav Havel ist längst der Leitstern der osteuropäischen Opposition, neben Lech Wałęsa in Polen und Sacharow in der Sowjetunion. Vorbei die Zeiten, da Inhaftierungen von Bürgerrechtlern nur auf heimlichen oder verhaltenen Protest stoßen.

Während es in den Kirchen und Wohnungen gärt, geht das realsozialistische Leben scheinbar unbeirrt seinen Gang. Staatschef Honecker trifft sich beinahe jeden Tag mit einem Politiker aus dem Ausland. Ihm liegt viel daran, die weltweite Bedeutung der DDR herauszustellen. An diesem Tag ist es Clodomiro Almeyda, der heute fast vergessene chilenische Politiker und Soziologe, der seine Hochzeit als Außenminister der Regierung Allende hatte. Mit Chile fühlt sich Honecker besonders verbunden, seit seine Tochter Sonja einen der Exil-Chilenen geehelicht hatte, die nach Allendes Sturz in die DDR gekommen waren. Honecker ahnt noch nicht, dass er sein Leben im chilenischen Exil beschließen wird.

Februar

Erster

Der Chef der Staatssicherheit Erich Mielke erklärt auf einer internen Besprechung in seinem Ministerium, die DDR hätte den KSZE-Vertrag nur unterzeichnet, weil sie Angst vor der politischen Isolation gehabt hätte. Er machte sogleich klar, dass die von der Vereinbarung für „Sicherheit und Zusammenarbeit in Europa" zur Durchsetzung dieser Ziele geforderten Helsinki-Gruppen in der DDR nicht zugelassen werden würden.

Mielke illustrierte mit dieser Bemerkung das Dilemma der sozialistischen Staaten. Einerseits sollte die Beteiligung am Helsinki-Prozess die entstandene Nachkriegsordnung in Europa zementieren und das sozialistische System dauerhaft legitimieren. Was sicher gelungen wäre, wenn es nur von den Politikern abgehangen hätte. Andererseits brachte die Unterzeichnung des Schlussprotokolls den Machthabern viel Ungemach.

In den meisten sozialistischen Staaten bildeten sich ab 1976 zahlreiche Gruppen, die begannen, die in der Schlussakte von Helsinki garantierten Menschenrechte für sich einzufordern. Die hartnäckige Thematisierung der Menschenrechtsfrage trug in der Folge erheblich zur Delegitimierung der kommunistischen Ideologie bei.

In der Sowjetunion wurde ab 1976 die „Chronik der laufenden Ereignisse" herausgegeben, die alle bekannt gewordenen Menschenrechtsverletzungen des Regimes publizierte.

In der ČSSR übernahm das die *Charta77*, in Polen das *Komitee für soziale Verteidigung*. In der DDR hatte sich im Gefolge des ersten Menschenrechtsseminars der Opposition 1985 die *Initiative für Frieden und Menschenrechte* gegründet, die sich verstärkt mit den Menschenrechtsverletzungen des SED-Regimes befasste. Mielkes Furcht vor neuen Gruppen war unbegründet, denn als er sie äußerte, gab es bereits etwa 3 000 Bürgerrechtler in der DDR, die in mehr als hundert Gruppen aktiv waren. Offenbar durfte ihre Existenz nicht mal stasiintern zugegeben werden.

Februar

Das *Neue Deutschland* berichtet über eine Begegnung Erich Honeckers mit dem damaligen Ministerpräsidenten von Schleswig-Holstein Björn Engholm. Es ist nicht überliefert, ob Engholm von seinem Gesprächspartner mehr Freiheiten für die DDR-Bürger eingefordert hat. Bekannt ist nur, dass die Beziehungen zwischen SPD und SED immer enger wurden, je mehr sich das SED-Regime seinem Ende nähert.

Zweiter

Vier Mitglieder des *Arbeitskreises Gerechtigkeit und Frieden* der Bekenntnisgemeinde Berlin-Treptow werden zu Haftstrafen verurteilt. Dieser Arbeitskreis ist eine relativ neue Gruppe in der schon ziemlich ausgeprägten Oppositionslandschaft in Ostberlin.

Neben dem schon traditionellen *Friedenskreis Friedrichsfelde*, dem *Friedenskreis Pankow*, dem *Samariterkreis*, den *Frauen für den Frieden*, der *Initiative für Frieden und Menschenrechte*, der *Umweltbibliothek*, der *Kirche von Unten*, haben sich mehrere kleine Arbeitskreise gegründet. Darunter der *Berufsverbotskreis*, der sich mit der Berufsverbotspraxis gegen Andersdenkende in der DDR auseinandersetzt, oder der *Arbeitskreis Staatsbürgerschaftsrecht*, der Ausreisewillige berät.

Heute ist der Treptower Arbeitskreis so in Vergessenheit geraten, dass er selbst in Fachpublikationen kaum auftaucht. Schon um des hohen Preises willen, den vier seiner Mitglieder für ihr Engagement bezahlt haben, gebührte dem Kreis eine Erwähnung im „Lexikon der DDR-Opposition".

Dritter

Der DDR-Partei- und Staatchef Erich Honecker und der Ministerpräsident von Schleswig-Holstein Björn Engholm plädieren für „normale Beziehungen" zwischen der DDR-Volkskammer und dem Deutschen Bundestag. Engholm müsste dabei eigentlich klar gewesen sein, dass die Volkskammer weder ein frei gewähltes demokratisches Parlament noch ein arbeitendes Parlament war. Die Abgeordneten verfügten weder über Büros noch über Mitarbeiter. Wenn die Volkskammer ein paar Mal im Jahr zusammenkam, dann nur, um alle Vorlagen einstimmig zu beschließen. Ein Austausch zwischen einzelnen Ausschüssen konnte nicht stattfinden, weil es gar keine vergleichbaren Ausschüsse gab. Wie sollten da „normalen" Beziehungen vorstellbar sein?

Engholm hat mit seiner Beteiligung an dieser Erklärung zur Irreführung der westlichen Öffentlichkeit beigetragen. Statt die Einhaltung der demokratischen Standards zu fordern, zu denen sich die DDR mit der Unterzeichnung der Helsinki-Akte verpflichtet hat, hilft er damit, das Honecker-Regime zu legitimieren.

Vierter

Die „Normalisierung" der Beziehungen der beiden deutschen Teilstaaten schreitet voran. Erstmals treffen sich Angehörige beider deutscher Armeen außerhalb einer Manöverbeobachtung. Haben sie sich bei dieser Gelegenheit versichert, im Ernstfall nicht aufeinander zu schießen? Wohl kaum. Ist die Frage des Einsatzes von Grenzsoldaten gegen Flüchtlinge an der innerdeutschen Grenze angesprochen worden? Wenn ja, dann hat man nichts davon gehört.

Erich Honecker empfängt jeden Tag einen anderen Gast: Heute ist es der tschechoslowakische Politiker Jan Fojtík. Natürlich verlaufen die Gespräche in freundschaftlicher Atmosphäre und vollster Übereinstimmung. Je mehr der Staat unter seinen Füßen wegbröckelt, desto höher versucht Honecker sich über ihn zu erheben.

Fünfter

In der Nacht zum 6. Februar wurde der zwanzigjährige Chris Gueffroy an der Mauer in Berlin-Treptow erschossen. Er hatte gemeinsam mit einem Freund den Todesstreifen schon fast überwunden und stand vor dem letzten Hindernis, einem Drahtzaun, als ihn die tödlichen Schüsse trafen. Sein Freund wurde verwundet, festgenommen und wegen „versuchter Republikflucht im schweren Fall" zu drei Jahren Gefängnis verurteilt.

Der Schießbefehl wurde erst im April aufgehoben. Bis dahin galt das Wort Mielkes:

„Wenn man schon schießt, dann muss man das so machen, dass nicht der Betreffende noch bei wegkommt, sondern dann muss er eben dableiben bei uns. Ja, so ist die Sache! Was ist denn das, 70 Schuss loszuballern und der rennt nach drüben und die machen 'ne Riesenkampagne?"

Solche Zitate sollten immer wieder zur Kenntnis gebracht werden. Heute wird um die genaue Zahl der Mauertoten ein würdeloser Streit geführt. Genau genommen gehören auch die Grenzsoldaten der DDR dazu, die durch die eigenen Genossen versehentlich erschossen wurden.

Sechster

Die neu gegründete Ost-Berliner Arbeitsgemeinschaft *Courage* setzt sich für die Integration von Homosexuellen in die DDR-Gesellschaft ein. Sie engagierte sich wie die meisten frühen Homosexuellen-Gruppen der 80er Jahre in der kirchlichen Opposition. Diese Gruppen nahmen an den Veranstaltungen der Bürgerrechtsbewegung teil und traten auch auf Kirchentagen in Erscheinung.

Obwohl sich die rechtliche Stellung der Homosexuellen in der DDR seit Anfang der 70er Jahre kontinuierlich verbessert hatte, gab es eine anhaltende gesellschaftliche und politische Diskriminierung. Wie in allen anderen Fällen sah die SED auch in der homosexuellen Selbstorganisation eine Gefahr. Mit Recht. Denn damit wurden Dinge thematisiert, die in der DDR bislang verschwiegen worden waren, nicht zuletzt die verdrängte Tatsache, dass in den Konzentrationslagern der Nationalsozialisten viele Homosexuelle inhaftiert und umgekommen waren. Diese Menschen gehörten nicht zu den anerkannten Verfolgten des Naziregimes. Ihnen durfte in der DDR nicht gedacht werden. Als am 11. April 1985 elf Frauen versuchten, am Rande einer Gedenkfeier im ehemaligen Frauen-KZ Ravensbrück an die verfolgten Lesben zu erinnern, wurden sie festgenommen.

Trotz dieser Schikanen entstanden ab Mitte der 80er Jahre immer mehr Gruppen, auch nichtkirchliche. Ende der 80er Jahre reagierte die SED darauf mit dem Versuch, staatskonforme Homosexuellengruppen zu gründen und über den Kulturbund in die sozialistische Gesellschaft zu integrieren. Der Erfolg war eher mäßig. Eine Kanalisierung der von ihr bisher unterdrückten Interessen ist der SED bis zum Ende nicht gelungen.

Siebter

Während *Solidarność*-Chef Wałęsa in Polen zu Beginn der Verhandlungen mit der Regierung am Runden Tisch gute Chancen auf eine Einigung zwischen Opposition und Regierung sieht, gerät die SED-Führung langsam in Panik. Sie beschließt einen Umtausch der Parteidokumente. So ein Umtausch ist immer ein Mittel gewesen, eine Parteisäuberung durchzuführen. Das Politbüro ist sich nicht einmal mehr der Ergebenheit aller Nomenklatur-Kader sicher, noch weniger der Treue der einfachen Mitglieder. Von den 2,3 Millionen Parteimitgliedern ist eine beträchtliche Anzahl nur aus Opportunismus der Partei beigetreten. In Zeiten gefestigter Herrschaft sind solche Opportunisten kein Problem. Jetzt fühlten sich immer mehr Genossen ermutigt, auf den Versammlungen ihre Meinung zu sagen und Forderungen zu stellen. Vereinzelt ist es schon zu Resolutionen von Parteiorganisationen aus den Industriebetrieben gekommen, die eine Verbesserung der Versorgungslage und der Produktionsbedingungen anmahnten. Deshalb sollen beim Umtausch der Parteibücher Gespräche mit allen Mitgliedern geführt werden, um die unsicheren Kantonisten zu erkennen und aus der Partei zu entfernen. Im *Neuen Deutschland,* dem „Zentralorgan" der SED, wird die Aktion nur nebenbei erwähnt. Das Blatt konzentriert sich lieber darauf, über die „Dynamische Leistungsentwicklung der Volkswirtschaft im Januar" zu berichten. In den Kantinen der Betriebe wird diese Schlagzeile bestenfalls ein höhnisches Gelächter ausgelöst haben.

Achter

Die *taz* berichtet darüber, dass der Friedrichshainer Pfarrer Rainer Eppelmann in seiner Wohnung Abhöranlagen der Staatssicherheit entdeckt hat. Eine peinliche Pleite, die den Bemühungen Honeckers um internationale Anerkennung als Regierungschef eines „normalen" Landes einen empfindlichen Dämpfer versetzt. Rainer Eppelmann war zu diesem Zeitpunkt in der DDR bereits eine Legende. Seit Anfang der 80er Jahre führte er mit Unterstützung des jungen Bluesmusikers Günter Holwas sogenannte „Blues-Messen" durch, bei denen nach einer unkonventionellen Predigt und dem Gebet Blues zu Gehör gebracht wurde. Zu diesen Messen kamen bald hunderte, schließlich tausende Jugendliche. Deshalb musste die Blues-Messe aus der Samariter-Gemeinde erst in die benachbarte Auferstehungskirche, schließlich in die Erlöserkirche umziehen, die als Einzige den Besucherandrang noch fassen konnte. Daneben gehörte der von Eppelmann mitgegründete *Samariter-Friedenskreis* zu den wichtigsten Oppositionsgruppen der DDR. Als Pfarrer konnte sich

Eppelmann offene Kontakte zu Westmedien leisten, was der Oppositionsbewegung insgesamt von großem Nutzen war. In den Räumen seiner Gemeinde fanden viele wichtige Begegnungen mit Politikern und Journalisten aus dem Westen statt. Der Staatssicherheit war Eppelmann ein besonders schmerzhafter Dorn im Auge. Deshalb plante sie, den Pfarrer mittels eines Autounfalls ums Leben zu bringen. Anders als die Anschläge auf den Schriftsteller Jürgen Fuchs wurden diese Planungen aber nicht in die Tat umgesetzt. Eppelmann erfuhr erst bei der Einsicht in seine Stasiakte davon.

Neunter

Titelschlagzeile im *Neuen Deutschland:* „Eng verbunden mit dem Volk wird unsere Partei ihren Kurs konsequent fortsetzen."

Welcher Kurs das ist, wird immer unklarer. Die SED ist mehr und mehr gezwungen, auf den zunehmenden Druck der Opposition zu reagieren.

Heute empfangen Vertreter des Umweltministeriums der DDR kirchliche Umweltaktivisten. Es geht um die Sondermülldeponien in der DDR. Für Westmark ist die DDR bereit, Müll, auch Sondermüll, aus westlichen Ländern einzulagern. Zu den berüchtigtsten Standorten gehört die Sondermülldeponie Schönberg, wo giftiger Müll unter freiem Himmel gelagert wird und die Abwässer der Deponie ungehindert in den Boden fließen und das Grundwasser verseuchen.

Weil offene Müllplätze auf die Dauer zu skandalträchtig sind, hatte die Regierung mit dem Bau von Sondermüll-Verbrennungsanlagen begonnen. Eine davon befindet sich in Schöneiche bei Berlin. Die Proteste von Berliner und Brandenburger Umweltgruppen haben sich in den letzten Monaten auf diese Anlage konzentriert, weil nicht einmal ausreichende Filter auf den Schornsteinen montiert worden sind.

Das heutige Treffen ist nicht das erste zwischen Umweltaktivisten und Vertretern von Ministerien. Bereits 1986 wurden Oppositionelle nach Protesten gegen die maroden Atomkraftwerke der DDR im Zusammenhang mit dem Reaktorunglück im sowjetischen Tschernobyl von der staatlichen Atomaufsicht empfangen. Natürlich sollten die Treffen vor allem dazu dienen, die Gemüter zu beruhigen und die Parteilinie zu verteidigen. Aber dass sich die „Staatsorgane" überhaupt gezwungen sahen, sich mit den Oppositionellen zu treffen, zeugt von ihrer anwachsenden Schwäche.

Ungeachtet dessen stehen viele Intellektuelle nach wie vor in Treue fest zum Arbeiter- und Bauernstaat. So deklamiert beispielsweise der bekannte DDR-Dichter Stephan Hermlin in einem Interview mit dem *Spiegel,* dass die DDR auf dem Gebiet der Ökonomie ein erfolgreiches Land sei. „Wir reifen", sagt Hermlin. Unter den Kommunisten gehe ein großer Reifeprozess vor sich.

Dabei ist der Kommunismus, ohne je gereift zu sein, bereits in Fäulnis übergegangen.

Zehnter

Die Proteste gegen die Inhaftierung von Václav Havel erreichen einen vorläufigen Höhepunkt. Die französische Regierung fordert die tschechoslowakische Regierung offiziell auf, den Schriftsteller und Führer der Oppositionsbewegung freizulassen.

Václav Havel war ein Mitbegründer der *Charta 77,* die am 1. Januar 1977 mit einer Menschenrechtserklärung an die Öffentlichkeit trat und für beinahe zwei Jahrzehnte die bekannteste Oppositionsbewegung in den sozialistischen Ländern war. Trotz heftiger Schikanen gelangen den Charta-Aktivisten immer wieder wegweisende Papiere. Unter anderem sagten sie bereits 1985 voraus, dass die Vereinigung der beiden deutschen Teilstaaten der Beginn eines vereinigten Europas sein würde.

Elfter

Das Beben, das in den nächsten Monaten das scheinbar fest gefügte kommunistische System zum Einsturz bringt, beginnt in Ungarn.

Die ungarische Kommunistische Partei beschließt, ihr Machtmonopol aufzugeben und endgültig ein Mehrparteiensystem zuzulassen.

Vieles spricht dafür, dass den ungarischen Kommunisten sehr wohl bewusst war, dass dies nicht nur das Ende eines Monopols, sondern das Ende der Macht alten Stils überhaupt bedeutete. Sie fassen gleichzeitig den Beschluss, den Todesstreifen zu Österreich aufzuheben und den Stacheldraht an der Westgrenze durch ein modernes Grenzsystem zu ersetzen. Stillschweigend wird auch die Kopfprämie abgeschafft, die den Bewohnern des Grenzgebietes für die Ergreifung von Flüchtlingen gezahlt wurde. Damit ist der Weg in den Westen über Ungarn so gut wie frei. Die Botschaft, die von Ungarn ausging, wurde wohl gehört, aber ihr wurde nicht gleich Glauben geschenkt.

Weder im Westen noch im Osten gibt es eine Berichterstattung, die auch nur annähernd der Tragweite der gefassten Beschlüsse gerecht wird. Die Bedeutung der ungarischen Ereignisse für die Zukunft Europas wird grotesk unterschätzt.

Bild berichtet über die Sehprobleme von Momper, dem neuen Regierenden Bürgermeister von Berlin und über die Gründung einer Autopartei. Kein Wort über Ungarn.

Das *Neue Deutschland* spricht von den Vorhaben der Bauern für einen „hohen Ertragszuwachs". Deutsch-deutsche Ignoranz.

Zwölfter

Der ungarische KP-Chef Károly Grósz verteidigt den Beschluss seiner Partei, in Ungarn zu einem Mehrparteiensystem überzugehen. In einem Mehrparteiensystem bestünde eine größere Möglichkeit, weniger Fehler zu machen.

Das sehen seine Genossen von der SED noch lange nicht so.

Partei- und Staatschef Erich Honecker hat der Zeitung der Freien Deutschen Jugend *Junge Welt* ein Interview gegeben. Es ist ein Aufruf an die Jugend der DDR, im Lande zu bleiben für „das schönste und lohnendste Ziel", den Sozialismus, weil der „Glück und Zukunft für die junge Generation" bedeute. Deutlicher konnte Honecker nicht ausdrücken, wie wenig er von der wahren Stimmung im Lande wusste.

Dreizehnter

In Dresden gedenkt die Opposition wie jedes Jahr an der Ruine der Frauenkirche der Bombardierung von Dresden durch alliierte Bomberverbände. Jedes Jahr kommen hunderte Dresdener zur Frauenkirche, wo sie schweigend verharren und nach der Andacht eines Pastors ein gemeinsames Gebet sprechen. Dann werden die mitgebrachten Kerzen auf den Kirchentrümmern deponiert. Eine Weile schauen die Menschen noch schweigend in die Flämmchen, dann gehen sie wieder nach Hause.

So sollte es auch diesmal sein. Aber die Staatssicherheit versuchte an diesem Tag, am Rande der Gedenkfeier Verhaftungen durchzuführen. Das misslingt. Um möglichst unauffällig vorgehen zu können, haben die mit den Verhaftungen beauftragten Stasimänner auf polizeiliche Rückendeckung verzichtet. Nun sehen sie sich unverhofft einer Übermacht von Menschen gegenüber, die entschlossen sind, Verhaftungen nicht zuzulassen.

Die Kraftprobe endet mit dem Rückzug der Staatssicherheit unter Zurücklassung der Beinahe-Verhafteten. Seit dem missglückten überfall auf die Berliner *Umweltbibliothek* im November 1987 ist die Staatssicherheit in der DDR nicht mehr so gedemütigt worden.

Vierzehnter

Die Versuche, der DDR zu entkommen, werden immer spektakulärer: Drei Menschen durchbrechen mit einem LKW die Grenzanlagen in Ost-Berlin. Zweien gelingt anschließend die Flucht, der Dritte wird festgenommen. Im Wettbewerb um die verrückteste Art, der DDR zu entkommen, hätten die drei zumindest eine Wanderfahne verdient. Was das ist, kann man im *Neuen Deutschland* dieses Tages nachlesen. Es berichtet auf der Titelseite, dass Betriebe und Einrichtungen mit „Wanderfahnen" für „beste Leistungen" geehrt wurden. Wenn die Leistungen im nächsten Jahr weniger gut ausfallen sollten, müsste die Wanderfahne an den nächstbesseren Betrieb weitergegeben werden. Aus heutiger Sicht erscheint es unfassbar, dass erwachsene Menschen mit solchem Unsinn behelligt wurden.

Fünfzehnter

Die Zeitungen melden den termingerechten Abschluss des sowjetischen Truppenabzugs aus Afghanistan. Damit ist das erste Kapitel einer Tragödie abgeschlossen, die uns heute noch beschäftigt. Die Sowjetunion hatte 1980 Afghanistan überfallen, um eine kommunistische Satellitenregierung zu unterstützen. Es stellte sich allerdings sehr bald heraus, dass in Afghanistan nicht klappen würde, was in Osteuropa funktioniert hat: eine stabile und dauerhafte Integration des Landes am Hindukusch in den kommunistischen Block.

Die gegen die Sowjets kämpfenden Taliban, die sich mehrheitlich aus Mudschahidin gründeten und von den USA unterstützt wurden, machen den USA und der NATO bis heute schwer zu schaffen.

Das Pentagon musste inzwischen einräumen, dass etwa ein Drittel aller Waffen, bis hin zu Granatwerfern, die den afghanischen Sicherheitskräften von der amerikanischen Regierung zur Verfügung gestellt wurden, verschwunden sind. Vermutlich sind sie in den Händen der Taliban gelandet. Das amerikanische Verteidigungsministerium hat aus Schlamperei und Personalmangel über die nach Afghanistan gelieferten Waffen nicht genau Buch geführt. So kann der Verbleib des Kriegsgerätes mittels Kontrolle der Seriennummern nicht komplett durchgeführt werden, aber die Taliban konnten dank der großzügigen Waffenhilfe aus den USA ihre Aktivitäten erfolgreich ausweiten.

Sechzehnter

Eine vierköpfige Potsdamer Familie durchbricht mit ihrem PKW die Sperre vor dem Parkplatz der Ständigen Vertretung der Bundesrepublik Deutschland in Ostberlin. Dabei fährt sie einen Volkspolizisten um. Die vier wollen mit dieser verzweifelten Aktion der DDR entkommen. Seit die ersten DDR-Bürger in die Ständige Vertretung geflüchtet waren und sie mit der Zusicherung einer schnellen Ausreise nach zehn Tagen wieder verlassen haben, gleicht die Ständige Vertretung mehr denn je einer Festung. Die Potsdamer haben bewiesen, dass solche Maßnahmen längst nicht mehr ausreichen, um Ausreisewillige abzuschrecken. Mit jedem Tag wächst die Zahl der Antragsteller. Die „Ausreiser" sind längst keine isolierte Minderheit mehr, sondern Repräsentanten einer weitverbreiteten Stimmung.

Das *Neue Deutschland* berichtet unverdrossen von den angeblichen Erfolgen. Die zu Ende gehende Wahlperiode der Kommunalparlamente hätte „gute Ergebnisse für die Bürger" gebracht. Die „Räte" der Kreise hätten vor den Volksvertretungen Rechenschaft gelegt. Das ist neu. Nach demokratischem Verständnis sollen die Volksvertretungen ja die Regierungen kontrollieren. In der DDR waren sie allerdings reine Abnickgremien, die dem System nach außen hin eine demokratische Fassade verleihen sollten. Üblicherweise waren die Kreisregierungen nur der SED rechenschaftspflichtig. Nun bemüht man sich, in Hinblick auf die bevorstehende Kommunalwahl so zu tun, als hätten die Kommunalparlamente tatsächlich Kompetenzen. Auch dies ist ein Zeichen, wie sehr die Allmacht der SED bereits zerbröckelt.

Siebzehnter

Polnische Zeitungen kündigen die Gründung einer christdemokratischen Partei in Polen an. Damit geht auch die Volksrepublik Polen zu einem demokratischen Mehrparteiensystem über und beendet die Alleinherrschaft der Kommunistischen Partei. Obwohl die entsprechende Presseerklärung am Tag zuvor an internationale Agenturen gegeben wurde, findet sich kein Wort darüber im *Neuen Deutschland*. Stattdessen wird wieder breit über die „Vielfältigen Vorhaben im 40. Jahr der DDR" berichtet.

Die „Liga für Völkerfreundschaft" tagt in Berlin. Bei den Grußadressen aus den Bruderländern wird nicht auf die Vorgänge in Polen Bezug genommen. Noch geht in der DDR alles seinen Gang, aber der Gang wird immer schleppender.

Achtzehnter

Die Leipziger Markusgemeinde stellt ihre Gemeindebibliothek der *Umweltbibliothek* in Berlin zur Verfügung. Damit unterstützt sie öffentlich eine nur halb legale Einrichtung.

Seit der Gründung der ersten *Friedensbibliothek* 1985 in Berlin und mehr noch der 1986 ebenfalls in Berlin gegründeten *Umweltbibliothek* entstanden im ganzen Land kleine, bei einer Kirchengemeinde angesiedelte unabhängige Bibliotheken. Zu deren Beständen gehörten in der DDR verbotene Bücher. Die Benutzer dieser Bibliotheken machten sich eine Gesetzeslücke zunutze, die es erlaubte, verbotene Bücher in den Räumen des Besitzers zu lesen, nicht aber, sie mit nach Hause zu nehmen. Die Bibliotheken waren also reine Präsenzbibliotheken. Hier bekam man nicht nur verbotene Bücher, sondern auch die Schriften der Opposition. Die Bibliotheken entwickelten sich zu regelrechten Informationsbörsen.

Die bekannteste unabhängige Bibliothek, die *Umweltbibliothek Berlin* befand sich in den Kellerräumen der Zionsgemeinde. Neben der Bibliothek gab es Druckereiräume und eine Galerie, in der verbotene Künstler der DDR ausgestellt wurden. Es gab einen Informationsverteiler für alle

Oppositionsgruppen, die von hier aus mit allen wichtigen Mitteilungen beliefert wurden.

Es fanden Vorträge, Konzerte und Aufführungen statt. Die *Umweltbibliothek* gab die wichtigste Zeitung der Opposition, die *Umweltblätter*, heraus. Die Auflage startete mit 200 Exemplaren und erreichte im Laufe der Jahre 4 000 Stück. Nach dem brutalen Stasiüberfall in der Nacht vom 24. zum 25. November 1987 und den nachfolgenden Protestaktionen erlangte die Umweltbibliothek auch öffentliche Berühmtheit.

Neunzehnter

Der ungarische Außenminister Gyula Horn schlägt die Bildung einer ungarisch-sowjetischen Kommission zur Aufarbeitung des Jahres 1956 vor. Damit legte er die Axt an die Geschichtslegenden des Kommunismus und die Version vom konterrevolutionären Putsch, dessen Niederschlagung im Namen des ungarischen Volkes erfolgt war. Nun sollte eine Kommission die Gründe für den damaligen sowjetischen Einmarsch und die mithilfe der ungarischen Kommunisten begangenen Verbrechen an den Aufständischen untersuchen.

Die „Geheimrede" Nikita Chruschtschows über die Verbrechen der Stalinzeit hatte 1956 in Ungarn den Wunsch geweckt, über die Verbrechen der eigenen Parteiführung aufgeklärt zu werden. Schnell mündete dieses Verlangen in Forderungen nach freien Wahlen, Presse- und Versammlungsfreiheit, vor allem nach Unabhängigkeit von der Sowjetunion. Zum Führer dieser Bewegung wurde der schnell zum Ministerpräsidenten ernannte Imre Nagy. Als Nagy am 1. November den Austritt Ungarns aus dem Warschauer Pakt erklärte, war es mit dem Tauwetter in der Sowjetunion vorbei. Am 4. November wurde Ungarn von den Sowjets überfallen. Die amtierende ungarische Regierung wurde verhaftet, eine neue unter János Kádár sollte gebildet werden. Nagy war es zunächst gelungen, in die Botschaft Jugoslawiens zu flüchten. Nachdem ihm freier Abzug zugesichert worden war, verließ er sie wieder, wurde aber sofort von einem sowjetischen Kommando verschleppt, 1958 in einem Geheimprozess zum Tode verurteilt und hingerichtet. Dieses Schicksal teilten mindestens zweihundert andere Aufständische mit ihm.

Nun war die Zeit des Schweigens vorbei. Die Suche nach der historischen Wahrheit wurde zu einem wichtigen Motor der ungarischen Opposition.

Februar

Zwanzigster

Der Berliner Bischof Gottfried Forck erklärte in Bonn, dass es ein Hindernis für die Verbesserung der deutsch-deutschen Beziehungen sei, wenn die Bundesregierung die Bewohner der DDR auch als deutsche Staatsbürger betrachte. Er stieß damit keinesfalls auf taube Ohren. Es gab inzwischen sogar Politiker der CDU, wie Heiner Geissler und Rita Süssmuth, die eine Anerkennung der DDR-Staatsbürgerschaft befürworteten. Ein entsprechender Vorschlag von CDU-Generalsekretär Geissler, das Wiedervereinigungsgebot aus dem Parteiprogramm zu streichen, wurde wenige Wochen darauf allerdings von der überwältigenden Mehrheit der Delegierten des CDU-Parteitags abgelehnt. Zum Glück, denn eine Anerkennung der DDR-Staatsbürgerschaft hätte die kommende Entwicklung verkompliziert.

Bischof Forck war alles andere als ein Sympathisant der DDR-Regierung. Er ging allerdings davon aus, dass die DDR noch lange bestehen würde und eine Entspannung der Beziehungen und damit verbundene menschliche Erleichterungen das Einzige seien, das realistisch wäre.

Ich selbst habe Bischof Forck viel zu verdanken. Als ich nach meiner Verhaftung am Rande der Liebknecht-Luxemburg-Demonstration 1988 wegen „Rowdytums" vor Gericht gestellt wurde, erschien Bischof Forck, um an meiner Verhandlung teilzunehmen. Nach Recht und Gesetz der DDR hätte die Verhandlung öffentlich geführt werden müssen. Aber als morgens um acht Uhr der Gerichtssaal aufgeschlossen wurde, waren drin schon alle Plätze besetzt und meine Freunde mussten draußen bleiben. Die Stasi wagte es allerdings nicht, auch den Bischof abzuweisen. Also musste ihm einer der Stasileute Platz machen. Dadurch war die Öffentlichkeit doch beim Prozess anwesend. Das hat dazu beigetragen, dass der Richter, nachdem ich mich vehement und offenbar eindrucksvoll gegen den absurden Vorwurf des Rowdytums verteidigt hatte – auf das es übrigens acht Jahre Höchststrafe gab – mitten im laufenden Prozess den Strafvorwurf änderte.

Weil das auch nach DDR-Recht eigentlich unmöglich war, fragte mich der Stasirichter höflich, ob ich mit der Änderung einverstanden sei. Ich war sofort einverstanden, denn der neue Vorwurf lautete „Versuchte Zusammenrottung". Dafür betrug die Höchststrafe nur acht Monate.

Februar

Dass ich dann „nur" zu sechs Monaten und nicht zu mindestens vier Jahren verurteilt wurde, wie mir ursprünglich in Aussicht gestellt worden war, war ebenfalls der Anwesenheit des Bischofs zu verdanken.

Einundzwanzigster

Václav Havel wird in Prag wegen „Rowdytums" zu neun Monaten Gefängnis verurteilt. Hatte er randaliert, Menschen angegriffen, öffentliche Einrichtungen beschädigt? Nichts von alledem. Havel hatte Mitte Januar, kurz vor dem Jahrestag der Selbstverbrennung Jan Palachs auf dem Wenzelsplatz, einen anonymen Brief erhalten. Darin wurde eine weitere Selbstverbrennung angekündigt. Havel wollte das unbedingt verhindern, indem er die Öffentlichkeit zu informieren versuchte. Das staatliche tschechische Fernsehen weigerte sich allerdings, eine entsprechende Meldung zu verlesen. Also übergab Havel den Brief schließlich den Westmedien, die ihn veröffentlichten.

Nach Meinung der Staatsanwaltschaft war dies ein Aufruf zu Ausschreitungen. Strafverschärfend wurde für Havel Isolationshaft angeordnet, denn er war zum wiederholten Male wegen des gleichen Deliktes belangt worden. Schon 1977 war Havel nach der Gründung von *Charta 77* inhaftiert und zu vier Jahren Haft verurteilt worden. Sein Engagement machte ihn zu einer international bekannten moralischen Instanz und zu einem Vorbild für viele Oppositionelle in Osteuropa.

Zweiundzwanzigster

Endlich! Die Bundesregierung bestellt den Leiter der Ständigen Vertretung der DDR in Bonn wegen neuerlicher Schüsse an der Grenze ins Kanzleramt ein. Glücklicherweise ist niemand mehr getötet worden. Es gibt einen erregten Wortwechsel, aber der Schießbefehl, dessen Existenz von den verantwortlichen Politikbürokraten heute bestritten wird, ist nicht aufgehoben. Die Machthaber in der DDR übersehen hartnäckig die Zeichen der Zeit. Dabei haben sie immer größere Schwierigkeiten, die Ruhe im Land zu bewahren. Es entwickelt sich ein öffentlicher Protest gegen die Verurteilung von Václav Havel. Wieder liegen in vielen Kirchen Unterschriftenlisten aus. Die Schriftsteller der DDR schweigen dagegen. Kein kritisches Wort über die Maßregelung ihres Kollegen.

Nur einige wenige sollen unter Ausschluss der Öffentlichkeit Protest angemeldet haben.

Die Jugendkultur wendet sich dagegen massiv vom Staat ab und lässt sich nicht mehr gängeln. Bands der verschiedenen Musikszenen verlassen einfach den Untergrund und missachten die kulturpolitischen Auflagen. Es entstehen private Tonstudios, deren Produktionen es sogar bis in die Rundfunkprogramme schaffen. Selbst Punkkonzerte, die am heftigsten von der Staatssicherheit verfolgt werden, gibt es immer häufiger auf öffentlichen Bühnen. Wieder versucht die SED eine Entwicklung, die sie nicht mehr steuern kann, für sich zu kanalisieren.

Sie lässt unter der Schirmherrschaft der sozialistischen Jungendorganisation FDJ „Rock für den Frieden" mit internationalen Popstars veranstalten. Die Jugendlichen kommen gern zu diesen Konzerten, aber als die SED versucht, auf einer solchen Veranstaltung mithilfe populärer Leistungssportler Propaganda für das Regime zu machen, geht das in einem Pfeifkonzert unter.

Dreiundzwanzigster

Nach Beginn der Proteste gegen Václav Havels Verurteilung fordern zwanzig Oppositionsgruppen in der DDR in einem „Offenen Brief" seine Freilassung. Über die Westmedien wird der „Offene Brief" in der DDR und der ČSSR bekannt.

Im Westen wird über die erneuerten Todesdrohungen gegenüber Salman Rushdie berichtet. Rushdie muss seitdem damit leben. Es gab und gibt keinen „Aufstand der Anständigen" gegen diese Zumutung.

Walter Kempowski beklagt an diesem Tag in seinem Tagebuch, dass er vergeblich auf eine Unterschriftenliste zu Rushdies Gunsten wartet. Die kommt nie. Jeder, der sich für diesen von den Islamisten für aussätzig erklärten Mann einsetzt, ist selbst vom Tode bedroht. Der Umgang des Westens mit Rushdie ist kein Ruhmesblatt für eine kulturelle Elite, die „Zivilcourage" wie eine Monstranz vor sich herträgt, aber einen eingeschränkten Begriff davon hat, wann Zivilcourage gefordert ist.

Vierundzwanzigster

Während die ungarische kommunistische Partei an diesem Tag auf ihren verfassungsmäßig verankerten Führungsanspruch verzichtet, erfährt die SED eine Aufwertung. Der Ministerpräsident von Baden-Württemberg, Lothar Späth, macht Partei- und Staatschef Erich Honecker seine Aufwartung. Von kritischen Fragen, die Späth Honecker gestellt hätte, ist anschließend nicht die Rede.

Walter Kempowski ist an diesem Tag allein in seinem Haus in Nartum. Er notiert in sein Tagebuch, dass neben der ungarischen, auch die polnische kommunistische Partei auf ihr Machtmonopol verzichten wolle, um einen demokratischen Sozialismus aufzubauen. „Wer's glaubt, wird selig", kommentiert Kempowski lakonisch. Die einen wollen nicht sehen, was sich entwickelt, die anderen können es nicht glauben. So ist am Ende eine große Überraschung, was sich doch vor aller Augen angebahnt hat.

Fünfundzwanzigster

Schon wieder macht ein westdeutscher Politiker seine Aufwartung bei DDR-Partei- und Staatschef Honecker. Diesmal ist es der Hamburger Bürgermeister Henning Voscherau. Bekannt wird von diesem Treffen lediglich, dass „gegenseitig interessierende Fragen" erörtert wurden. Wenn Voscherau Kritik geäußert haben sollte, ist dies der Öffentlichkeit verborgen geblieben.

In Warschau will der polnische Regierungschef Mieczysław Rakowski seinen Mut beweisen und ein Zeichen setzen. Er besucht demonstrativ eine Theatervorstellung mit zwei Stücken des frisch verurteilten Václav Havel. Aber als ein mit den Oppositionellen sympathisierender Schauspieler auf der Bühne die sofortige Freilassung Havels fordert, bekommt der Ministerpräsident doch Angst vor der eigenen Courage. Er verlässt das Theater mitten in der Vorstellung.

Sechsundzwanzigster

In Greifswald haben sich die Delegierten der DDR-Friedenskreise zum jährlichen Treffen „Konkret für den Frieden" versammelt. Sie vertreten etwa 3 000 Oppositionelle, die in mehr als 100 Friedenskreisen im ganzen Land aktiv sind.

Seit Jahren gibt es diese Treffen im Februar, um Erfahrungen auszutauschen und gemeinsame Aktionen zu verabreden. Sie werden von einem von den Delegierten gewählten „Fortsetzungsausschuss" vorbereitet. Auch die Umweltkreise haben eine ähnliche Einrichtung, sie treffen sich jährlich zu „Umweltseminaren" in Berlin.

In Greifswald kam es am Rande der Veranstaltung zu einem Treffen von Mitgliedern verschiedener Friedenskreise, das nicht auf der Tagesordnung stand. Dabei kamen Menschen zusammen, die der Meinung waren, dass der schützende Raum der Kirche verlassen werden musste. Oppositionelle Aktivitäten sollten im Rahmen einer DDR-weiten politischen Organisation möglich gemacht werden. Die in Greifswald getroffene Absprache war der erste Schritt zur Gründung von unabhängigen politischen Parteien.

Siebenundzwanzigster

In Leipzig findet in der Nikolaikirche das erste Friedensgebet statt. Es wird von Pfarrer Christian Führer und dem *Arbeitskreis Hoffnung* gestaltet. Es ist die Geburtsstunde der montäglichen Friedensgebete. Noch ahnt niemand, dass sie zu einer Institution werden und von ihnen in wenigen Monaten die größten Massendemonstrationen in der Geschichte der DDR ausgehen würden.

Im *Neuen Deutschland* ist die Welt, deren Untergang in Leipzig gerade eingeleitet wird, noch in Ordnung. Es meldet, dass 9,6 Millionen Mitglieder des FDGB, des Freien Deutschen Gewerkschaftsbundes, ihre Leitungen wählen.

Der frisch gekürte Chef, Harry Tisch, wird einige Monate später der Korruption bezichtigt werden und als einer der letzten Häftlinge im Staatssicherheitsgefängnis Hohenschönhausen landen.

Achtundzwanzigster

Wieder wurde an der Mauer geschossen. Glücklicherweise ohne jemanden zu töten. Einige Hallenser wollen das nicht länger hinnehmen. Also machen sich vierzig Menschen auf, um mit einem Schweigemarsch gegen das Grenzregime zu protestieren. Mehr werden es an diesem Tag noch nicht, doch die Zustimmung der Menschen am Straßenrand ist unübersehbar. Die Stasi hält es daher für klüger, nicht öffentlich einzugreifen. Sie filmt die Demonstranten, und in den nächsten Tagen werden einige Teilnehmer verhört und verwarnt.

März

Erster

Eine DDR-Oppositionsgruppe, in der sich sogenannte „Antragsteller" zusammengeschlossen haben, veröffentlicht eine Erklärung, in der neben der Forderung auf das Recht, das Land verlassen zu können, sich auch die Ankündigung fand, kirchliche Friedensgruppen in ihrem Anliegen zur gesellschaftlichen Erneuerung zu unterstützen. Das war der Beginn der politischen Zusammenarbeit von „Ausreisegruppen" und den Kreisen, die sich für Veränderungen in der DDR einsetzten. Die „Ausreiser" waren für viele kirchliche Oppositionsgruppen ein Problem. Ihnen wurde oft unterstellt, sie würden mit ihrem Engagement nur ihre eigenen Ziele verfolgen wollen. Von den inoffiziellen Mitarbeitern der Staatssicherheit wurden solche Diskussionen eifrig geschürt, denn sie beeinträchtigten die eigentliche Arbeit der Gruppen. Den Ausweg wies die Bürgerrechtlerin Freya Klier, die einem ausreisewilligen Regisseur die Bildung einer „Ausreisegruppe" vorschlug.

Dieser *Arbeitsgruppe Staatsbürgerschaftsrecht* folgten noch viele andere Ausreisegruppen im ganzen Land. Anfangs gab es wenig Kooperation zwischen Ausreisern und Dableibern. Das sollte sich nun ändern. Jahrelang war es dem Regime gelungen, Ausreisewillige zu isolieren und zu ächten. Nun war es nicht mehr möglich, sie aus der Öffentlichkeit zu verdrängen. Der wachsende Wunsch, der DDR zu entkommen, wurde zusehends zu einem Problem. Im Jahre 1988 waren über 12 000 Menschen nicht von Besuchsreisen in die DDR zurückgekehrt. Die Zahl der Ausreiseanträge stieg sprunghaft, Fluchtversuche über die Grenze wurden immer häufiger. Das Gefühl, in der DDR eingesperrt zu sein, breitete sich aus.

Zweiter

Nach der am Vortrag veröffentlichten Ankündigung der „Ausreiser", künftig eng mit den kirchlichen Oppositionsgruppen zusammenzuarbeiten, die sich für Veränderungen in der DDR engagieren, beschließt das Ministerium für Staatssicherheit, Bezirksverwaltung Leipzig alle politisch tätigen Ausreisewilligen sofort in den Westen abzuschieben. Das MfS erhofft sich, den entstandenen öffentlichen Druck so mindern zu können. Das erweist sich als Fehlkalkulation. Für einen abgeschobenen Ausreiser treten sofort zwei weitere an seine Stelle, die Veränderungen in der DDR fordern und bereit sind, dort weiterzumachen, wo der Ausgereiste aufgehört hat.

Dritter

Das SED-Regime sieht seine Felle wegschwimmen und hofft auf Unterstützung durch die Gastarbeiter in der DDR. Bislang waren die fleißigen Helfer aus Vietnam, Angola, Algerien, aber auch Ungarn und Polen eher geduldet als geliebt. Sie lebten isoliert von der Bevölkerung, Kontakte zu ihnen waren unerwünscht.

Als Studentin in Leipzig wurde mir mit Exmatrikulation gedroht, als ich bei einer Polizeirazzia im „Gerberhotel", einem Wohnheim für junge ungarische Gastarbeiter, in der Küche Paprikahühnchen kochend, erwischt wurde.

Viel schlimmer erging es den Vietnamesen, denen jeglicher Kontakt zu DDR-Bürgern von ihrer eigenen Regierung untersagt war. Wer sich nicht daran hielt, wurde sofort nach Vietnam zurückgeschickt und dort bestraft. Vietnamesinnen, die schwanger wurden, mussten abtreiben, egal, ob der Vater ein Vietnamese oder ein Deutscher war. Mitte der 80er Jahre gab es sogar Fälle von Zwangssterilisation bei vietnamesischen Gastarbeiterinnen. Dass dies wohl auf Wunsch der vietnamesischen Regierung geschah, entlastet die DDR nicht, denn die Eingriffe wurden in DDR-Krankenhäusern durchgeführt.

Besonders die Frauengruppen der DDR-Opposition bemühten sich, den Skandal bekannt zu machen. Mit dem Erfolg, dass die Eingriffe nicht mehr in der DDR durchgeführt wurden. Ich kenne bis heute keine Arbeit, die das Paria-Dasein der vietnamesischen Gastarbeiter in der DDR untersucht hätte.

Die Algerier und die Angolaner waren nicht so leicht zu isolieren. Sie waren bei den Frauen zu beliebt.

Nun sollen die Gastarbeiter der SED aus der Klemme helfen. Die Volkskammer beschließt an diesem Tag, den ständig in der DDR lebenden Ausländern das aktive und das passive kommunale Wahlrecht zu geben. Sie hoffen, dass die Ausländer mit einhundert Prozent die Kandidaten der Nationalen Front wählen werden.

Vierter

Die Noch-Volksrepublik Polen wagt einen eigenständigen Schritt weg vom Warschauer Pakt. Einseitig und unabgesprochen beginnt sie mit der Reduzierung ihrer Armee. Bis zum nächsten Jahr soll es nur noch 40 000 polnische Soldaten geben.

Obwohl Gorbatschow mehrfach versichert hat, es würde keine Einmischung geben, liegt doch die gespannte Erwartung in der Luft, ob der sowjetische Parteichef tatsächlich zu seinem Wort steht und zusieht, wie seine einstige Allmacht bröckelt. Sein oberster Heeresführer, Marschall Sergei Achromejew ist jedenfalls nicht derselben Meinung. Er wertet die polnische Truppenreduzierung als Konterrevolution, die man gewaltsam bekämpfen müsste. Aber die Zeiten der sowjetischen Interventionen sind endgültig vorbei.

Fünfter

Bischof Werner Leich schlägt vor, auf die Formel „Kirche im Sozialismus" zu verzichten. Damit will er ein Kapitel peinlicher Nähe zum DDR-Regime beenden. Mit der Anerkennung, „Kirche im Sozialismus" zu sein, wurde die Evangelische Kirche zur wichtigsten nichtkommunistischen Legitimationsstütze des SED-Staates. Fortan konnte sich Honecker im In- und Ausland mit dem guten Verhältnis von Staat und Kirche brüsten.

Was als Festigung seiner Macht geplant war, erwies sich jedoch bald als zweischneidiges Schwert. Denn in der Vereinbarung, die am 6. März 1978 geschlossen wurde, war die Kirche formal als eigenständige gesellschaftliche Größe anerkannt worden. Das hieß, dass sie in ihren eigenen Räumen alleiniges Hausrecht hatte. In den Räumen der Kirche konnte die Staatssicherheit keine Verhaftungen vornehmen, keinen Veranstaltungen verbieten, keine Ausstellungen abbauen, keine Versammlungen auflösen. Solange eine Kirchgemeinde solche Aktivitäten duldete, musste sich die Staatssicherheit auf einen heimlichen Beobachterstatus ihrer inoffiziellen Mitarbeiter beschränken. Sie konnten beobachten, berichten und heimlich Einfluss zu nehmen versuchen. Verbieten konnten sie nichts. Die Räume der Evangelischen Kirche boten der Opposition der 80er Jahre die Möglichkeit, ihre Aktivitäten zu entwickeln und zu entfalten. Was sie mit wachsendem Erfolg tat.

Die SED begann, die Kirchenleitung mit der Forderung unter Druck zu setzen, oppositionelle Aktivitäten in ihren Räumen zu verhindern. Tatsächlich verkündeten einzelne Kirchenleute daraufhin, dass die Kirche kein „Oppositionslokal" sei und „für alle, aber nicht für alles" offen stünde.

Da eine Gemeinde aber selbst bestimmen konnte, was sie dulden wollte oder nicht, blieb der Einfluss solcher Kirchenleitungsmitglieder beschränkt. Schließlich verschärfte die SED ihren Ton: Das Politbüromitglied Werner Jarowinsky sprach vom „Missbrauch der Kirche als Trojanisches Pferd", ohne zu ahnen, dass die DDR wie Troja dem Untergang geweiht war.

Sechster

In Wien beginnen die Verhandlungen der Nato mit den Warschauer-Pakt-Staaten über die Reduzierung der konventionellen Streitkräfte.

Damit sollte ein Ende des unerträglich gewordenen Wettrüstens eingeleitet werden. Den Verhandlungsführern der Nato-Staaten war offenbar nicht klar, dass die sozialistischen Staaten längst an ihrem Limit angelangt waren. Die Rüstung hatte die Substanz ihrer Volkswirtschaften bereits aufgefressen. Es waren wirtschaftliche Zwänge, die Polen veranlasst haben, einseitig mit der Verringerung seiner Soldaten zu beginnen.

Siebter

Der Autor Ehrhart Neubert bezeichnet die DDR in seiner „Geschichte der Opposition" sehr treffend als eine „Gesellschaft auf der Flucht". Schon seit Gründung der DDR sprach man von einer „Abstimmung mit den Füßen". Bis August 1961 hatten bereits drei Millionen Bürger das Land verlassen. Etwa eine halbe Million Menschen gelangten bis 1989 in den Westen, die meisten mithilfe eines Ausreiseantrags. Obwohl der SED-Staat die Ausreisewilligen mit Entlassungen, Vermögensentzug und im Falle öffentlicher Proteste mit Haft bedrohte, stieg ihre Zahl stetig.

Seit 1984 stellten jährlich etwa 50 000 Menschen Ausreiseanträge, 1987 waren es schon 100 000.

Für eine Flucht aus der DDR konnte es nach offizieller Lesart nur einen Grund geben: Menschenhandel. Bis heute wird diese Legende aufrechterhalten.

Wirklichen Menschenhandel betrieb nur die DDR, indem sie ihre Landeskinder verkaufte. Etwa 34 000 politische Häftlinge hat die Bundesregierung freigekauft. Drei Milliarden DM kassierte die SED für die von ihr Verfolgten vom Klassenfeind.

Achter

Internationaler Frauentag. Je mehr sich die DDR ihrem Ende nähert, desto ausgelassener wird dieser Tag gefeiert. Zwar gibt es nicht arbeitsfrei, aber heute wird von den Frauen nur das Allernötigste getan. Spätestens nach der Mittagspause geht das Feiern los. Der offizielle Teil ist im Laufe der Jahre immer mehr geschrumpft, zugunsten einer ausgelassenen Fröhlichkeit, die keinen Gedanken an die Herkunft und das Anliegen dieses Tages verschwendete. So geht unter, dass die SED-Führung in diesem Jahr versucht hat, den Frauentag als Teil einer „breiten demokratischen Volksbewegung zur Vorbereitung der Kommunalwahl" zu instrumentalisieren. Der „Dank und die Anerkennung der Parteiführung" ist den allermeisten Frauen und Mädchen herzlich egal. Nicht egal ist ihnen, dass sie heute von den Männern bedient und mit Blumen bedacht werden.

Wie wenig Substanz dieser Frauentag hatte, sieht man am Besten daran, wie sang- und klanglos er von der Bildfläche verschwunden ist, obwohl es nicht an Initiativen gefehlt hat, diese Tradition aufrechtzuerhalten.

Der Name des letzten Toten an der Mauer ist heute fast vergessen: Winfried Freudenberg. Er wurde nicht erschossen, sondern stürzte ab, als er mit einem selbstgebauten Ballon die DDR verlassen wollte.

Neunter

Die Noch-Volksrepublik Polen ist den anderen sozialistischen Staaten schon wieder einen Schritt voraus: Opposition und Regierung haben sich am Runden Tisch auf eine radikale Reform des Parlaments und des Wahlrechts verständigt. Erstmals können sich mehrere Parteien zur Wahl stellen. Natürlich haben sich die Kommunisten einen Vorteil vorbehalten: Ein Drittel der Parlamentssitze soll ihnen ohne Abstimmung zur Verfügung stehen. Sie hoffen so, auch nach der Wahl noch die Mehrheit im Parlament zu haben.

Das *Neue Deutschland* nimmt die Beschlüsse des Nachbarlandes wieder nicht zur Kenntnis. Es titelt: „Der Sozialismus hat uns ein neues Leben erschlossen." Von diesem neuen Leben wollen immer weniger Leute noch etwas wissen.

Zehnter

An der Grenze wird wieder geschossen. Nähere Umstände sind nicht bekannt.

In Halle werden vier DDR-Bürger für ihren Versuch, in der Ständigen Vertretung der Bundesrepublik in Ost-Berlin ihren Ausreisewunsch vorzutragen, zu hohen Haftstrafen verurteilt. Das Delikt hieß in solchen Fällen üblicherweise „Versuchter illegaler Grenzübertritt". Hatte man sich für sich und seine Familie kundig machen wollen, war es „Versuchter illegaler Grenzübertritt im schweren Fall". Edda Schönherz, eine bekannte Fernsehansagerin der DDR, wurde zu drei Jahren Haft verurteilt, weil sie sich im Urlaub in Budapest in der deutschen Botschaft nach Ausreisemöglichkeiten für sich und ihre Kinder erkundigt hatte. Drei Jahre, in denen sie ihre Kinder nicht sehen konnte, denn nach den Gesetzten der DDR durften Kinder erst ab 16 Jahren ihre Eltern im Gefängnis besuchen.

Das *Neue Deutschland* berichtet natürlich nicht über solche Prozesse. Es verbreitet lieber sozialistische Märchen wie das vom „Kräftigen Leistungswachstum durch den Einsatz der Schlüsseltechnologien".

Elfter

Die *Initiative für Frieden und Menschenrechte*, eine der jüngeren Oppositionsgruppen, startet einen Aufruf zur landesweiten Ausdehnung ihrer Gruppe. Das ist der erste Schritt hin zur Gründung einer Partei. Die „Initiative" war am 24. Januar 1986 im Anschluss an das erste Menschenrechtsseminar der Opposition in Berlin gegründet worden. Ihr gehörten zu Beginn um die 25 Mitglieder an, darunter Bärbel Bohley, Gerd Poppe und Wolfgang Templin. Das Besondere an der Gruppe war, dass sie von Anfang an erklärte, unabhängig von der Kirche sein zu wollen. Natürlich war das ein eher symbolischer Akt, denn auf den kirchlichen Schutz konnte sie nicht wirklich verzichten.

Die zweite Besonderheit war, dass die Verletzung der Menschenrechte in der DDR im Mittelpunkt der Arbeit stand. Die „Initiative" setzte in der zweiten Hälfte der 80er Jahre wichtige Themen in der Oppositionsarbeit.

Zwölfter

Die Erosion des kommunistischen Blocks geht unaufhaltsam weiter. Das unabhängige *Demokratische Forum* Ungarns beschließt seine Konstituierung als politische Partei. Im Westen ist diese Nachricht keine Schlagzeile wert. Die beiden Deutschlands haben gerade andere Sorgen.

Wegen der jüngsten Schießereien an der Grenze sagen Bundeswirtschaftsminister Helmut Haussmann und Bundesbauminister Oscar Schneider ihren Besuch der Leipziger Frühjahrsmesse ab. In einem Brief an Erich Honecker rügt Hausmann die „fortgesetzte Verletzung von Menschenrechten" durch den SED-Staat.

Dreizehnter

In Leipzig hat die Frühjahrsmesse begonnen. Stolz meldet das *Neue Deutschland,* dass Leipzig „9 000 Aussteller aus aller Welt vereint".

Das internationale Publikum auf den Straßen bietet einen gewissen Schutz vor willkürlichen staatlichen Übergriffen. Das machen sich mehrere hundert Menschen aus der ganzen DDR zunutze. Sie demonstrieren auf offener Straße für ihr Recht auf Ausreise. Es hatte sich in Windeseile im ganzen Land herumgesprochen, dass ein paar Dutzend Leipziger demonstrieren wollten. Nun hatten sie Verstärkung aus anderen Landesteilen bekommen. Die Polizei und die Staatssicherheit sehen ohnmächtig zu. Es würde das Bild der Normalität allzu sehr stören, wenn diesen Demonstranten vor den Augen der ausländischen Messebesucher Gewalt angetan würde. Die Aktion ist ein Vorbote der Demonstrationen, die im Herbst die Stadt erschüttern werden.

Vierzehnter

Schon wieder staatsfeindliche Aktivitäten in Leipzig. Diesmal ist es eine Solidaritätsveranstaltung für die in der ČSSR inhaftierten Oppositionellen in der Katholischen Liebfrauenkirche. Jahrelang hatte es die Katholische Kirche abgelehnt, ähnliche Veranstaltungen wie die Evangelische Kirche in ihren Räumen zu gestatten. Nun war der Druck der Gläubigen so groß geworden, dass sich auch die Katholische Kirche für oppositionelle Aktivitäten öffnete.

Walter Kempowski notiert in seinem Tagebuch, dass im Fernsehen ein Bericht über eine gewaltsam aufgelöste Demonstration in Leipzig gezeigt wurde, die früher im Jahr stattgefunden hatte. Ausgerechnet der Stasigeneral Markus Wolf wurde gebeten, die Ereignisse zu kommentieren. Zwischendurch wird ein Foto von Wolf eingeblendet, in weißer Uniform, mit allen Verdienstmedaillen, die die DDR zu vergeben hatte. Während sich Wolf wohlig vor der lange entbehrten Westkamera spreizt, wird er lauter Nebensächlichkeiten gefragt.

Im Jahr 1989, so kommentiert Kempowski in einer Rückblende aus dem Jahr 2000, waren die Orden für den Einmarsch in die Bundesrepublik bereits hergestellt: der Blücherorden in Silber und Gold.

Heute wissen wir, dass die Volksarmee nicht einmarschieren musste. Sie wurde friedlich von der Bundeswehr übernommen. Sogar für die Kommandeure der Mauerschützen fand sich ein warmes, gut dotiertes Plätzchen.

Fünfzehnter

In Ungarn wird das erste mal seit vierzig Jahren der Nationalfeiertag wieder offiziell begangen. Damit knüpft das Land dort an, wo es aus der Geschichte herausgerissen wurde. Über 300 000 Menschen nehmen an der Kundgebung teil. Freiwillig, denn einen staatlichen Zwang zum Mitmachen gibt es nicht mehr.

Kempowski notiert in seinem Tagebuch: „Die unglaublichsten Sensationen ereignen sich in der Welt, SU lenkt ein, Abrüstung, Ungarn löst sich aus dem Ostblock – und das alles rangiert in unseren Medien als Randerscheinung."

In den DDR-Medien passiert nicht mal das.

Die andere Hälfte Deutschlands gibt die Bildung einer Regierungskommission zur Überwindung des Gebirgsschlages in Merkers bekannt, wo sich die größte Kaligrube des Landes befindet. Der Gebirgsschlag ist eine Folge rücksichtsloser Abbaumethoden. Der Abbau ist in den vergangenen Jahren mit allen Mitteln vorangetrieben worden. Der Staat braucht Devisen um jeden Preis, und Kali ist einer der wenigen Rohstoffe, über den die DDR verfügt. Die Fördermaschinen haben längst die Größe von Dinosauriern. Dass es in allen Kaliabbaugebieten zu erheblichen Bodensenkungen kam, ist ein offenes Geheimnis. In Sondershausen, dem ältesten Kalistandort Deutschlands, droht bereits die Wipper aus ihrem natürlichen Bett zu fluten. Nach der Vereinigung war die vordringlichste Aufgabe, die Stollen, die unter die Stadt vorgetrieben worden sind, aufzufüllen. Der SED-Kreisparteichef hatte sogar gehofft, das Schloss, würde durch die Bodensenkung baufällig und damit abrissreif werden. Es beherrschte für seinen Geschmack zu sehr die Stadt (schon Goethe hatte gesagt, Sondershausen sei mehr Schloss als Stadt).

Sechzehnter

Der Deutsche Bundestag bekräftigt in einer Entschließung die Bedeutung der Wiener KSZE-Folgekonferenz für die Durchsetzung der Menschenrechte in der DDR.

Die SED-Führung nimmt das weiterhin nicht zur Kenntnis. Das *Neue Deutschland* titelt: „Wahlaufruf im Mittelpunkt der demokratischen Aussprache." Dieser Wahlaufruf der Nationalen Front soll Normalität vortäuschen. Es gilt die Einheitsliste der Blockparteien. Die unabhängigen Bewerber für die Kommunalmandate werden totgeschwiegen. Allerdings fällt aufmerksamen Beobachtern auf, dass noch niemals in der Geschichte der DDR eine Kommunalwahl so viel Publizität hatte.

Bild macht auf mit der Mitteilung, dass Kaiserin Zita ohne Herz ins Grab gelegt werden würde. Ihr Herz bliebe beim Herzen ihres Mannes in der Schweiz.

Siebzehnter

Es bröckelt weiter im Warschauer Pakt. Auch die Tschechoslowakei beschließt, die Mannstärke ihrer Armee einseitig zu reduzieren. Außerdem soll die Zahl der Waffen verringert werden. Damit hat nach Polen der zweite sozialistische Staat eingestanden, dass die Hochrüstung seine Kräfte übersteigt.

Bild hat ausnahmsweise mal ein politisches Thema auf der Titelseite: „Berlin Rot-Grün – Momper, nun regier mal schön."

Achtzehnter

In Moskau geschieht etwas Unerhörtes: Der 1987 gestürzte Moskauer Parteichef weigert sich, widerspruchslos in der Versenkung zu verschwinden. Vor über 10 000 Teilnehmern einer Kundgebung, die zur Solidarität mit Boris Jelzin aufruft, kündigt der Geschasste an, seinen Kampf um radikale Reformen unbeirrt fortzusetzen. Sein Chef im Kreml Gorbatschow wird das als Drohung, nicht als Unterstützung seiner Perestroika aufgefasst haben. Eines machte Jelzins öffentliche Ankündigung klar: Die Zeiten, in denen die Partei immer recht hatte und alle Funktionäre sich ihrem Spruch fügten, sind unwiederholbar vorbei.

In der DDR läuft an der Oberfläche alles weiter wie gehabt. Über Jelzin findet sich im *Neuen Deutschland* kein Wort. Stattdessen wird, wie so häufig, in den vergangenen Jahrzehnten, auf dem Titel der Zeitung, eine „Einmischung in die inneren Angelegenheiten der DDR zurückgewiesen". Gemeint ist die Entschließung des Deutschen Bundestages vor zwei Tagen, in der die Bedeutung der KSZE-Nachfolgekonferenz in Wien für die Durchsetzung der Menschenrechte in der DDR gewürdigt wurde.

Die Regierung der DDR gibt dazu eine sogenannte „Sprechererklärung" ab. Sie sieht sich nach wie vor als „souveräner Staat", der mit seinen Bürgern so umspringen kann, wie er es möchte.

Neunzehnter

Heute findet der erste DDR-weite Aktionstag der Oppositionsgruppen statt. Es gibt zu diesem Zeitpunkt etwa 3 000 Oppositionelle, die in Hunderten von Gruppen im ganzen Land organisiert sind. An diesem Aktions-Sonntag geht es um Solidarität mit Václav Havel und anderen inhaftierten *Charta-77*-Mitgliedern. In Dutzenden Kirchen der DDR wird die sofortige Freilassung der politischen Gefangenen gefordert.

Dabei wird fast überall auch an die politischen Häftlinge der DDR erinnert.
Der Sonntag, die Zeitung für kulturell Interessierte, gratuliert Christa Wolf zum 60. Geburtstag. Die Schriftstellerin genießt ein hohes Ansehen in Ost und West. Ihre Werke sind bei den Politbürokraten zeitweilig in Ungnade gefallen, was ihr einige Schwierigkeiten eingebracht hat. Dennoch ist sie immer eine Verteidigerin der DDR geblieben. Zu ihrem Bild vom Sozialismus gehörte allerdings Meinungsfreiheit. Deshalb hat sie sich oft für bedrängte Oppositionelle eingesetzt. Nicht nur für Wolf Biermann, gegen dessen Ausbürgerung sie mit ihrer Unterschrift protestiert hat, sondern auch für Unbekannte wie mich. Als ich 1983 wegen meiner Aktivitäten in der Opposition Berufsverbot bekam, meldete sich Christa Wolf bei mir und fragte, ob sie mir helfen könne. Sie schrieb dann an Politbüromitglieder, die sie persönlich kannte. Sie sollten sich für die Aufhebung meines Berufsverbotes einsetzten.

Sie hatte keinen Erfolg, aber allein ihr Einsatz und ihr Zuspruch tat gut – in einer Situation, in der viele Kollegen nicht wagten, in meine Nähe zu kommen.

Übrigens erfuhr ich nach dem Ende der DDR, als ich aus einem anderen Grund die Akten des Büros von Egon Krenz studierte, dass der im Politbüro für Sicherheitsfragen zuständige Politiker mein Berufsverbot höchstpersönlich verhängt hatte. Der Verlag *Neues Leben,* an dem ich damals als Lektorin beschäftigt war, galt als Eigentum der FDJ, der Jugendorganisation des Landes. Inoffiziell gehörte er der SED, was aber erst nach der Vereinigung bekannt wurde. Wenn mir 1989 jemand erzählt hätte, dass ich ein Thema für das Politbüro war, hätte ich ihn für verrückt erklärt. Immerhin zeigt das, wie ernst uns die Genossen von Anfang an genommen haben.

Zwanzigster

Als Fortsetzung des DDR-weiten Aktionstages für die inhaftierten politischen Gefangenen in der Tschechoslowakei vom Vortag, wird beim Montagsgebet in der Leipziger Nikolaikirche ein Transparent mit der Aufschrift: „Freiheit für Václav Havel und alle politisch und religiös Inhaftierten in der ČSSR" entrollt. Bei der Fürbitte wird auch wieder an die Stasihäftlinge in der DDR erinnert. Von Woche zu Woche steigt die Anzahl der Teilnehmer an den Montagsgebeten.

Im *Neuen Deutschland* wird berichtet, dass die Berliner Kulturstätten über 100 000 Besucher verzeichnen konnten. Nicht gesagt wird, in welch jämmerlichem Zustand sich diese Kulturstätten befinden. Die weltberühmte Museumsinsel bröckelt vor sich hin. Wenn Kriegsfilme gedreht werden, muss die Kulisse nicht hergerichtet werden. Die Altbausubstanz des Landes befindet sich in einem Stadium des Zerfalls, der von Spöttern mit „Ruinen schaffen ohne Waffen" beschrieben wird.

Einundzwanzigster

Endlich wird die Aufrüstungsspirale der 80er Jahre gestoppt: Der sowjetische Partei- und Staatschef Michail Gorbatschow unterzeichnet ein Dekret zur Reduzierung der sowjetischen Streitkräfte um eine halbe Million Mann bis Ende 1990. Damit ist klar, dass die Rote Armee all die Jahre in Kriegsstärke unter Waffen stand. Auch wenn der sowjetische Soldat einer der billigsten der Welt war, hat die bloße Anzahl den Staatshaushalt der Sowjetunion über das Maß des Erträglichen hinaus belastet. Die Militärausgaben haben das Land förmlich aufgefressen.

Als Gorbatschow die Gefahr erkennt, ist es bereits zu spät. Er kann mit dieser Abrüstungsmaßnahme die Wirtschaftskrise nicht dämpfen.

Bild ist ungeachtet der beispiellosen Vorgänge in der SU mit ganz anderen Themen beschäftigt: „Schweinerei des Jahres – Sex mit Gekreuzigter." Ein Skandalfilm und das im Öffentlich-Rechtlichen! Eine Wiederholung konnte durch den *Bild*-Protest verhindert werden.

In der DDR-Tristesse leuchtet „Unser Ziel im Wettbewerb: Mit erfülltem Plan zur Wahl". Das wurde dann nichts, deshalb ist die Wahl auch schief gelaufen.

Zweiundzwanzigster

Endlich ist das *Pen-Zentrum* der Bundesrepublik aufgewacht und appelliert an den Tschechoslowakischen Staatspräsidenten, den Schriftsteller und Bürgerrechtler Václav Havel, sowie die anderen inhaftierten Mitglieder der *Charta 77* aus der Haft zu entlassen.

In der DDR tagt die erste „Nationale Konferenz über Resultate und Aufgaben der Umweltpolitik". Bei dieser Konferenz wird natürlich nicht thematisiert, dass es sich bei der DDR um das Land mit der größten Umweltverschmutzung in Mitteleuropa handelt. Aber die Partei- und

Staatsführung hat den wachsenden Unmut unter der Bevölkerung angesichts der Umweltschäden bemerkt und muss wenigstens so tun, als wolle sie etwas dagegen unternehmen.

Tatsächlich war sie machtlos. Sie hatte bereits vor Jahren die Filter von den Fabrikschornsteinen entfernen lassen, um die Produktion nicht zu behindern. Und bei sinkender volkswirtschaftlicher Leistung hatte sie keinen Spielraum, diese Maßnahme rückgängig zu machen. In den am schlimmsten betroffenen Regionen wie dem Bitterfelder Chemiegebiet kam der Schnee bereits grau vom Himmel. Die Sonne war nur durch einen Dunstschleier zu sehen. Reisenden, die am Chemiewerk Leuna vorbeifuhren, trieb es die Tränen in die Augen – nicht wegen des sichtbaren Verfalls, sondern wegen der ätzenden Luft, die nur die Einheimischen ertrugen, ohne weinen zu müssen.

Eines der größten Wunder nach der Vereinigung war, wie schnell die meisten Umweltschäden geheilt werden konnten. Heute haben die Neuen Länder einen so hohen Umweltstandard, dass die nach dem Mauerfall geborenen Kinder glauben könnten, in der DDR wäre die Umwelt in einem besseren Zustand gewesen als heute.

Dreiundzwanzigster

Krach bei der *Solidarność*: Lech Wałęsa wird von Mitgliedern der immer noch verbotenen Gewerkschaft kritisiert, am Runden Tisch bei den Verhandlungen mit der Regierung zu viele Kompromisse zu machen. Vor allem stört die Gewerkschafter, dass *Solidarność* immer noch nicht legalisiert ist, obwohl sich die Verhandlungen mit der Regierung schon seit Wochen hinziehen.

Im *Neuen Deutschland* wird die erste Umweltkonferenz der DDR ausgewertet: „Umweltpolitik ist in der DDR Sache der ganzen Gesellschaft." Dabei sind die Paragrafen im Strafgesetzbuch, die das Sammeln und Verbreiten von Umweltdaten unter Strafe stellen, immer noch in Kraft.

Vierundzwanzigster

Worauf vorher nur gehofft werden konnte, ist jetzt Gewissheit: Bei einem Treffen mit dem sowjetischen Partei- und Staatschef Gorbatschow in Moskau wird dem ungarischen Parteichef Grósz versichert, dass es keinen Einwände gegen den Plan gäbe, in Ungarn ein Mehrparteiensystem zu etablieren. Anders als 1956 würden sich die sowjetischen Truppen nicht gegen die Reformen in Ungarn stellen, jedenfalls nicht unter Gorbatschow als Oberbefehlshaber. Der Weg für die Ungarn ist frei und sie sind entschlossen, ihre Spielräume auszunutzen.

Im Westen herrscht weiterhin Schweigen über diese wirklich bahnbrechenden Entwicklungen im Ostblock. Selbst die Friedensbewegung thematisiert die aufregenden Veränderungen nicht.

Fünfundzwanzigster

In Lettland haben die Menschen die Diktatur endgültig satt: In Riga, der Hauptstadt der Noch-Sowjetrepublik, gedenken rund 300 000 Teilnehmer in einem Schweigemarsch der Verbrechen der Sowjetdiktatur. Auf den Transparenten war die sowjetische Statistik in nüchternen Zahlen zu sehen:

- Über 1 000 Zwangsarbeitslager für politische Gefangene
- Über 28,7 Millionen Zwangsarbeiter
- 3 167 Todesurteile, die Stalin am 12. November 1938 unterzeichnet hat
- 768 098 politische Hinrichtungen zwischen 1930 und 1953
- 55 cm – Höhe eines Männertoilettenkübels
- 30 cm – Höhe eines Damentoilettenkübels
- 212 – Anzahl der Kinder in einem Waisenhaus 1940; 12 – Anzahl der Löffel in diesem Waisenhaus; 20 – Anzahl der Teller in diesem Waisenhaus
- 52 830 – Anzahl der Kinder, die zu Zwangsarbeit verurteilt wurden
- 14,3 Millionen – Anzahl der Bauern, die während des Hungerterrors 1930-33 starben
- 3-4 Millionen – Anzahl der Kinder, die während des Hungerterrors starben
- 12 – Anzahl der Jahre, die ein Kind alt sein musste, um hingerichtet zu werden

Riga beherbergt heute eines der wenigen Museen, die an diese Verbrechen erinnern.

Sechsundzwanzigster

Wahlen zum Volksdeputiertenkongress in der Sowjetunion. Erstmals können sich die Wähler zwischen mehreren Kandidaten entscheiden. Auch diese bahnbrechende Neuerung wird weder im Westen noch von der Friedensbewegung richtig wahrgenommen.

In Westdeutschland sind die Ostermarschierer unterwegs. Sie fordern eine Modernisierung der Politik statt Modernisierung der Atomraketen. Kein Wort der Unterstützung der politischen Modernisierungsbewegungen in Osteuropa.

Auf den Straßen der Bundesrepublik marschiert das Klientel, das den Status quo beibehalten will, nur ohne Atomwaffen.

Siebenundzwanzigster

Unter dem Motto „Europa ohne fremde Armeen" organisiert die Gruppe *Frieden und Freiheit* in Szczecin die ersten Ostermärsche in Polen und im ganzen Ostblock. Auch dieses Ereignis bleibt weitgehend unkommentiert in der Presse des freien Westens.

In der DDR erhielten 23 000 Vierzehnjährige die Jugendweihe, wie das *Neue Deutschland* stolz vermeldet. In diesem Jahr fand das atheistische Fest am Ostersonntag statt. Damit soll einmal mehr demonstriert werden, dass sich der Staat nicht um kirchliche Traditionen schert. Im Laufe der Jahre gelang es, die jeweiligen Jahrgänge fast vollzählig zur Jugendweihe zu bringen. Manche machten mit, um keine schulischen Nachteile zu erleiden und ließen sich zusätzlich konfirmieren oder die Kommunion geben.

Achtundzwanzigster

In der DDR geht oberflächlich alles noch seinen sozialistischen Gang. In der Hauptstadt wird der Bundesbürger Gerald Knoch wegen Fluchthilfe zu sechs Jahren Freiheitsentzug verurteilt. Er kommt anschließend in den „Ausländerstrafvollzug", denn das größere Deutschland gilt ja als Ausland. Vielleicht wird er zur Arbeit in einem der vielen Gewächshäuser eingesetzt, die manchen Haftanstalten angeschlossen sind. Das Größte stand neben der Elbe, direkt an der Autobahn. Es wurde mit der Abwärme des danebenliegenden Kraftwerkes Vockerode betrieben. Die

Vorüberfahrenden konnten sich bei dem Gedanken gruseln, nur durch Glaswände von den Schwerverbrechern getrennt zu sein.

Nun wird in Berlin-Marzahn das „modernste Gewächshaus" der DDR eröffnet. Die Gewächshauskapazität der DDR müsste eigentlich ausreichen, um die Bevölkerung mit Salat und Gemüse zu versorgen. Warum bleiben die Kaufhallenregale so gähnend leer? Weil der größte Teil der Ernte in den Westen geht. Die DDR verkauft alles, was sich zu Westgeld machen lässt. Auch ihre politischen Gefangenen. Die Strafe für Gerald Knoch ist nicht umsonst so hoch ausgefallen. So lässt sich auf dem Markt ein höherer Freikaufspreis erzielen.

Neunundzwanzigster

Die Regionalgruppe Thüringen des *Arbeitskreises Solidarische Kirche* erklärt den Boykott der bevorstehenden Kommunalwahlen und kritisiert scharf die Innenpolitik der SED.

Zu den verleugneten Problemen dieser Innenpolitik gehört der Umgang mit den sich verstärkenden rechtsextremistischen Tendenzen in der DDR. Als Neonazis am 17. Oktober 1987 ein Punk-Konzert in der Ostberliner Zionskirche überfielen, wurde erstmals auch die Öffentlichkeit mit diesem Problem konfrontiert. Etwa dreißig Skinheads waren mit Fahrradketten und Stangen bewaffnet in das Gebäude eingedrungen und hatten gerufen: „Juden raus aus deutschen Kirchen" und „Sieg Heil". Sie begannen, auf die Konzertbesucher einzuschlagen. Die Flüchtenden wurden bis auf die Straße verfolgt und unter den Augen der untätigen Volkspolizei weiter verprügelt. Wer sich an die Ordnungshüter wandte und um Schutz bat, wurde abgewiesen. Die durch ihre kurz geschorenen Haare, Bomberjacken und Springerstiefel deutlich erkennbaren Täter blieben an diesem Tag von der sonst schnell zuschlagenden Staatsmacht unbehelligt. Die Nachricht von diesem Skandal sprach sich wie ein Lauffeuer in der Stadt herum.

Wie kam es zu diesem Überfall?

Selbst kritischen Oppositionellen war es bislang nicht in den Sinn gekommen, die antifaschistische Grundhaltung der Verantwortlichen in der DDR anzuzweifeln. Antifaschismus war eine Doktrin, die jedem Jugendlichen eingeimpft wurde. War das nur eine hohle Fassade? Und wenn ja, was verbarg sich dahinter? Ich begann damals, unverzüglich zu recherchieren. Am Ende erkannte ich das Land, in dem ich lebte, nicht mehr wieder.

Offiziell war man mit einer Erklärung schnell bei der Hand: Da an diesem Überfall einige wenige Skinheads aus Westberlin beteiligt waren, hieß es, er sei vom Klassenfeind inszeniert worden, um dem internationalen Ansehen der DDR zu schaden.

Ich kam zu anderen Ergebnissen, die allerdings von den Erkenntnissen, die man nach der Öffnung der Akten der Staatssicherheit gewinnen konnte, bestätigt wurden.

Der Ausgangspunkt des Überfalls war eine Feier in der Ostberliner Diskothek „Sputnik", wo die Skins die Verabschiedung eines der Ihren zum 10-jährigen Ehrendienst in der Nationalen Volksarmee gefeiert hatten. Die Prügelei sollte der Höhepunkt dieses Festes werden.

Skinheads als Freiwillige in die Nationale Volksarmee? Das war, wie ich dann feststellen musste, gar nicht so selten. Die Härtesten gingen zu den Fallschirmjägern. Wer die hohen gesundheitlichen Anforderungen nicht erfüllte, wurde mit Verachtung aus der Truppe ausgeschlossen. Seit ihrem Bestehen hatte die NVA, wie die Armee in der DDR hieß, anziehend auf Rechtsradikale gewirkt.

Zwischen 1965 und 1980 gab es 730 Vorfälle mit rechtsextremistischem Hintergrund, die von der Staatssicherheit erfasst wurden. Dies ist wenig, bezogen auf die Gesamtzahl der Armeeangehörigen. Es handelt sich hierbei aber nur um die bekannt gewordenen Fälle. Die Dunkelziffer liegt weit höher. Das lässt sich aus der Art der Vorkommnisse schließen. So organisierten ein Unteroffizier und ein Jugendklubleiter zwischen 1965 und 1970 über hundert Gesprächsrunden, in denen über die „Vorzüge" des Dritten Reiches debattiert wurde, ergänzt durch Lesungen aus Hitlers „Mein Kampf" und dem „Völkischen Beobachter.

Zusätzlich wurden Reden von Goebbels angehört. Mehrere aktive Armeeangehörige nahmen an diesen Runden teil.

In einem andern Fall haben sechs Unteroffiziere der 1. Staffel des Hubschraubergeschwaders 34 der Luftstreitkräfte/Luftverteidigung Brandenburg es für ein Jahr durchsetzen können, dass in ihrer Unterkunft mit dem Hitlergruß gegrüßt wurde. Sie verstanden sich als „Parteizelle der ehemaligen NSDAP". Ihr Ziel war es, die Kampfmoral der Hubschraubertruppe zu „zersetzen".

Der Begriff „zersetzen" war ein Schlüsselbegriff bei der Staatssicherheit. Sie benutzte ihn als Synonym für die Bekämpfung des politischen

Gegners bis zur Vernichtung. Die sprachliche Übereinstimmung mag hier Zufall sein. Tatsache ist, dass selbst die Staatssicherheit keineswegs frei war von Rechtsextremismus.

Eine Information der Staatssicherheit aus dem Jahr 1981 befasst sich mit rechtsextremistischen Auswüchsen im „Wachregiment Felix Dzierżyński", das der Staatssicherheit zugeordnet war. Auch hier begrüßten sich die Soldaten mit dem Hitlergruß, schwärmten von den „Heldentaten" der SS und von Hitler. In den siebziger Jahren gab es im Regiment sogar eine „Braune Gruppe".

In der zweiten Hälfte der 80er Jahre benutzte die Staatssicherheit gern die Drohung, neonazistische Überfälle nicht verhindern zu können, wenn die Kirchgemeinde ihre Pforten für eine Veranstaltung der Opposition öffne. Etliche Neonazis wurden als Inoffizielle Mitarbeiter der Staatssicherheit geführt. Sie kamen besonders im Kampf gegen die Jugendopposition zum Einsatz.

Natürlich bildeten sich rechtsextremistische Verhaltensweisen nicht erst in der Armee heraus. Dieses Gedankengut fand sich schon an den Schulen der DDR. Seit den siebziger Jahren wuchs auch dort die Zahl der rechtsextremistischen Vorkommnisse. So registrierte die Staatssicherheit in nur einem halben Jahr um die 600 Fälle von „neofaschistischem Gedankengut" in den Schulen der DDR. Wieder handelt es sich nur um die bekannt gewordenen Vorkommnisse. Die Zahl der rechtsextremistischen Jugendlichen schätzte die Stasi in den 80er Jahren auf 800 in 38 Gruppierungen. Von der oppositionellen Jugendbewegung der DDR wurde die Anzahl der Neonazis in der DDR auf 2 000 geschätzt. Da die Jugendlichen unmittelbar miteinander in Berührung kamen, ist die letztere Schätzung wohl genauer. Die Stasi räumte in einem internen Bericht jedenfalls ein, dass „Äußerungen faschistischen Charakters" zunähmen.

Je näher die DDR ihrem Ende kam, desto häufiger kam es zu rechtsextremistischen Zwischenfällen. Im letzten Jahr ihrer Existenz musste sie 188 Ermittlungsverfahren gegen Personen einleiten, die wegen „Äußerungen faschistischen, rassistischen oder militaristischen Charakters" aufgefallen waren.

Bezogen auf die Neuen Bundesländer hatte schon damals Brandenburg die Nase vorn – mit 73 Verfahren. Dahinter folgen Ostberlin mit 33, Mecklenburg-Vorpommern mit 31, Sachsen mit 26, Sachsen–Anhalt mit 14 und Thüringen mit 11 Fällen.

Bezeichnend ist, dass die Neonazis, im Gegensatz etwa zu den Punks, gesellschaftlich gut integriert waren. Sie waren geachtete Mitglieder ihrer sozialistischen Arbeitskollektive, häufig als Bestarbeiter ausgezeichnet.

Ihre Freizeit verbrachten sie mit Vorliebe organisiert, etwa in der „Gesellschaft für Sport und Technik", einer militärischen Jugendorganisation.

Es gab aber, das stellte die Staatssicherheit fest, keine nennenswerten Verbindungen zu Neonazigruppen in der BRD. Der Rechtsextremismus in der DDR war nicht fremdgesteuert, sondern ein genuines Gewächs auf dem Boden der sozialistischen Gesellschaft. Zu den Ursachen, die diese Entwicklung zum Rechtsextremismus begünstigten, gehören der weitverbreitete Widerwillen der Bevölkerung gegen das SED-Regime mit seinem verordnetem Antifaschismus, den man als verlogen empfand. Daneben wurden besonders das Informations- und das Erziehungssystem als heuchlerisch angesehen. „Die Propaganda der SED hatte sich durch Verfälschungen und Tabus derart diskreditiert, dass selbst eindeutige Tatsachen nicht mehr als solche wahrgenommen wurden", konstatiert der Historiker Bernd Eisenfeld.

Ab Mitte der 70er Jahre kam mit der Sowjetisierungspolitik von Partei- und Staatschef Honecker die Verbitterung der Menschen über die endgültige Preisgabe der Deutschen Einheit hinzu. Fortan war der Gedanke, dass Deutschland eigentlich *ein* Land sei, das größte Tabu. Also stellten die Neonazis die Wiedervereinigung in den Mittelpunkt ihrer erklärten Ziele, neben den Kampf gegen den Kommunismus und die Ausländer. Wobei in der extrem ausländerarmen DDR damit vor allem die sowjetische Besatzungsmacht gemeint war.

Zeit ihres Bestehens hat es in der DDR keine Diskussion über die Ursachen des Rechtsextremismus im Land gegeben. Im Gegenteil. Es wurde alles getan, um ihn zu vertuschen. So wurden die Verantwortlichen für den Überfall auf die Berliner Zionskirche erst nach massiven öffentlichen Protesten gerichtlich belangt. Die Aktion wurde zunächst als „rowdyhafte Ausschreitung Jungerwachsener gegen andere Bürger" heruntergespielt und mit vergleichsweise milden Strafen bedacht. Erst nach weiteren Protesten wurden die Urteile härter.

Die Verantwortung für die rechtsradikalen Brutstätten in ihrem Land hat die SED nie übernommen. Stattdessen hat sie als PDS und Linke alles dafür getan, um in der Öffentlichkeit den Eindruck zu erwecken, die rechtsextremistischen Tendenzen in den Neuen Ländern wären das Resultat einer verfehlten Vereinigungspolitik. Dieser Geschichtslüge widersprechen die Akten, die das System hinterlassen hat. Aus ihnen geht klar hervor, dass die Skinheads der 80er und 90er Jahre ein Resultat des jahrzehntelangen Rechtsextremismus in der DDR sind.

Dreißigster

Die SED-Führung spürt den Unmut im Land und will durch die Ankündigung eines Wahlgeschenkes die Stimmung aufhellen: Die Reisebestimmungen sollen begrenzt erweitert und gelockert werden. Das Volk hört die Botschaft mit Interesse, aber ohne Glauben. Wann das neue Gesetz in Kraft treten soll, ist noch unklar.

Schon die Tatsache, dass der SED-Staat seine Bürger einsperrte und zu erniedrigenden Prozeduren zwang, sollte genügen, um die DDR als Unrechtsstaat zu charakterisieren.

SED-Chef Honecker übt sich weiter in seiner Rolle als international beachteter Politiker. Diesmal ist es ein „freundschaftliches Treffen DDR – Äthiopien" in Addis Abeba.

In Äthiopien regiert der Diktator Haile Mariam, der sich selbst Mengistu Haile Mariam nennt. Der Zusatz Mengistu heißt auf Amharisch „Regierung".

Der Westen übernimmt bereitwillig diese Namensergänzung. Mariam regiert seit 1977. Er löste als Regierungschef die Militärs ab, die den Kaiser Haile Selassie 1974 gestürzt haben. Mariam macht sich daran, nach sowjetischem Vorbild, das Land mit Sozialismus zu beglücken. Er führte, wie sein Vorbild Stalin in der Ukraine, Zwangskollektivierungen durch, verbunden mit Zwangsumsiedlungen von Bauern. Der Landbau kam innerhalb kürzester Zeit fast vollständig zum Erliegen. Wie 1933 in der Ukraine, verhungert 1984/85 die Landbevölkerung in Äthiopien. Und die Medienöffentlichkeit im Westen spielt erneut mit. Sie will an die Dürre glauben, die angeblich an der Hungersnot schuld sei, und zieht es vor, dem Diktator keine allzu unbequemen Fragen zu stellen.

In der Wikipedia war lange Zeit zu lesen, Mariam würde „wegen umstrittener, teils repressiver Maßnahmen seiner Regierung als Diktator betrachtet". Wie viele Tote der Mann politisch zu verantworten hat, darüber schwieg sich das Volkslexikon lieber aus. Warum? Na, weil Mariam sein Land „vom Feudalismus zum Sozialismus geführt" hat. Wo

Sozialismus draufsteht, wird nach wie vor nicht so genau hingesehen, sei es in Äthiopien oder in der DDR. Bei der „freundschaftlichen Begegnung" zwischen äthiopischen und ostdeutschen Diktatur-Helfern wird es jedenfalls genug zu essen gegeben haben.

Jüngere Schätzungen sprechen übrigens von einer halben Million Todesopfern.

Einunddreißigster

Ein Vorfall am Grenzübergang Drewitz zeigt, wie wenig Glauben die DDR-Bürger den angekündigten Reiseerleichterungen schenken. Drei Menschen versuchen, mit ihrem Auto die Grenzanlagen zu durchbrechen. Sie überwinden die erste Kontrollstelle mit hoher Geschwindigkeit, fahren dann aber gegen eine Sperre, die aus dem Boden auftaucht, und bleiben hängen. Sie werden verhaftet. Das Ganze wird so geheim wie möglich gehalten.

Ausgerechnet heute kann Partei- und Staatschef Honecker keinen Zwischenfall gebrauchen.

Er hofft, an diesem Tag seinem größten Traum ein erhebliches Stück näher gekommen zu sein. Er möchte als Krönung seiner politischen Karriere im Weißen Haus in Washington empfangen werden.

Jetzt ist zwar nicht das Weiße Haus, aber immerhin eine Delegation des Amerikanischen Kongresses zu Besuch in der Hauptstadt. Ihre Volkskammerkollegen bekommen die Abgeordneten nicht zu Gesicht. Sie werden vom Staatschef persönlich im Staatsratsgebäude empfangen. Eine Ehre, die Hinterbänklern selten zuteilwird. Wie man sich so ein Gespräch vorzustellen hat, bleibt unklar. Die Presse war nur bei der Begrüßung dabei. Es gibt keine Abschlusserklärung.

Die Medien in der Bundesrepublik sind voll von Bildern und Berichten über den Hungerstreik der RAF-Terroristen. Walter Kempowski erinnert in seinem Tagebuch an den Häftlingsaufstand in Bautzen 1950 und vermerkt erbittert, dass kein Medium einen Artikel darüber gebracht hat. Wenn in Peru Häftlinge auf dem Dach säßen, würde tagelang darüber berichtet. Die Geschehnisse in der DDR seien vergleichsweise uninteressant.

April

Erster

Kein Aprilscherz: Nur zwei Tage nach der Ankündigung, das Reisegesetz zu novellieren, veröffentlicht das SED-Regime eine Bestimmung, nach der zukünftig auch Ehepaare gemeinsam zu besonderen Anlässen wie runden Geburtstagen, Hochzeiten, Taufen und Beerdigungen Verwandte in der Bundesrepublik besuchen dürfen. Bisher durfte immer nur ein Partner fahren. Der andere blieb sozusagen als Pfand zurück. Was dem Zurückgebliebenen angetan wurde, wenn der Ehepartner im Westen blieb, kann man sehr gut im Film „Good bye Lenin" nachvollziehen. Die Genossin, deren Mann im Westen blieb, musste sich von ihm lossagen und unterschreiben, dass sie künftig jeden Kontakt mit dem Vater ihrer beiden Kinder ablehnen wird. Vorher muss sie aber glaubwürdig versichern, dass sie nicht die geringste Ahnung von den Plänen ihres Gatten hatte, sonst hätte sie ihre Arbeit verloren. Wieso das wehmütige Sehnsuchtsgefühle nach der DDR auslösen soll, bleibt das ewige Geheimnis der Film-Rezensenten.

Zweiter

Die Evangelische Kirche der DDR kritisiert umgehend die am Vortag verabschiedete Reiseordnung. Was noch vor einem halben Jahr als revolutionäres Zugeständnis begrüßt worden wäre, erscheint nun angesichts der Reformpolitik in Polen und Ungarn als viel zu wenig. Die Kirche begnügt sich nicht mehr mit der ihr zugedachten Rolle als nichtmarxistisches Legitimationselement des SED-Staates. Sie will sich aktiv einmischen, nicht nur von den Oppositionsgruppen zum Handeln getrieben werden und nimmt deshalb mit deutlichen Worten die mangelnde Bereitschaft des Honecker-Regimes ins Visier, echte Reformen zuzulassen. Mit dem Hinweis, dass das, was in Polen und Ungarn möglich ist, in der DDR nicht unmöglich sein kann, eröffnet sie die Phase der offenen

April

Auseinandersetzung mit dem Staat. Von diesem empfindlichen Schlag wird sich das Regime nicht mehr erholen.
Offiziell reagiert die Regierung nicht auf die Kritik. Inoffiziell laufen die Telefondrähte heiß. Konsistorialpräsident Manfred Stolpe soll die aufmüpfigen Kirchenoberen zur Räson bringen. Er tut, was er kann, aber ohne nennenswerten Erfolg. Die Kritik wird nicht zurückgenommen.

In Westdeutschland ist man derweil mit Forderungen nach einem Umbau des Kabinetts von Bundeskanzler Kohl beschäftigt. Besonders laut wird Graf Lambsdorff von der FDP. Die Umfragewerte für die Regierungskoalition sind nicht gut.

Kanzler Kohl ist 14 Pfund leichter aus dem Osterurlaub zurückgekommen. Das ist allemal eine Spitzenmeldung wert.

Die aufregenden Vorgänge in der DDR bleiben weiterhin fast unbeachtet. Stattdessen erneute Meldungen vom Hungerstreik der RAF-Mitglieder.

Dritter

Staats- und Parteichef Honecker, der gleichzeitig der Vorsitzende des Nationalen Verteidigungsrates ist, schafft etwas ab, das es offiziell gar nicht geben durfte: den Schießbefehl. Er reagiert damit auf die anhaltenden Proteste gegen die Schießereien an der Grenze, denen zwei Monate zuvor der zwanzigjährige Chris Gueffroy zum Opfer gefallen war. Die unaufhörlichen Fluchtversuche sorgten in den letzten Wochen immer wieder für Unruhe. Das Regime befürchtet einen massiven Imageschaden.

Der Schießbefehl war eine der schlimmsten Willkürmaßnahmen des SED-Staates. Entsprechend hartnäckig wird seine Existenz immer noch geleugnet. Ein schriftliches Dokument fehlt. Immerhin wurden in der Verfassung der DDR 1982 Bestimmungen verankert, nach denen Schusswaffengebrauch nur bei Notwehr und nach klaren Warnungen legitimiert war.

Warum waren diese Festlegungen nötig, wenn es keinen Schießbefehl gegeben haben soll? Tatsache ist, dass sich die Grenzsoldaten im Falle Gueffroy nicht an die verfassungsmäßigen Vorgaben gehalten haben. Kein Wunder, denn die ideologische Verhetzung der Grenzsoldaten war Realität. Immer wieder wurde ihnen eingebläut, dass Flüchtlinge „Landesverräter" und „Klassenfeinde" seien.

Der Befehl eines Grenzkommandanten aus dem Jahr 1981 legt davon Zeugnis ab: „Anzuerziehen ist der unversöhnliche Hass auf den Imperialismus, seine Söldner und alle antisozialistischen Elemente. Die Haltung zum Grenzverletzer als Feind des Sozialismus ist konsequent zu entwickeln."

Wem das noch nicht reicht, den überzeugt sicher ein Stasi-Dokument von 1983, das noch deutlicher wurde: „Es ist notwendig, ... dass Sie ... die Schusswaffe konsequent anwenden, um den Verräter zu stellen bzw. zu liquidieren." Und weiter: „Zögern Sie nicht mit der Anwendung der Schusswaffe, auch dann nicht, wenn die Grenzdurchbrüche mit Frauen und Kindern erfolgen, was sich die Verräter schon oft zunutze gemacht haben."

Honeckers Aussetzung des Schießbefehls war ein rein taktischer Schachzug und keine Einsicht in das an der Grenze begangene Unrecht.

Nach der Vereinigung habe ich auf einem Podium einen ehemaligen Kommandeur der DDR-Grenztruppen erlebt, der sein Statement mit dem Satz einleitete: „Wer in der DDR die Grenze überwinden wollte, war entweder ein Selbstmörder, blind oder er konnte nicht lesen. Schließlich war das Gebiet deutlich als Sperrzone gekennzeichnet."

Der DDR-Bürger hatte aus der Sicht der Machthaber brav in seinem Staat zu bleiben. Stasichef Mielke sah nach der Aufhebung des Schießbefehls zwar ein, dass durch die Schüsse ein erheblicher politischer Schaden entstanden ist, aber das lag aus seiner Sicht wohl eher an der ungenügenden Trefferquote.

Vierter

Einen Monat vor den Kommunalwahlen wird die Versorgungslage in der DDR immer prekärer. Viele Lebensmittel und Waren des täglichen Bedarfs, vor allem Obst und Gemüse sind in den Kaufhallen nur noch vormittags vorrätig. Wer keine Gelegenheit hat, während der Arbeitszeit einkaufen zu gehen, steht abends vor halb leeren Regalen. Eine solche Knappheit hat es seit Beginn der 70er Jahre nicht mehr gegeben.

Die Misere ist so groß, dass westliche Journalisten aufmerksam werden. Der Rias berichtet. Peinlich für das SED-Regime! Es kann seine wirtschaftlichen Schwierigkeiten immer weniger verbergen.

April

In Anbetracht dessen ist es schon erstaunlich, dass sich im Westen bis zum Mauerfall die Legende hielt, bei der DDR handele es sich um die zehntstärkste Industriemacht der Welt.

Nach der Vereinigung wurde es leider versäumt, das ganze Ausmaß des wirtschaftlichen Bankrotts des SED-Regimes zu thematisieren. Dabei lagen überzeugende Daten vor. In einem Bericht, den der letzte Planungschef der DDR, Gerhard Schürer, im Oktober 1989 zur Lage der Volkswirtschaft des Landes erstellen ließ, kann man nachlesen, dass die Industrie zu 50 Prozent und die Landwirtschaft zu 65 Prozent mit schrottreifen Produktionsmitteln arbeitete. Schürer schätzte ein, dass eine Absenkung des Lebensniveaus der Bevölkerung um mindestens 30 Prozent nötig sei, um Mittel für die dringendsten Reparaturen bereitstellen zu können. Daran war natürlich nicht zu denken.

Die DDR war an ihrem Ende so kaputt, dass sich kein Militärputsch für den Machterhalt gelohnt hätte. Dem Devisenbeschaffer der SED Schalck-Golodkowski ist die Information zu verdanken, dass die DDR seit 1983 praktisch pleite war. Der Offenbarungseid konnte nur dank stetig fließender Zuwendungen aus dem Westen vermieden wer

Fünfter

In Polen unterzeichnen Regierung und Opposition als erstes Zwischenergebnis der Verhandlungen am Runden Tisch einen „Gesellschaftsvertrag" über Reformen. Dieser Vertrag war noch nicht viel mehr, als eine erste Einigung über die Ausgangspositionen, die bisher aus Rücksicht auf die Befindlichkeiten der Kommunisten noch nicht publiziert worden waren. Das Erstaunlichste an der Entwicklung in Polen ist, wie weitsichtig die kommunistischen Machthaber auf die sich verändernden Verhältnisse reagiert haben. So wurde der Runde Tisch, an dem nach dem Vorbild der Artusschen Tafelrunde die künftigen Verhandlungen mit der Opposition auf gleicher Augenhöhe stattfinden sollten, schon im Spätsommer bei der renommierten Möbelfirma Henrykow in Auftrag gegeben.

Das Unternehmen hatte bereits Erfahrung mit besonderen Möbeln. Henrykow hatte nicht nur die Inneneinrichtung des Warschauer Königspalastes nachgebaut, sondern auch den Papstthron für Johannes Paul II. geschaffen. Das neue, aus vierzehn Elementen zusammengesetzte politische Möbelstück, mit einem Durchmesser von neun Metern, sollte ehemalige Erzfeinde miteinander verbinden.

Immerhin hatten die Regierenden etliche der zukünftigen Verhandlungspartner ins Gefängnis gebracht. Es dauerte mehrere Monate, bis der Tisch mit den 58 Stühlen seiner eigentlichen Bestimmung zugeführt werden konnte. Der Weg bis zur Aufnahme der Verhandlungen war nicht minder lang und steinig. Mehrmals drohten die Bemühungen zu scheitern.

Schließlich siegte die Erkenntnis, dass beide Seiten allein zu schwach waren – die Regierung für einen neuen Militärputsch, die Opposition für die alleinige Machtübernahme –, und dass nur gemeinsam ein Ausweg aus der täglich komplizierter werdenden Lage gefunden werden konnte. Man einigte sich bereits vor Beginn der Verhandlungen, dass die *Solidarność* im Ergebnis offiziell zugelassen werden würde. Dafür versprach die Opposition, sich für einen „nicht konfrontativen" Ablauf der Sjem- und Senatswahlen einzusetzen. Das hatte zur Folge, dass die radikaleren Teile der Opposition von vornherein ausgeschlossen waren. Was wiederum später zu einer ziemlich niedrigen Beteiligung bei den Wahlen führte.

Insgesamt überwogen die Zugeständnisse an die Kommunisten. Zwar sollten neben der *Solidarność* noch andere Parteien, Organisationen und Verbände zugelassen werden, aber unter Pluralismus verstand man einen „demokratisch-sozialistischen Rechtsstaat" in Zusammenarbeit mit einer „konstruktiven Opposition". Gleichzeitig wurde durch eine Änderung der Verfassung das mit weitreichenden Vollmachten ausgestattete Amt des Präsidenten geschaffen.

So kompromisslerisch es uns heute erscheint, das Reformprogramm war zu seiner Zeit ein sensationeller Fortschritt. Der Runde Tisch Polens wurde später in vielen Ostblockstaaten nachgeahmt. Nirgends fand er so stilvoll satt, wie in seinem Ursprungsland.

Sechster

In Bonn tritt erstmals die bundesdeutsch-sowjetische Wirtschaftskommission zusammen. Die Wirtschaft verspricht sich ein Bombengeschäft, denn die Sowjetunion verfügt über jede Menge Rohstoffe und wäre ein riesiges Absatzgebiet, wenn der Staat nicht so pleite wäre. Staats- und Parteichef Gorbatschow scheint die Gespräche hingegen nicht so

April

wichtig zu nehmen. Er hat seinen Kuba-Aufenthalt deswegen nicht abgekürzt. Die Bildung dieser Kommission nährt die Illusionen über die Wirtschaftskraft des größten sozialistischen Staates.

Es gibt Tage, da ruht sich die Revolution etwas aus. Dieser 6. April ist so einer. Ausnahmsweise wird nirgends ein bahnbrechendes Dokument verabschiedet.

Das *Neue Deutschland* veröffentlicht die Losungen für den kommenden Ersten Mai, an dem Honecker & Co zum letzten Mal die Kampf- und Feiertagsparade der Werktätigen abnehmen werden. Aber das wissen sie noch nicht. Auf den Mai-Umzügen dürfen jedenfalls auch in diesem Jahr nur Losungen mitgeführt werden, die vorher vom Politbüro der SED genehmigt wurden. So groß war das Vertrauen der Herrschenden in ihr Volk.

Siebter

Während der Wirtschaftsminister der DDR, Günter Mittag, in der Saarländischen Landesvertretung in Bonn zusammen mit dem saarländischen Ministerpräsidenten Oskar Lafontaine die legendäre Küche von Lafontaines Leibkoch genießt, wird an der Grenze in Berlin wieder scharf geschossen. Am Grenzübergang Chausseestraße endet der Fluchtversuch zweier Jugendlicher im Kugelhagel. Das Gespräch der Herren Mittag und Lafontaine wird der Vorfall nicht gestört haben. Was hat Mittag dem Saarländischen Ministerpräsidenten wohl erzählt? Hat er ihm brisante Informationen über die wahre Wirtschaftslage der DDR zukommen lassen?

Immerhin hatte Lafontaine das realistischste Bild von der Misswirtschaft in der DDR. Vermutlich wird Mittag lediglich ein weiteres Mal um zusätzliches Geld gebettelt haben.

Die beiden an der Grenze festgenommenen Jugendlichen würden der DDR bei ihrem späteren Freikauf ein paar tausend Westmark einbringen. Aber die Not ist längst so groß, dass nur noch ein neuer Milliardenkredit aus Bonn helfen könnte. Mit Franz Josef Strauß hat die DDR ihren größten Sponsor verloren. In Bonn ist niemand in Sicht, der offiziell die Rolle des verstorbenen bayrischen Ministerpräsidenten einnehmen will. So bröckelt die DDR ihrem Ende entgegen.

Achter

Nach der Aufwartung bei Oskar Lafontaine wird der DDR-Wirtschaftsminister Günter Mittag heute von Bundeskanzler Kohl empfangen. Auch über dieses Gespräch ist nicht viel zu erfahren.

Über den wahren Zustand der DDR-Wirtschaft wird Mittag den Kanzler trotz seiner Bitte um einen Kredit sicher nicht aufgeklärt haben. Aber es wäre interessant zu wissen, welche Begründung Mittag für den Finanzbedarf der „zehntstärksten Industriemacht der Welt" gegeben hat. Vermutlich hat er mit den „menschlichen Erleichterungen", die sich aus dem neuen Reisegesetz ergeben haben, argumentiert.

Eines haben Kohl und Mittag garantiert nicht besprochen: die revolutionären Neuerungen, die das Polnische Parlament am Vortag verabschiedet hat. In Polen geht es nicht um auf Gutsherrenart gewährte „menschliche Erleichterungen". Hier werden gesetzliche Weichen für mehr Demokratie und Rechtsstaatlichkeit gestellt. Das Gewerkschaftsgesetz ist neu gefasst worden, und die Einführung eines Zweikammern-Parlamentes wurde beschlossen. Damit ist das Ende der Einparteienherrschaft gesetzlich besiegelt worden.

Neunter

Inspektoren aus der Bundesrepublik nehmen als offizielle Beobachter an der Truppenübung der Nationalen Volksarmee „Zyklus 89" teil. Die Westdeutschen sollen von der Schlagkraft der Truppen des Warschauer Paktes überzeugt werden.

Doch während das Manöver läuft, trifft die Meldung ein, dass ein sowjetisches Atom-U-Boot vor der Bäreninsel gesunken ist. Mindestens fünfzig Matrosen sind ums Leben gekommen. Norwegen, das der Unglücksstelle am nächsten liegt, bildet einen Katastrophenstab. Die dem Stab angehörenden Wissenschaftler schließen eine Kernschmelze im Reaktor nicht aus. Man befürchtet eine Verseuchung des Meeres mit Plutonium. Die Weltöffentlichkeit wird von den Norwegern über die möglichen Gefahren unterrichtet. Die offiziellen Verlautbarungen der Sowjetunion geben nicht viel her. Wie beim Reaktorunglück in Tschernobyl wird Gorbatschow seinem eigenen Prinzip, der Glasnost, der Transparenz, nicht gerecht.

Davon abgesehen kratzt das Unglück an der Legende von der bestausgerüsteten Streitmacht der Welt.

In der Nacht flimmert ein dreiviertelstündiges Gespräch von Günter Gaus mit Hermann Kant, dem Staatsschriftsteller der DDR, über den Bildschirm. Kant kann die Legende von der erfolgreichen Kulturpolitik des SED-Regimes verbreiten, ohne allzu kritische Fragen beantworten zu müssen.

Zehnter

Nachdem alle Welt es schon berichtet hat, steht der Untergang des sowjetischen Atom-U-Bootes auch im *Neuen Deutschland:* „Atomgetriebenes U-Boot der UdSSR nach Brand gesunken."

Einzelheiten sind nicht zu erfahren. Dafür wird im Westen wild spekuliert, ob sich die toten Matrosen geopfert hätten, um die Welt vor einem Atomkrieg zu bewahren. Damit ist *Bild* wohl auf eine Desinformationskampagne reingefallen, die von den Ursachen des Unglücks ablenken soll.

Elfter

Große Ost-West-Ost-Reisetätigkeit. Der SPD-Vorsitzende Hans-Jochen Vogel trifft in Moskau ein. Er will mit dem sowjetischen Generalsekretär Gorbatschow Gespräche zu Abrüstungsfragen führen.

Gorbatschow wird kein Wort verloren haben über die enormen materiellen Schwierigkeiten, in die das ambitionierte Hochrüstungsprogramm die Sowjetunion gebracht hat. Er verhandelt immer noch aus einer Position der Stärke heraus.

In Ostberlin wird der Generaldirektor der *UNESCO* im Staatsrat der DDR empfangen. Er könnte sich außerhalb des offiziellen Besuchsprogramms vom erfolgreichen „Ruinen-Schaffen ohne Waffen" in der DDR überzeugen.

Stattdessen hört er sich brav an, was die DDR zum Erhalt der Weltkulturerbe-Stätten wie Quedlinburg tut. Wie es gleich daneben aussieht, will der UNESCO-Chef lieber nicht wissen.

Zwölfter

In Ungarn wird das Politbüro neu besetzt. Altkommunisten müssen jüngeren Reformern Platz machen. Der Wille zur Reform wird zur treibenden Kraft.

In Ostberlin tagen die Außenminister der Staaten des Warschauer Paktes. Nach außen hin ist es eine Routinetagung. Falls der Ungarische Außenminister bei dieser Gelegenheit über die beabsichtigten Lockerungen des Grenzregimes an der Westgrenze informiert haben sollte, ist davon jedenfalls nichts nach außen gedrungen.

Dreizehnter

Berlins Regierender Bürgermeister Walter Momper gibt eine Regierungserklärung ab, mit dem bemerkenswerten Satz: „Wir sind gegen die Mauer, die durch unsere Stadt geht, und gegen die Mauer in unseren Köpfen."

Bild präsentiert die neue Regierungsmannschaft von Bundeskanzler Helmut Kohl.

Mit dieser Kabinettsumbildung versucht Kohl, seinen innerparteilichen Gegnern den Wind aus den Segeln zu nehmen. Die Umfragewerte sind schlecht, die Aussichten, nach der nächsten Bundestagswahl weiterregieren zu können, werden als trübe bewertet. Nur ein Wunder könne noch helfen, schreibt ein voreiliger Kommentator.

Als hätte er nichts zu befürchten, empfängt DDR-Staatsratsvorsitzender Erich Honecker die Außenminister der Warschauer-Pakt-Staaten. Die Außenministerkonferenz war tatsächlich ohne Missstimmungen zu Ende gegangen.

Vierzehnter

DDR-Ökonomen erfahren bei einem Besuch in Moskau, dass sowohl die Sowjetunion als auch die Tschechoslowakei informelle Sondierungsgespräche über einen Beitritt zum Internationalen Währungsfonds führen. Die Empörung ist groß, obwohl die DDR doch längst stiller Teilhaber in eben diesem Fonds ist. Sie profitiert, wie so oft, vom Klassenfeind im andern Teil Deutschlands. Dass das eigene Land seit 1983 praktisch pleite ist, hindert die Machthaber jedoch nicht, immer mal wieder aufzutrumpfen, als hätten sie wirklich was zu sagen. Die Nato solle endlich ohne weiteres Zögern auf die Abrüstungsvorschläge des Warschauer Paktes eingehen.

Die Nato denkt aber nicht daran, sich den Zeitplan von der DDR-Oberen diktieren zu lassen. Zum Glück!

Auf dem April-Plenum des ZK der Rumänischen Kommunistischen Partei wird die völlige wirtschaftliche und politische Unabhängigkeit Rumäniens verkündet. Die Auslandsschulden seien vollständig beglichen worden. Der Preis dafür ist hoch: drastische Rationierung aller Lebensmittel, vieler Waren des Grundbedarfs, der Energie-, Gas- und Wasserversorgung. Dazu kommen permanente Defizite in der Konsumgüterversorgung. Wegen der Stromsparmaßnahmen können Schulen, Handels- und Dienstleistungseinrichtungen sowie Behörden nur öffnen, so lange es Tageslicht gibt. Die Fernwärmeversorgung für die Bevölkerung wurde für Frühjahr und Herbst auf vier bis fünf, im Winter auf sieben Stunden begrenzt. Die Warmwasserversorgung war das ganze Jahr über auf 2,5 bis 3,5 Stunden rationiert. Für jeden Haushalt gab es eine zugeteilte Strommenge, die weit unter dem Bedarf lag. Wurde sie überschritten, waren Straftarife fällig. Die Sendungen des Rumänischen Fernsehens waren auf zwei, drei Stunden täglich beschränkt. Das machte den Alltag zum Überlebenskampf.

Fünfzehnter

Erneute Gespräche zwischen SPD und SED: Diesmal steht das Thema Menschenrechte auf der Tagesordnung. Das sorgt im Zusammenhang mit dem Schießbefehl an der DDR-Grenze für Dissonanzen. Die Gesprächspartner können sich nicht einigen. Heute wären Auszüge aus den Gesprächsprotokollen hilfreich, wenn die Linke wieder einmal abstreitet, dass es den Schießbefehl gab.

Ein überraschendes Medienereignis ist in der DDR die Kommunalwahl. Nie zuvor hat eine Wahl solche Aufmerksamkeit erhalten. Das *Neue Deutschland* verkündet: „Über 46 000 Kandidaten zur Kommunalwahl unter 25 Jahre." Die Skepsis des Volkes wird dadurch nicht geringer.

Sechzehnter

DDR-Oppositionelle kündigen öffentlich den Boykott der bevorstehenden Kommunalwahlen an. Gleichzeitig wird dazu aufgerufen, sich an der Stimmauszählung zu beteiligen. Das ist zwar das Recht eines jeden DDR-Bürgers, wurde bisher aber kaum wahrgenommen. Denn wer auf diese Art und Weise sein Misstrauen gegenüber der Arbeiter- und Bauernmacht demonstrierte, musste mit Repressalien rechnen.

Siebzehnter

Die polnische Gewerkschaft *Solidarność* wird nach ihrem Verbot 1981 wieder legalisiert. Wobei es sich genau genommen nicht um eine Wiederzulassung, sondern um eine Neuzulassung handelt. Das war ein Zugeständnis an die Kommunisten, die nicht allzu deutlich eingestehen wollten, dass sie seinerzeit das Recht gebrochen hatten.

In den Medien der DDR wird dieses Ereignis nicht erwähnt. Das *Neue Deutschland* berichtet von „allseitiger Planerfüllung" zu Ehren der Wahlen am 7. Mai.

Achtzehnter

In Leipzig berät die SED-Führung über den Einsatz von Kampfgruppen gegen oppositionelle Demonstranten. Sie werden für Einsätze vorgesehen, bei denen Polizei oder Staatssicherheit aus Gründen der Gesichtswahrung gegenüber dem Ausland nicht eingesetzt werden soll. Jeder Chef der Bezirksparteileitung ist gleichzeitig der Militärische Oberkommandierende des Bezirks. Das war auch Hans Modrow, Bezirkschef von Dresden, bevor er als sogenannter „Reformer" letzter Partei- und Staatschef der DDR wurde. Auf Modrows Taten als Oberbefehlshaber der Streitkräfte werden wir noch zu sprechen kommen.

An der Berliner Grenze gab es wieder einen Fluchtversuch. Zwei junge Männer versuchten, auf der Höhe des Reichstages die Spree zu durchschwimmen. Dort lag die Grenze in der Flussmitte. Einer der beiden kam im Westen an, der andere wurde gefangen genommen. Schusswaffen wurden diesmal nicht eingesetzt. Am Spreeufer hinter dem Reichstag erinnern heute kleine weiße Kreuze an alle Menschen, die an dieser Stelle auf der Flucht aus der DDR ihr Leben gelassen haben.

Neunzehnter

Nach der Wiederzulassung der Gewerkschaft *Solidarność* sprechen sich im Deutschen Bundestag alle Fraktionen dafür aus, den Reformprozess in Polen wirtschaftlich und finanziell zu unterstützen. Damit hat das Parlament auf die außerordentlichen Entwicklungen erstmals aktiv reagiert.

Die Medienöffentlichkeit nimmt diesen Schritt nur am Rande zur Kenntnis.

Für *Bild* ist die Verhaftung des Milliardärs Kashoggi viel interessanter. „Aus dem Luxusbett in die Zelle", lautet die Schlagzeile des Tages.

Im *Neuen Deutschland* wird die Vertiefung der „allseitigen Zusammenarbeit" von DDR und Tschechoslowakei beschworen.

Zwanzigster

In der UdSSR findet der zweite Wahlgang zum Kongress der Volksdeputierten statt. Zu den Kandidaten zählt auch der Friedensnobelpreisträger Andrej Sacharow. Damit endete eine der spektakulärsten Dissidentenkarrieren der Sowjetunion.

Schon als Wissenschaftler und Mitwirkender am sowjetischen Atomwaffenprogramm hatte Sacharow begonnen, sich gegen die Atomtests der Sowjetunion auszusprechen. Als er sich 1968 auch noch gegen die Niederschlagung des Prager Frühlings durch die sowjetischen Truppen wandte, bekam er Berufsverbot. Danach wurde er zum bekanntesten Dissidenten der UdSSR und zum Leitbild für viele Oppositionelle in Osteuropa.

Im Jahre 1970 gründete Sacharow ein Menschenrechtskomitee und verlangte in einem Offenen Brief an die Regierung eine Demokratisierung der Sowjetunion. Sacharow kümmerte sich um politische Häftlinge und setzte sich für die Selbstbestimmungsrechte von ethnischen Minderheiten ein. Mehrmals trat er zur Durchsetzung seiner Ziele in den Hungerstreik.

Am 10. Dezember 1975 wurde Sacharow der Friedensnobelpreis verliehen. Das Nobelkomitee würdigte seine Leistungen im Streben nach einer rechtsstaatlichen und offenen Gesellschaft. Weil die sowjetische

Regierung ihm verbot, zur Verleihung nach Oslo zu reisen, nahm seine Frau Jelena Bonner den Preis entgegen. Die Annahme des Preises machte Sacharow endgültig zum „Staatsfeind".

Nach Protesten gegen die sowjetische Invasion in Afghanistan, wurde Sacharow am 22. Januar 1980 verhaftet und nach Gorki (heute: Nischni Nowgorod) verbannt, wo er unter strenger Bewachung der Staatssicherheit leben musste. Er arbeitete am Entwurf einer neuen sowjetischen Verfassung und wurde Mitbegründer der International Academy of Science.

Seine Frau war sein einziger Kontakt zur Außenwelt, bis auch sie 1984 nach Gorki verbannt wurde.

Im Dezember 1986 wurde die Verbannung Sacharows und Bonners durch Parteichef Gorbatschow aufgehoben. Gorbatschow bat Sacharow persönlich telefonisch, nach Moskau zurückzukehren und seine politische Tätigkeit legal fortzusetzen.

Als Parteiloser im Kongress der Volksdeputierten saß Sacharow mit seinen ehemaligen Verfolgern im Plenum. Er schloss sich der interregionalen Arbeitsgruppe der Radikalreformer an und versuchte, die sowjetische Verfassung zu reformieren.

Gleichzeitig wurde er Gründungsvorsitzender der russischen Gesellschaft *Memorial,* die bis heute die Geschichte der kommunistischen Verbrechen und des sowjetischen Lagersystems aufarbeitet.

Sacharow wird einer der ersten osteuropäischen Dissidenten, die in ein Parlament gewählt wurden.

Die Ironie der Geschichte will es, dass an dem Tag, an dem einer der führenden Atomwissenschaftler der SU Parlamentsmitglied wird, das *Neue Deutschland* meldet, dass an der TU Dresden die Kernfusion auf kaltem Wege gelungen ist.

Einundzwanzigster

Die Staatssicherheit der DDR arbeitet auf Hochtouren: Sie erstellt einen umfangreichen Bericht über die von der Opposition geplanten Aktivitäten zu den Kommunalwahlen. Die Bandbreite reicht von Aufrufen zum Boykott der Wahlen bis hin zu Aufrufen, gegen die Einheitsliste zu stimmen. Ein solches Ausmaß an Aktivitäten, einen solchen Willen zum Widerspruch hat die Staatssicherheit nie zuvor festgestellt.

April

Sie kann nicht ahnen, dass sie bis zu ihrer Auflösung nicht mehr zum Ausruhen kommt und ständig Sonderschichten fahren muss.

Während „Schild und Schwert der Partei" langsam atemlos werden, tut die Parteiführung immer noch so, als wäre alles wie immer. Staatschef Honecker empfängt zur Abwechslung eine Militärdelegation aus der UdSSR.

Zweiundzwanzigster

Der Freiheitsfunke springt von Europa nach China über: In Peking demonstrieren erstmals Studenten für die Freiheit, die Partei- und Staatsführung kritisieren zu dürfen.

Die hat von Kritik allerdings mehr zu fürchten, als die meisten anderen kommunistischen Regierungen. Die Sowjets halten zwar beim Kommunistenmord den Rekord, bei den Morden an Normalbürgern ist aber das Kommunistische China einsame Spitze.

Der von der westeuropäischen 68er-Bewegung angebetete Mao ist der größte Schlächter in der Geschichte der Menschheit. Unbelehrbare Maoisten dürfen sich bis heute, sogar in der bürgerlichen Presse, über die angeblich edlen Motive von Mao auslassen.

Das *Neue Deutschland* berichtet von einer Ankündigung Dmitri Jasows, Verteidigungsminister der UdSSR, erste Einheiten der Roten Armee aus der DDR und der ČSSR abziehen zu wollen.

Dreiundzwanzigster

In Polen veröffentlicht das Bürgerkomitee der Gewerkschaft *Solidarność* eine Liste mit eigenen Kandidaten für die bevorstehende Parlamentswahl. Nun wird es Ernst mit der Vielparteien-Demokratie.

In der Bundesrepublik versichert der Chef der FDP, dass ihm eine Rot-Grüne Regierung lieber sei, als ein Bündnis mit den Republikanern. Die Schönhuber-Partei, gegen die es damals einen Aufruf aller im Parlament vertretenen Parteien gab, spielt schon lange keine Rolle mehr.

Vierundzwanzigster

Endlich! Die ZDF-Sendung „Kontraste" berichtet über DDR-Bürgerrechtler, die für freie Wahlen in der DDR eintreten oder einen Wahlboykott fordern. Weil die große Mehrheit der DDR-Bevölkerung allabendlich per TV in den Westen flüchtete, wird mit dieser Sendung das Vorhaben der Opposition im ganzen Land bekannt. Am nächsten Morgen ist es das Frühstücksgespräch in den meisten Betrieben und Institutionen.

Das Neue *Deutschland* schreibt dagegen unverdrossen von einer „Breiten Volksaussprache in Städten und Gemeinden" vor den Kommunalwahlen am 7. Mai.

In Westdeutschland berichtet *Bild,* wie Formel-1-Fahrer Berger mit 280 km/h gegen die Mauer fuhr. Es handelte sich dabei leider nicht um die berüchtigte deutsch-deutsche Staatsgrenze.

Fünfundzwanzigster

Sensation in „Gerontokratistan"! Die Sowjetunion beschließt auf einer Sondersitzung des Zentralkomitees der KPdSU, dass rund ein Viertel der Mitglieder aus Altersgründen ihre Sitze räumen müssen. Manche durften statt des Alters auch Gesundheitsgründe für diesen „freiwilligen Verzicht" anführen, der weniger einen Verlust an wirklicher Macht als einen bitteren Verlust an Privilegien bedeutete. In einer Gesellschaft, die während ihrer gesamten Existenz kaum jemals in der Lage war, ihre Bürger ausreichend zu ernähren, war es ein unschätzbarer Vorteil, als ZK-Mitglied oder Kandidat sonderversorgt zu werden.

Das *Neue Deutschland* berichtet nichts von dem, was in Moskau Sensationelles vor sich geht, sondern beschwört die „engen brüderlichen Beziehungen" zu Nicaragua.

Sechsundzwanzigster

Die Botschaft ist endlich angekommen, aber noch fehlt der Glaube. Partei- und Staatschef Erich Honecker beklagt auf einer Sitzung mit den SED-Bezirksparteileitern den mangelnden Willen der ungarischen Kommunisten, ihre „politische Macht zu verteidigen". Dass diese Genossen sich entschieden haben, eben diese Macht aufzugeben oder zumindest zu teilen, will der altersstarre Honecker nicht wahrhaben. Er spricht ausführlich über die bevorstehende Kommunalwahl und macht deutlich, dass vom Politbüro ein Ergebnis im üblichen Rahmen verlangt wird. Was im Klartext hieß, dass knapp 100 Prozent der Bevölkerung die Kandidaten der Nationalen Front wählen. Die Bezirksparteichefs haben verstanden, was man von ihnen erwartet.

Ob der Schweriner Parteichef Honecker gestanden hat, dass in Mecklenburg die Einheitsliste bereits nicht mehr zu 100 Prozent von den Parteien der Nationalen Front bestimmt wurde? Bei einer Listenaufstellung war ein unabhängiger Kandidat mit genügend Unterstützern aufgetaucht und prompt nominiert worden. Niemand traute sich, diese Panne auszubügeln.

Siebenundzwanzigster

Am Jahrestag der Reaktorkatastrophe von Tschernobyl verteilen Umweltaktivisten Flugblätter gegen die maroden Atomkraftwerke der DDR. Sie werden verhaftet und mit einem Verfahren wegen „Beeinträchtigung staatlicher Tätigkeit" bedroht.

Das *Neue Deutschland* berichtet über die Ehrung „verdienter Bürger" für ihre Leistungen. Weiter behauptet die Parteizeitung, dass sich für jeden zweiten Bürger die Wohnverhältnisse verbessert hätten. Wer sich beim Lesen fragte, warum er ausgerechnet zu den ersten Bürgern gehörte, für die sich die Wohnverhältnisse nicht gebessert hatten, konnte sich mit dem Nachsatz trösten, dass dieses Wohnungswunder nur in Bischofswerda stattgefunden hatte.

Die Wohnungsmisere resultierte vor allem aus dem ungebremsten Verfall der Altbausubstanz in der DDR. Ein Beispiel: In Bautzen kann man heute bei einem Rundgang durch die herrliche, vollständig sanierte Altstadt erfahren, dass 1989 hier nur noch 210 Menschen gelebt hätten, in Häusern, die teilweise mit Balken abgestützt werden mussten, damit sie nicht zusammenfielen.

Es gab nur noch eine Kneipe in dieser surrealen Kulisse des letzten Stadiums vor dem endgültigen Verfall. Heute wohnen über 3 000 Menschen in der Altstadt, es gibt mehr als 30 Kneipen und Restaurants, eins schöner als das andere.

In Meißen ein ähnliches Bild: Seit 500 Jahren hätte es keine solche Bautätigkeit gegeben wie in den letzten 20 Jahren, verrät Walli, die Stadtführerin, die man unbedingt buchen sollte, wenn man Meißen kennenlernen will. Die Stadt, von der es zu DDR-Zeiten hieß: „Besuchen Sie Meißen, solange es noch steht", war seit einem halben Jahrhundert nicht in einem so intakten Zustand wie heute. Wenn man diese, aus ihren Ruinen auferstandenen Städte sieht, ist es, als habe sich ein Schatzkästchen geöffnet, das bisher verdreckt und unansehnlich in der Ecke gestanden hat.

Die heutige Pracht lässt die Bilder der vergangenen Tristesse vergessen. Selbst wenn man es damals mit eigenen Augen gesehen hat, kann man sich heute den Zustand der real zerbröckelnden DDR kaum noch vorstellen.

Mitten im sächsischen Weinbaugebiet liegt das Chemiewerk Nünchritz, das seine Umgebung mit einer dicken Schicht rotbraunen Schwefelrußes überzog, sodass kurz nach dem Austrieb die Blätter nicht mehr grün, sondern rötlich-braun waren. Wer heute die Fabrik besichtigt – die glänzt wie ihre Umgebung – kann sich fast wie in der Sommerfrische fühlen. Das Wasser, das vom Werk in die Elbe fließt, ist sauberer als das Flusswasser. Wo 1989 noch tote Kloake war, tummeln sich heute wieder Lachse und viele andere Fische. Nur die Gastwirte werden noch an den Umweltzustand von vor 20 Jahren erinnert: Sie würden gern Elbfisch auf der Karte anbieten, dürfen es aber nicht, weil die Tiere durch die Schwermetallauswaschungen aus dem Flussboden noch zu hoch belastet sind.

Abgesehen davon sind die Hinterlassenschaften des Sozialismus fast verschwunden.

Achtundzwanzigster

Wieder etwas Neues in Polen: Der polnische Rundfunk sendet erstmals eine Wahlsendung der Gewerkschaft *Solidarność* für die Wahlen am 4. Juni. Jetzt hat die Opposition auch eine offizielle Stimme. Die Zeiten der heimlichen, verbotenen Aktionen sind endgültig vorbei.

In der DDR herrscht scheinbar sozialistische Routine. Staatschef Honecker empfängt den niedersächsischen Ministerpräsidenten Ernst Albrecht. Für ihn ist das ein weiterer Meilenstein zur ersehnten Anerkennung. Albrecht ist CDU-Mann und deshalb für Honecker ein wertvollerer Gesprächspartner als jeder SPD-Politiker.

Dem Bericht des *Neuen Deutschland* ist nicht viel zu entnehmen. Jedenfalls scheint Albrecht keine verwertbaren Huldigungen des Realsozialismus geäußert zu haben.

Weniger zurückhaltend war da wenige Tage zuvor eine Dame Müller von der SPD, die am „achten gemeinsamen Treffen der Vertreter von SED und SPD" am Scharmützelsee teilgenommen hatte. Frau Müller machte klar, wie grauenhaft die BRD die Menschenrechte verletzen würde: im Hinblick auf die Arbeitslosigkeit, den Umgang mit Asylbe-

April

werbern, den „Ausschluss" ganzer Gruppen von NS-Opfern von der Wiedergutmachung, den Extremismusbeschluss und die Angriffe auf die Würde der Frau. Ein SED-Funktionär namens Schmidt versicherte ihr darauf hin, dass dies in der DDR ganz anders liefe.

Frau Müller von der SPD konnte mit dem guten Gefühl nach Hause fahren, dass es ein wahrhaft besseres Deutschland gibt, das sie selbst nicht ertragen muss.

Von Frau Alice Schwarzer, die ebenfalls keine eigenen Erfahrungen mit der DDR hatte, erfahren wir, wie gut wir doch dran waren, weil wir uns keine modischen Klamotten kaufen konnten. Da wurde der Sinn der DDR-Frau von vornherein auf das Wesentliche gelenkt. Das Philosophieren über den Mangel gibt dem Leben erst einen Sinn. Wie gut, dass in der DDR auch *Emma* fehlte. Denn hätte das bunte Emanzenblatt nicht die Ernsthaftigkeit der DDR-Frauen beschädigt, die Frau Schwarzer so wohltuend findet?

Neunundzwanzigster

Walter Kempowski feiert seinen 60. Geburtstag in Lübeck. Erst fährt er an die Zonengrenze, wo er feststellt, dass der Zaun mit der gleichen Perfektion und in derselben Werkstatt gebaut wurde wie die „Vergasungsfabriken der Nazis". Dann gibt es einen Empfang für ihn im Lübecker Rathaus. In das Goldene Buch der Stadt darf er sich nicht eintragen. Das bleibt den Politikern aus dem Osten vorbehalten, kommentiert er später bissig in seinem Tagebuch.

Er wünscht sich dann, seinen 70. in Rostock feiern zu können. Dieser Wunsch sollte tatsächlich in Erfüllung gehen.

In der DDR werfen die bevorstehenden Kommunalwahlen noch immer ihre langen Schatten voraus. Die *taz* berichtet von zahlreichen Eil-Ausbürgerungen von Ausreisewilligen, von denen befürchtet wurde, sie würden die Wahlen zum Protest nutzen wollen.

Dreißigster

Gorbatschow rüstet atomar gegen Westeuropa auf, meldet die *Welt am Sonntag*. US-Minister Cheney teilt der NATO neue Zahlen über die Modernisierung der Nuklearraketen mit.

April

In der DDR erklärt der sächsische Bischof Johannes Hempel gegenüber dem Staatssekretär für Kirchenfragen Kurt Löffler, dass sich viele Bürger bereits vom Staat distanziert haben. Damit meint der Bischof keineswegs nur Ausreise-Antragsteller und Oppositionelle, sondern Bürger, die aus unterschiedlichen Gründen ihre Ablehnung zwar nicht öffentlich machen, sich innerlich aber längst distanziert haben. Die DDR-Identität wurde erst nach dem Fall der Mauer von der in PDS umbenannten Regierungspartei erfunden.

Mai

Erster

In Leipzig passiert etwas Unerhörtes: Am Rande der offiziellen Maidemonstration findet ein Schweigemarsch statt, der sofort von der Polizei aufgelöst wird.

In Budapest ist die zehn Meter hohe Leninbüste verschwunden, vor der jahrzehntelang die Mai-Aufmärsche stattgefunden hatten. Der auf wenige hundert Altgenossen zusammengeschrumpfte Demonstrationszug zeigt überwiegend Regenschirme statt Rote Fahnen. Nach einer halben Stunde ist der Spuk vorbei.

In Polen gibt es die erste Maikundgebung der frisch zugelassenen *Solidarność*. Die Polen demonstrierten für höhere Löhne, bessere Versorgung, vor allem für mehr Demokratie.

Im Vorfeld hatten einige Zehntausend während eines Gottesdienstes in und um die Stanislaus-Kostka-Kirche herum des von der Staatssicherheit ermordeten Priesters Jerzy Popiełuszko gedacht.

Nur in Ostberlin ist alles wie immer: Honecker steht mit seinem saarländischen Altherrenhütchen auf der Tribüne und lässt drei Stunden lang die Demonstranten an sich vorbei marschieren. Die überall angebrachten Lautsprecher brüllen Kampflieder. Einige davon kennen die älteren Demonstranten bereits aus ihrer HJ-Zeit. Neben Honecker stehen seine Politbüro-Klone, mit ähnlichen Hütchen und wie er in sozialistischem Einheitsgrau. „Das ist der Mann, der von der Spitze des Daches an die Spitze des Staates trat", kommentiert ein Fernsehreporter. In der Nacht darauf verkündet ein Graffiti in der Rykestraße, im Berliner Prenzlauer Berg: „Wer hoch steigt, wird tief fallen."

In Berlin-Kreuzberg verwüsten „Antifaschisten" den Bezirk, fackeln Autos ab, plündern Geschäfte, werfen Steine auf Polizisten und stoppen die U-Bahn. Die Bilder gleichen sich seit Jahrzehnten. Die verharmlosende Berichterstattung auch.

Zweiter

Der Ostblock bröckelt nicht mehr nur, er bricht. Es entsteht ein großer Riss in der Mauer.

An der Staatsgrenze zu Österreich beginnen ungarische Pioniere mit der Entfernung des Eisernen Vorhangs. Die Soldaten hatten vorher wochenlang das Entfernen und Einrollen von großen Stacheldrahtmengen in einem Waldstück geübt. Nun verläuft der Abbau der Grenzanlagen schnell und effizient. Die Bevölkerung wird aufgerufen, die Armee dabei zu unterstützen und tut das tatkräftig – nachdem sie sich von ihrer Überraschung erholt hat.

In Hegyeshalom, einem Ort in der Nähe des spektakulären Grenzabbaus, wurden die aus Budapest eingeladenen internationalen Journalisten in der Dorfschule versammelt. Dort wurde ihnen von einem Oberst Nováky Folgendes mitgeteilt: Die Grenzanlagen seien altersschwach, verrostet und müssten runderneuert werden. Das würde viel Geld kosten, geschätzte 180 Millionen US-Dollar. Geld, das der ungarische Staat nicht habe. Deshalb habe man sich zum Abbau der Anlagen entschlossen. Die Grenze würde ab sofort normal bewacht, es gäbe auch noch Grenzpatrouillen im Hinterland.

Joachim Jauer, der als Korrespondent für das ZDF dabei war, fragte Nováky, ob diese Aktion mit dem Warschauer Pakt abgestimmt sei. „Diese Maßnahme ... ist eine innere Angelegenheit unseres Landes", lautete die Antwort. Was die Urlauber der DDR beträfe, das wäre wiederum eine Angelegenheit der DDR. „Wahrscheinlich wird es hier demnächst eine Völkerwanderung geben." Jauer brachte diese Nachricht abends in die *heute*-Sendung. Sie verbreitete sich wie ein Lauffeuer durch die DDR. Prompt wurden massenhaft Urlaubsanträge nach Ungarn gestellt.

Dritter

Das *Neue Deutschland* verkündet, dass sich bei der bevorstehenden Kommunalwahl 273 445 Kandidaten zur Wahl stellen, als könnten diese Kandidaten den Sozialismus retten.

Zeitgleich zeigt das befreundete sozialistische Regime in Rumänien sein hässlichstes Gesicht. Nach einem Verhör der Securitate wird der deutschstämmige Autor Roland Kirsch tot in seiner Wohnung in Temeswar aufgefunden.

Die berüchtigte Geheimdienstorganisation zeigte einmal mehr, dass sich nicht grundlos auch in anderen Ländern berüchtigt und gefürchtet war. Ihre Gräueltaten haben die der Stasi in den Schatten gestellt.

Bild berichtet über die Auswirkungen der Terrornacht in Kreuzberg, was sich nicht viel anders liest als die Berichte aus den letzten Jahren. Die Rede ist von 335 verletzten Polizisten, von nur 16 festgenommenen Terroristen und von Millionenschäden.

„Diese Art Krawall gebärt Republikaner", notiert Walter Kempowski in sein Tagebuch.

Vierter

Das *Neue Deutschland* beschwört auf der Titelseite die „großen Perspektiven für die Zusammenarbeit DDR-ČSSR". Damit meint es selbstverständlich nicht, dass immer mehr Menschen das Land Richtung Tschechoslowakei verlassen.

Im Aufnahmelager Gießen kommen 345 Übersiedler aus der DDR an. Seit 1961 hat das Lager keine solche Flut von Aufnahmewilligen mehr erlebt. Seine Aufnahmekapazitäten sind erschöpft.

Fünfter

Der polnische Staatschef Wojciech Jaruzelski kündigt die Aufhebung aller seit 1980 gefällten Urteile gegen Oppositionelle an. Damit ist er der erste sozialistische Staatschef, der anerkennt, dass politische Gegner keine Kriminellen sind.

Die DDR konnte sich bis zu ihrem Ende nicht zu so einer Geste der prinzipiellen Rehabilitierung ihrer politischen Gefangenen durchringen. Ebenso wenig wie es der ersten und letzten frei gewählten Volkskammer gelang, die Staatssicherheit zu einer kriminellen Vereinigung zu erklären.

Sechster

Letzter Tag vor der Kommunalwahl. Das *Neue Deutschland* behauptet, der Wahlaufruf der Nationalen Front habe „tatkräftige Zustimmung" gefunden.

Hinter den Kulissen laufen hektische Vorbereitungen. Nachdem Bärbel Bohley im Westfernsehen erklärt hat, worauf man zu achten hat, wenn man mit *Nein* stimmen will, werden alle Wahlhelfer auf der letzten Schulung zur äußersten Wachsamkeit angehalten.

Auch die Opposition tagt in vielen kleinen Gruppen bis tief in die Nacht. In den vergangenen Wochen haben sich viele Menschen gemeldet, die bei der Stimmauszählung dabei sein wollen. Um der Gefahr zu entgehen, im entscheidenden Moment vor die Tür gesetzt zu werden, müssen in jedem Wahllokal mindestens drei unabhängige Beobachter sein. Unter den neuen Unterstützern befinden sich viele CDU-Mitglieder, die ihre Mitgliedskarte herausgekramt haben, um sie am nächsten Tag zum Einsatz zu bringen. Sie glauben, als Mitglied einer Partei der „Nationalen Front" nicht so leicht als Wahlbeobachter abgewiesen werden zu können. Die Spannung steigt. Viele können in dieser Nacht nicht ruhig schlafen.

Siebter

Der Tag der Kommunalwahl ist da. In Leipzig demonstrieren mehr als tausend Menschen gegen die Wahlpraxis in der DDR und fordern freie Wahlen.

Als sich landesweit abzeichnet, dass die Beteiligung weit geringer ausfallen würde als in den Vorjahren, werden ab Mittag verstärkt die berüchtigten Schlepperkolonnen eingesetzt. Sie hatten die Aufgabe, die Wahlunwilligen mit Versprechungen oder mit Einschüchterungen zur Teilnahme an der Abstimmung zu bewegen.

Bevor am Abend die Wahllokale geschlossen wurden, meldeten sich dort ungewöhnlich viele Menschen, die an der Stimmauszählung als Beobachter teilnehmen wollten. Sie notierten sich die Ergebnisse genau und gingen anschließend zu den von der Opposition vereinbarten Sammelpunkten. Dabei stellte sich heraus, dass die Ergebnisse in hunderten von Wahllokalen kontrolliert worden waren. Und überall hatte sich dasselbe Resultat gezeigt: Die Nationale Front lag diesmal deutlich unter den vielbeschworenen 99-Prozent-Punkten. Erstmals hatten auch Mitglieder der Blockparteien CDU und LDPD sich an den Aktionen beteiligt. Gespannt warteten alle auf das offizielle Endergebnis.

Als der Wahlleiter Egon Krenz am späten Abend wieder ein Ergebnis über 99 Prozent verkündete, ging ein Aufschrei durch das Land. Man hatte immer gewusst, dass die Wahlergebnisse geschönt wurden. Nun hatte man den Beweis in der Hand, dass die SED selbst vor plumpen Fälschungen nicht zurückschreckte. Noch in derselben Nacht traf die Opposition die Vorbereitungen zur Veröffentlichung ihrer Zahlen. Eine Wahlzeitung wurde gedruckt, die an die Westmedien gegeben wurde, damit diese die wirklichen Zahlen im ganzen Land verbreiteten.

Aber natürlich wurde die Zeitung auch im Inland verbreitet und hundertfach kopiert. Als die ersten Oppositionellen am nächsten Tag demonstrativ die ersten Anzeigen wegen Wahlfälschung erstatteten, folgten viele Bürger diesem Beispiel. Es gingen so viele Anzeigen ein, dass die Staatssicherheit nur noch die Anweisung an die Staatsanwaltschaften geben konnte, die Bearbeitung so weit wie möglich zu verzögern.

Achter

In der Leipziger Nikolaikirche findet anlässlich des Kriegsendes ein Friedensgebet statt. Erstmals bildet die Volkspolizei einen *Cordon sanitaire* um die gesamte Kirche. Niemand soll unerkannt die Kirche verlassen dürfen. Nach der Wahldemonstration vom Vortag liegen die Nerven der Staatsmacht blank.

Das *Neue Deutschland* meldet, dass 98,85 Prozent der Wahlberechtigten für die Kandidaten der Nationalen Front gestimmt hätten. Es wird diesmal von Leuten gekauft, die sonst nie diese Zeitung in die Hand nehmen. Sie wird als Beweismittel für die Wahlfälschungen bei der Staatsanwaltschaft eingereicht.

Bild beschäftigt sich in seiner Titelgeschichte nicht mit den Vorgängen im anderen Teil Deutschlands. Abtreibungsarzt Theissen ist der Held des Tages. „Jetzt rede ich! Sogar eine Nonne macht mir Mut!"

Neunter

Das *Neue Deutschland* berichtet über die Festveranstaltung zum 44. Jahrestag der Befreiung. „Seite an Seite mit der Sowjetunion für Sozialismus und sicheren Frieden". Aber die seit Jahrzehnten gewohnten Phrasen haben längst eine andere Bedeutung für die Menschen in der DDR. So erfährt der schon den Schulkindern eingebläute Glaubenssatz „von der Sowjetunion lernen, heißt siegen lernen" eine ganz neue Popularität, seit die Kunde von den wundersamen Veränderungen im kommunistischen Mutterland zu den DDR-Bürgern gedrungen ist.

Mai

„Wenn wir weiter fest an der Seite der Sowjetunion stehen", so steht es in unzähligen Leserbriefen an die Redaktion, „warum gibt es dann in der DDR keine Reformen wie unter Gorbatschow?" Ähnliche Briefe werden auch an die Bezirkszeitungen der SED geschrieben und sogar ans Politbüro. Sie lagern heute im Parteiarchiv der SED-Linken und enthalten darüber hinaus viele Klagen über die gravierenden Mängel in der DDR-Volkswirtschaft. Gegen Ende der DDR mehren sich die Hilferufe verzweifelter Betriebsparteisekretäre an das Politbüro. Sie berichten von katastrophalen Produktionsausfällen wegen immer wieder stockender oder ausbleibender Materiallieferungen und bitten um Abhilfe.

Einige dieser Briefe mussten auch den Politbüromitgliedern unter die Augen gekommen sein, denn Chefideologe Kurt Hager entschließt sich zu einer Klarstellung: Er betont, dass es Reformen nach sowjetischem Vorbild in der DDR nicht geben werde.

Schon ein Jahr zuvor hatte er sich dahingehend mit der Äußerung hervorgetan: „Wenn Ihr Nachbar seine Wohnung tapeziert, fühlen Sie sich dann verpflichtet, Ihre Wohnung auch zu tapezieren?" Danach war eine Welle der Empörung durch das Land gegangen. Das Büro Hager wurde mit Kommentaren überschüttet, dass man gern tapezieren würde, aber die volkseigene Industrie nicht in der Lage sei, die gewünschten Tapeten bereitzustellen.

Deshalb erklärt Hager diesmal nur umständlich, dass die DDR schon immer vieles anders gemacht hätte, als die Sowjetunion und deshalb keinen Reformbedarf hätte. Wieder gibt es heftige Reaktionen. Wurde das Volk etwa seit Jahrzehnten belogen, wenn es hieß, die DDR baue den Sozialismus nach dem Vorbild der Sowjetunion auf? Hager macht die für ihn und alle Politbüromitglieder neue Erfahrung, dass er sich drehen und wenden konnte, wie er wollte, der Widerspruch aus dem Volk war ihm gewiss.

Zehn Jahre später stirbt an diesem Tag der Schriftsteller Jürgen Fuchs an den Folgen seiner Haft im Stasigefängnis Hohenschönhausen. Er ist einer von drei bekannt gewordenen Fällen von ehemaligen Häftlingen, die an einem sehr seltenen Blutkrebs gelitten haben. Diese Blutkrebsform kommt normalerweise einmal unter 1,2 Millionen Menschen vor. Er wird von einer hohen Dosis radioaktiver Strahlen ausgelöst. Wenn drei Häftlinge, die in den siebziger Jahren in Hohenschönhausen gesessen haben, an diesem Blutkrebs erkrankt sind, spricht allein schon die statistische Wahrscheinlichkeit dafür, dass ihnen diese Radioaktivität im Stasigefängnis beigebracht wurde.

Wie das gemacht wurde, über die Kontamination von Nahrung, Kleidung oder über Medikamente, das werden wir vermutlich nie erfahren. Die Verantwortlichen haben alle Akten beseitigt. Sie schweigen bis heute.

Allerdings sind mit der Öffnung der Stasiunterlagen auch sogenannte „Maßnahme"-, oder „Zersetzungspläne" bekannt geworden, in denen die Staatssicherheit systematisch die Zerstörung von Menschen plante. Diese „Zersetzungen", wie es in ihrem Sprachgebrauch hieß, gingen bis hin zum Mord.

Jürgen Fuchs fand nach der Öffnung der Stasiakten mehrere solcher Mordpläne in seinen Akten. Darunter auch die Planung eines Unfalltodes mit dem Auto. Ein Inoffizieller Mitarbeiter der Stasi manipulierte den Wagen. Als es zum Unfall kam, saß die ganze Familie in dem Fahrzeug: Jürgen Fuchs, seine Frau und die drei Kinder. Das Fahrzeug kam von der Straße ab und überschlug sich. Wie durch ein Wunder blieben alle fünf unverletzt. In seiner Akte musste Jürgen das frustrierte Resümee des Stasioffiziers lesen, der die Idee dazu gehabt hatte. Der IM hätte wohl nichts getaugt, denn die Familie lebe ja noch.

Zehnter

Partei- und Staatschef Erich Honecker empfängt den Präsidenten der UdSSR-Wissenschaftsakademie. Am Rande dieses Treffens erfährt er die neueste Meldung aus Moskau: Der sowjetische Außenminister Eduard Schewardnadse hat eine Grundsatzrede zum Reformprozess in Osteuropa gehalten. Er erklärt unmissverständlich, die „einzig konkrete Vorgehensweise" wäre, die jeweilige Wahl zu respektieren.

Schewardnadse wollte damit sagen, dass die Sowjetunion anders als in früheren Jahren, die jeweiligen Reformen nicht behindern würde. Durch einen Übersetzungsfehler hört Honecker, dass die „einzig richtige Vorgehensweise" wäre, das Ergebnis der jeweiligen Wahlen zu respektieren. Das muss er angesichts der manipulierten Kommunalwahl vor zwei Tagen als Ohrfeige auffassen.

Elfter

Der Polizeichef von Leipzig berichtet von immer mehr Vorbehalten in den Kampfgruppen: Die Genossen hätten zunehmende Zweifel an der Notwendigkeit von Einsätzen „gegen Störer, die unter Umständen zum Kollegen- oder Bekanntenkreis der Kämpfer zählen".

In Moskau werden die Einzelheiten einer weitreichenden Abrüstungsinitiative veröffentlicht. Der sowjetische Staat ist am Ende seiner Kräfte und kann im Rüstungswettlauf nicht mehr mithalten.

Zwölfter

Das *Neue Deutschland* beschäftigt sich immer noch mit der Kommunalwahl und wiederholt, dass es sich um ein „überzeugendes Bekenntnis zu unserem bewährten Kurs" gehandelt habe.

„Die ‚DDR' hat eine Wahl inszeniert", notiert Kempowski in sein Tagebuch. „99,1 Prozent oder so was bekennen sich zu ihrem Staat. Da fragt man sich doch, weshalb sie dann nicht die Mauer abreißen."

Während es in vielen anderen sozialistischen Ländern gärt, scheint es in Rumänien still zu bleiben. Neben Albanien hat hier der Kommunismus am schlimmsten gewütet. Die Schriftsteller der deutschen Minderheit, wie die spätere Literaturnobelpreisträgerin Herta Müller, haben schon fast alle das Land verlassen. Es scheint kaum noch vorstellbar, dass Rumänien einst zu den hochentwickeltsten Gebieten Europas gehörte. Es hatte das erste Schloss mit Fernheizung, Temeswar war die erste voll elektrifizierte Stadt, hier gab es die erste längste Eisenbahnbrücke Europas. Aber unter der kommunistischen Herrschaft, besonders unter seinem letzten Diktator Nicolae Ceaușescu, verelendete das Land. Die Hauptstadt Bukarest wird beherrscht vom „Palast des Volkes", den Ceaușescu ab 1984 bauen ließ. Er sollte das größte Gebäude der Welt werden und an Prunk mit allen Palästen mithalten können. Er hat es nur zum zweitgrößten Gebäude geschafft, das Pentagon ist größer. Dennoch wird der Besucher mit Superlativen konfrontiert: der größte Wandelgang, der höchste Saal, der längste und schwerste Vorhang der Welt, der mit seinen 250 Kilo vermutlich eine komplette Besuchergruppe erschlagen könnte. Daneben nimmt sich das Arbeitszimmer des Diktators direkt bescheiden aus. Mit seinen 150 Quadratmetern ist es gerade mal so groß wie Hitlers Arbeitszimmer in der alten Reichskanzlei. Das Gebäude steht auf einem achtzig Meter hohen Berg, der aus drei Hügeln aufgeschüttet wurde, nachdem das dortige Altstadtviertel abgerissen worden war. Es erreicht damit samt Berg etwa die Höhe, die Albert Speer für seine Germania-Halle ins Auge gefasst hatte. Eine Fünfjahres-Produktion Marmor wurde hier verbaut.

Von der Terrasse des größten Saales aus schaut man auf den gigantischen Platz für die Massenaufmärsche und den dahinter liegenden Boulevard und wundert sich über diese Fähigkeit zum Größenwahn. Den Preis dafür hat das Volk bezahlt. Um die 11 Milliarden Baukosten aufzutreiben, ließ Ceauşescu die Rumänen zehn Jahre lang förmlich hungern. Öl, Mehl und Zucker waren rationiert. Wer mehr als drei Liter Öl oder 3 Kilo Zucker zu Hause hatte, dem drohte, wenn er erwischt wurde, Gefängnis. In den 80er Jahren fuhren DDR-Bürgerrechtler regelmäßig mit Nahrungsmitteln nach Siebenbürgen, weil die Menschen dort nicht genug zu essen hatten.

In Bukarest gab es während der Bauzeit nur wenige Stunden Elektrizität in der Stadt. Während der Stromsperre musste man sich im Dunkeln mit den Händen an der Wand entlang bis zu seiner Wohnung hinauftasten. Besonderes Pech hatten alle jene, die in einem der zehngeschossigen Bauten wohnten.

Nur ein Gutes hatte der Palast: Ceauşescu hatte ab 1987 vor, alle rumänischen Dörfer zu vernichten und die Landbevölkerung in „Agrarzentren" umzusiedeln. Für die Ausführung dieses teuflischen Beitrags zum entwickelten Sozialismus fehlten ihm aber das Geld und das Baumaterial.

Dreizehnter

Ein Mann klettert von West nach Ost über die Berliner Mauer, um den Ausreiseantrag seiner Verlobten zu unterstützen. Er wird gerade noch Zeit gehabt haben festzustellen, dass man relativ leicht in die DDR rein kam, es aber sehr schwer war, wieder herauszukommen, weil die Stacheldrahtsperre auf der Mauerkrone nach innen zeigte. Der Zeitpunkt seiner Aktion war jedenfalls gut gewählt. In Berlin fand gerade das Pfingsttreffen der Freien Deutschen Jugend statt.

Vierzehnter

Auf dem Platz des Himmlischen Friedens in Peking sind mehrere tausend Studenten für demokratische Freiheiten in den Hungerstreik getreten. Damit hat der Geist des Widerstandes China erreicht. Noch ahnt niemand, welch hohen Preis die mutigen Studenten zahlen müssen. Während chinesische Studenten für mehr Freiheit ihr Leben riskieren, droht UdSSR-Außenminister Schewardnadse der Nato, die Verschrottung der SS-20-Raketen einzustellen, wenn sie nicht auf ihre Atom-Modernisierung verzichtet. Schon am Inhalt der Drohung merkt man, dass es keine mehr ist. Die Sowjetunion kann am Ende ihrer Tage nur noch verschrotten oder eben nicht. Sie hat keine Kraft mehr, die Rüstungsspirale weiterzudrehen.

Fünfzehnter

US-Präsident Bush sen. äußert in einem Interview den Wunsch nach einem vereinigten Deutschland. Damit ist er der erste Staatsmann, der das in dieser Offenheit tut.

In Ostberlin geht das Pfingsttreffen der FDJ zu Ende. Über 750 000 Mitglieder der „Freien Deutschen Jugend" müssen sich zur großen „Kampfdemonstration" einfinden. Natürlich schwenken sie DDR-Fahnen und tragen Transparente mit Losungen zur Unterstützung der SED-Politik. Im Zug überwiegt allerdings der Spott über die Politbüro-Greise. Die am häufigsten diskutierte Frage ist, wann es in der DDR endlich Reformen gibt.

Sechzehnter

DDR-Planungschef Gerhard Schürer warnt auf der wöchentlichen Sitzung des Politbüros vor der steigenden Westverschuldung des Landes. Wenn der gegenwärtige Trend anhalte, stünde der Staat spätestens 1991 vor der Zahlungsunfähigkeit. Schürer weiß, dass sich die DDR wegen der Nähe des Westens einen Kraftakt á la Ceauşescu, der das Lebensniveau der Rumänen drastisch reduziert hat, um die Auslandsschulden zurückzuzahlen, nicht leisten kann. Schon die aktuelle Versorgungslage, die sich seit Beginn des Jahres drastisch verschlechtert hat, macht dem Planungschef größte Sorgen. Dessen ungeachtet gilt die DDR nach wie vor als zehntstärkste Industriemacht der Welt.

Siebzehnter

In Ostberlin gibt es schon wieder Staatsbesuch: Erich Honecker empfängt den äthiopischen Staatschef „Mengistu" Haile Mariam mit allen Ehren, obwohl der in seinem Land während der Jahre des „Roten Terrors" tausende Menschen verfolgen, foltern und hinrichten ließ. Honecker bewertete das Ziel Mengistus, eine klassenlose Gesellschaft zu errichten, offensichtlich höher, als die vielen Menschenleben, die dieses Ziel kostete. Während der in seiner Heimat verhasste Mengistu sich im Schloss Niederschönhausen verwöhnen ließ, gab es in Äthiopien einen Putschversuch gegen ihn, der aber rasch niedergeschlagen wurde.

Die Machthaber in der Tschechoslowakei knicken aufgrund der vielen in- und ausländischen Proteste ein. Václav Havel wird nach Verbüßung der Hälfte seiner Freiheitsstrafe aus dem Gefängnis entlassen. Es geht ihm gesundheitlich nicht gut, trotzdem stürzt er sich sofort wieder in die Arbeit.

Achtzehnter

Die Leser des *Neuen Deutschlands* können sich heute über die „Freundschaftliche Begegnung zwischen Erich Honecker und Mengistu Haile Mariam" informieren. Über dessen menschenverachtende Politik erfahren sie so wenig wie über den Putschversuch in seiner Abwesenheit. Es interessiert die Bürger sowieso immer weniger, was ihr Partei- und Staatschef so treibt. Wenn über Politik gesprochen wird, dann vor allem über die aufregenden Ereignisse in Osteuropa.

Im Laufe des Tages trifft die Nachricht ein, dass der Litauische Oberste Sowjet die Unabhängigkeit Litauens erklärt hat. Das müsste eigentlich wie eine Bombe einschlagen, aber vorerst bleiben offizielle Stellungnahmen aus. Die Politik wartet ab, wie Gorbatschow reagieren wird. Wenn Litauen sich für unabhängig erklärt, werden andere bald folgen. Was wird dann aus der Sowjetunion?

Neunzehnter

Hoher Besuch aus Monaco und Belgien: Prinz Albert und der belgische Minister Robert Urbain besuchen Ostberlin. Was die beiden mit dem SED-Chef zu besprechen haben, wird nicht verraten. DDR-Erfahrungen können Albert kaum interessieren, denn sicher will der Prinz keinen Casino-Sozialismus einführen, sollte er dereinst die Herrschaft des Fürstentums übernehmen.

Während Honecker Hof hält, sind die Männer vom „Schild und Schwert der Partei" im Großeinsatz. Sie sind damit beschäftigt, möglichst viele Bürger von ihren Anzeigen wegen Wahlfälschung bei den Kommunalwahlen abzuhalten. Am Ende des Tages sind im ganzen Land dennoch über 100 Anzeigen eingegangen.

Zwanzigster

„Aufruhr in Peking – KP-Chef gestürzt", titelt *Bild* und liegt daneben. Tatsächlich hatte der Chef der Kommunistischen Partei Zhao Ziyang am Vortag die hungerstreikenden Studenten auf dem Platz des Himmlischen Friedens besucht, um sie zu bitten, ihre Aktion einzustellen. Später versammeln sich Funktionäre von Partei, Staat und Militär zu einer Sitzung, auf der die Ausrufung des Ausnahmezustandes beschlossen wird. Dieser Beschluss wird umgehend von Staatschef Li Peng in einer Sondersendung verkündet. Unmittelbar nach der Sendung strömen tausende Pekinger auf die Straßen der Stadt, um den Einmarsch der Volksarmee in die Stadt zu verhindern. Das gelingt vorerst. Um die Berichterstattung der Auslandspresse zu erschweren, wurden ihr die Satellitenverbindungen gekappt. Während die Bevölkerung erfolgreich die Armee vom Platz des Himmlischen Friedens fernhält, sind sich die Studenten uneinig darüber, ob sie mit ihrer Aktion fortfahren sollten oder nicht. Diese Uneinigkeit wird ihnen später zum Verhängnis werden.

Das *Neue Deutschland* berichtet nichts über die Ereignisse in China. Seine Titelseite ziert ein gemeinsamer Appell von SED, DKP und SEW.

Einundzwanzigster

Die Unruhen in Peking breiten sich aus und greifen auf die Provinz über. Erstmals wird in den westlichen Medien breit über die Vorgänge in

China berichtet, dabei läuft der Hungerstreik schon einige Wochen. Es bedurfte der Panzer, um die Aufmerksamkeit der freien Welt zu erregen.

Während die DDR real vor sich hin bröckelt und von ihren Bürgern sichtbar immer weniger akzeptiert wird, ist in Westdeutschland das Gegenteil der Fall. Ausgerechnet jetzt machen sich viele Politiker und Intellektuelle stark, den Wiedervereinigungsparagrafen im Grundgesetz zu streichen. So fordert der ehemalige Regierungssprecher Klaus Bölling auf einer internationalen Tagung in Westberlin die Veränderung der Präambel des Grundgesetzes. Das Wiedervereinigungsgebot soll herausgenommen werden. Gleichzeitig wird immer lauter die Anerkennung der DDR-Staatsbürgerschaft verlangt. Man stelle sich vor, diese beiden Vorhaben wären kurz vor dem Zusammenbruch der DDR noch verwirklicht worden! Der Herbst 1989 wäre mit Sicherheit nicht so friedlich verlaufen.

Zweiundzwanzigster

In der Leipziger Nikolaikirche findet das nun schon traditionelle Montagsgebet statt.

Wieder riegelt die Polizei währenddessen die umliegenden Straßen ab. Niemand soll das Gotteshaus unbemerkt verlassen können. Alle Besucher des Gebetes werden registriert. Es sind mehrere Ausreisewillige dabei. Sie reagieren auf die Polizeischikanen mit „Wir-wollen-raus!"-Rufen.

Zwanzig Jahre später ist die Sensation des Tages eine andere: Zwei Mitarbeiter der Stasiunterlagenbehörde decken auf, dass der Kriminalbeamte Kurras, der am 2. Juni 1967 den Studenten Benno Ohnesorg erschossen hatte, ein bezahlter Agent der Staatssicherheit und geheimes SED-Mitglied war. Der Mann hatte eigentlich in die DDR gehen und Volkspolizist werden wollen, bekam aber den Parteiauftrag, in Westberlin zu bleiben – als Inoffizieller Mitarbeiter der Stasi bei der Westberliner Polizei. Das rief nach einer Veröffentlichung, die sich mit den Stasi-Aktivitäten in der westdeutschen und Westberliner Politik befasste. Es gibt eine ganze Reihe von Ereignissen der westdeutschen Geschichte, auf die von der Staatssicherheit der DDR aktiv Einfluss genommen wurde: Verleumdungskampagnen gegen westdeutsche Politiker, die Beeinflussung von Bundeskanzlerwahlen, die Politikerrücktritte (bis hin zu einem Bundeskanzler) oder die Schändung von Jüdischen Friedhöfen.

Der Mord an Ohnesorg war 1967 ein entscheidender Wendepunkt in der westdeutschen Geschichte, denn er wurde zum Auslöser für die ersten gewaltsamen Proteste gegen das „repressive Regime", als das die Studenten-Revoluzzer die Bundesrepublik zu betrachten pflegten. Dieser Mord war der Vorwand für die Gründung der RAF, deren Überreste ironischerweise am Ende in die DDR abtauchten – wiederum mithilfe der Staatssicherheit, die schon an ihrer Wiege stand.

Im Jahr 2009 konnte man bei den Linken beobachten, wie schnell einige von ihnen eine Sprachregelung bereit hatten, um die Bedeutung dieser Entdeckung und die daraus resultierende Neubewertung der jüngsten deutschen Geschichte nicht an sich heranzulassen. So erklärte Oskar Negt, einer der geistigen Väter der 68er-Bewegung, in einem Interview allen Ernstes, die Springerpresse und die Stasi hätten jeden „kritischen Austausch" verhindert. „Als ob die studentischen Revoluzzer jemals an einem solchen „Austausch" interessiert gewesen wären! Sie wollten Springer beseitigen, nicht mit ihm diskutieren. Die Studentenbewegung, so behauptet Negt weiter, hätte sich immer gegen das „Terrorsystem" DDR ausgesprochen. Dabei hat sich außer Rudi Dutschke kaum jemand zur DDR geäußert. Wo waren denn die studentischen Proteste, als in Prag sowjetische Panzer den Versuch, einen Sozialismus mit menschlichem Gesicht zu errichten, brutal beendeten? Stattdessen hat man Bilder des Massenmörders Mao hochgehalten und dem Massenmörder Pol Pot Ergebenheitsadressen geschickt.

Leute wie Negt unterscheiden nicht zwischen einem Rechtsstaat und einer Diktatur. Sie sprechen von „autoritären Systemen", die auf jede „kritische Öffentlichkeit" mit Gewalt reagieren.

Die Gewalt von 1968 ging letztlich von einem Agenten eines totalitären Systems aus, das so für die radikale Linke den Vorwand schuf, die Demokratie in der BRD mit Bomben und Gewehren zu bekämpfen.

Dreiundzwanzigster

Der Bundespräsident wird in Bonn gewählt. Richard von Weizsäcker bekommt 881 Stimmen – das beste Ergebnis, das ein Bundespräsident je hatte. Niemand ahnt zu diesem Zeitpunkt, dass Weizsäcker der erste gesamtdeutsche Bundespräsident werden wird. Als solcher hat er sich mehr als einmal in die Debatte um die Staatssicherheit eingeschaltet, mit viel Verständnis für die Inoffiziellen Mitarbeiter und ihre Brötchengeber.

In Polen erleben die Studenten, dass die Zugeständnisse der Kommunisten an eine Demokratisierung der Gesellschaft kein Freibrief für unabgesprochene Eigeninitiativen sind. Der Antrag auf Zulassung eines unabhängigen polnischen Studentenverbandes wird abgelehnt.

Vierundzwanzigster

Erich Honecker empfängt den Militärrat der Vereinten Streitkräfte des Warschauer Paktes.

Es ist nicht anzunehmen, dass er mit den Militärs über die neuesten Eingeständnisse der Sowjetunion gesprochen hat, obwohl sie gravierende Folgen für die Waffenbrüderschaft im Ostblock haben können.

Eine sowjetische Historikerkommission räumt im polnischen KP-Organ *Trybuna Ludu* erstmals die Existenz der geheimen Zusatzprotokolle zum Hitler-Stalin-Pakt über die Aufteilung Polens und des Baltikums ein. Fünfzig Jahre mussten die Polen darauf warten.

Bis heute ist das volle Ausmaß dessen, was damals beschlossen worden ist, nicht im öffentlichen Bewusstsein verankert. Jüdische Emigranten wurden an Nazi-Deutschland ausgeliefert, auch Kommunisten. Interessant ist, was die Sowjets alles nicht gefordert haben: zum Beispiel die Freilassung Ernst Thälmanns, des Chefs der Kommunistischen Partei Deutschlands. Dabei ist Thälmann immer ein braver Exekutor der Stalinschen Wünsche gewesen.

Fünfundzwanzigster

Schon wieder Staatsbesuch bei Erich Honecker. Diesmal ist es Joaquim Chissano, der nach dem Flugzeugabsturz von Samora Machel 1986 Parteichef und Staatspräsident in Mosambik wurde. Chissano übernahm ein vom Bürgerkrieg zerrissenes Land. Aber im Gegensatz zu Honeckers sonstigen Gesprächspartnern führte er Verhandlungen mit den Rebellen und tat in der Folge alles, was Honecker für die DDR nicht wollte: Er sorgte für eine neue Verfassung, die den Weg für Mehrparteienwahlen und den freien Markt ebnete. Schließlich erreichte er 1992 den Friedensschluss.

Honecker hätte diesem Gast genauer zuhören sollen, dann wäre er vielleicht nicht am Ende seiner Karriere im Exil gelandet, sondern als Maueröffner gefeiert worden.

Honecker hätte an diesem Tag aber auch die *taz* lesen können. Hier gab Pfarrer Rainer Eppelmann sein erstes Interview. Er war überzeugt, dass Glasnost und Perestroika nicht vor den Grenzen der DDR haltmachen werden, und behielt bekanntlich recht. Weiter schlug Eppelmann für die DDR all das vor, was Chissano für Mosambik bereits in Angriff genommen hatte.

Sechsundzwanzigster

Die Gäste im Staatsratsgebäude der DDR geben sich die Klinke in die Hand. Der mosambikanische Staatschef ist noch im Land, da kommt Hans-Jochen Vogel, der Vorsitzende der SPD-Bundestagsfraktion zu einem „Meinungsaustausch".

Während Honecker und Vogel miteinander plaudern, verbreitet sich eine andere Nachricht wie ein Lauffeuer: Zwei Männer haben in einer spektakulären Aktion mit einem Motordrachen ihren Bruder aus Ostberlin rausgeholt. Sie sind vor dem Reichstagsgebäude gelandet – in Sichtweite der Staatssicherheit, die im Reichstagspräsidentenpalais eine Überwachungsstation betreibt.

Der Eine wollte unbedingt aus Ostberlin raus, eine Andere wollte rein und durfte nicht. Sarah Ferguson, genannt Fergie, die Duchess of York und Frau von Prinz Andrew wird am Grenzübergang Friedrichstraße zurückgewiesen. Ohne Begründung. Womöglich befürchtet man eine spontane Sympathiekundgebung für einen Royal Unter den Linden.

Siebenundzwanzigster

Rückschlag für den Reformprozess in der Sowjetunion oder nur Karriereknick? Der als Radikalreformer geltende Boris Jelzin fällt bei der Wahl zum Obersten Sowjet überraschend durch.

In Ostberlin wendet sich Staatschef Honecker nach seinem „freundschaftlichen Gespräch" mit Hans-Jochen Vogel wieder seinem Gast aus Mosambik zu. Auf einer Pressekonferenz verkündet er gemeinsam mit Joaquim Chissano, dass die DDR und die Volksrepublik ihre freundschaftliche Zusammenarbeit vertiefen wollen.

Achtundzwanzigster

In Westberlin beginnt eine deutsch-deutsche Lesereihe mit Teilnehmern aus beiden deutschen Staaten. Es ist eine Veranstaltung im Rahmen des Ost-West-Kulturabkommens. Die Sache hat allerdings von Anfang an einen Haken: In den Westen getriebene Schriftsteller sind von diesem Treffen ausgeschlossen. Man möchte keine Schwierigkeiten mit dem DDR-Regime. Lieber lässt man zu, dass die DDR-Zensur auch in Westberlin gilt. Das Schriftstellertreffen folgt einem Muster, das auch für deutsch-deutsche Städtepartnerschaften gilt: Sie finden nur auf Funktionärsebene statt, das Volk ist ausgeschlossen, die Opposition sowieso.

An dieser Stelle sollte etwas zum Boykott der DDR-Opposition durch die Politik gesagt werden. Offiziell nahm keine bundesdeutsche Partei von der Opposition Kenntnis. Manche distanzierten sich sogar freiwillig, wie der FDP-Minister Otto Graf Lambsdorff, der Honecker versicherte, er hätte keinerlei Sympathien für „diese Leute".

Der SPD-Politiker Karsten Voigt machte nicht nur mit Politbüromitglied Egon Krenz Urlaub, sondern gab gern Ratschläge, wie Oppositionelle abgeschoben werden könnten.

Am effektivsten zeigte sich jedoch Konsistorialpräsident Stolpe in der Herabsetzung der Oppositionellen. Er stellte sie bei seinen zahlreichen Gesprächen mit westdeutschen Politikern als Sozialfälle hin, die gern in den Westen wollten. So war die Opposition für die offizielle Politik also kein Partner, sondern ein ungelöstes humanitäres Problem. Bis heute ist dieses Missverhältnis nicht beseitigt. Nach wie vor werden ehemalige SED-Funktionäre wie Gregor Gysi, Dietmar Bartsch und André Brie hofiert, die Bürgerrechtler dagegen marginalisiert.

Die Justiz, die mit den willigen Vollstreckern des DDR-Regimes überwiegend milde umgeht, fällt zwanzig Jahre später ein bemerkenswertes Urteil: Ein Stasioffizier muss einem Ex-Stasihäftling 2 500 Euro Strafe bezahlen, wegen „beleidigender Darstellungen" der SED-Opfer.

Wolfgang Schmidt, der Sprecher des sogenannten Stasi-Insiderkomitees, bekannt durch seine Hetze gegen die Gedenkstätte im ehemaligen Stasigefängnis Hohenschönhausen, wird damit endlich mal an einer Stelle getroffen, wo es ihm wehtut: an seinem durch staatliche Großzügigkeit wohl gefülltem Portemonnaie. Schmidt hat auf seiner berüchtigten Website den ehemaligen Stasihäftling Mario Röllig mit

Äußerungen zitiert, die dieser nie getan hatte. Schmidt diskreditierte Röllig als Lügner schlimmster Sorte, der nur ein Ziel habe, die humanen Verhältnisse im Stasiknast zu leugnen. Nachdem Schmidt bereits eine Unterlassungserklärung in Bezug auf den von ihm verfassten Text abgeben musste, tauchte derselbe nach ein paar Wochen wieder im Internet auf. Diesmal mit Konsequenzen.

Das Gericht stellte fest: „Gerade die Auseinandersetzung einer ehemals für die Stasi tätigen Person mit den Opfern des DDR-Regimes ist von besonderer rechtlicher und auch tatsächlicher Brisanz, und es ist nicht zu verkennen, dass die erneute Veröffentlichung für den Kläger als Opfer der Stasi eine besondere Demütigung bedeutete." Auch wenn das Urteil nur ein Tropfen auf den heißen Stein ist, tut es dennoch gut, dass hier der Häftling über den Stasioffizier gesiegt hat.

Neunundzwanzigster

Wieder Montagsgebet in Leipzig. Von Mal zu Mal werden es mehr Teilnehmer – trotz der Schikanen der Staatssicherheit. Und wieder umringt die Volkspolizei die Kirche mit einem *Cordon sanitaire* und registriert alle Besucher des Gotteshauses. Jedem Einzelnen wird eine Verwarnung ausgesprochen. Die Gebete würden als gegen den Staat gerichtete feindliche Aktionen angesehen. Jeder, der sich daran beteilige, laufe Gefahr als Feind des Volkes behandelt zu werden.

Das Volk allerdings unterstützt die Gottesdienstteilnehmer aus sicherer Entfernung mit Pfiffen und Buh-Rufen gegen die Volkspolizisten und die Stasimänner in Zivil. Die Stimmung heizt sich immer mehr auf, die Stasimänner werden immer gereizter. Bei dem Versuch, einige der Buh-Rufer festzunehmen, kommt es zu tumultartigen Szenen.

Einige der vorübergehend Festgenommenen berichten hinterher, sie seien geschlagen worden.

Dreißigster

Die Nato-Gipfelkonferenz bekennt sich mit unerwarteter Deutlichkeit zur Wiedervereinigung Deutschlands. Sie erklärt: „Wir streben nach einem Zustand des Friedens in Europa, in dem das deutsche Volk in freier Selbstbestimmung seine Einheit wiedererlangt." Dieser Satz spielt in der Berichterstattung über die Konferenz in Ost und West keine

Rolle – als ob der veröffentlichten Meinung dieses Bekenntnis peinlich wäre. Diese Zurückhaltung ist allein schon ein Beweis dafür, dass die Ereignisse in Osteuropa und in der DDR nicht vom Westen gesteuert waren.

Das *Neue Deutschland* meldet, dass 850 Jugendliche aus der DDR zu den XIII. Weltfestspielen nach Pjöngjang fahren. Wahrscheinlich sollen sie in Nordkorea sehen, das es durchaus schlimmere Varianten des Sozialismus gibt. Aber selbst dieser Sozialismus hat Anhänger in Westdeutschland, zum Beispiel Luise Rinser, die es trotz ihrer Sympathien für Kim Il-Sung zur Bundespräsidentenkandidatin der Grünen gebracht hat.

Ende Mai wird bekannt, dass das bulgarische Parlament ein Gesetz verabschiedet hat, dass es jedem Bulgaren gestattet, einen für alle Länder gültigen Reisepass zu erwerben.

Einunddreißigster

Präsident Bush sen. macht auf seiner ersten Europareise als US- Präsident in Mainz Station. In der Rheingoldhalle hält er eine wahrhaft erstaunliche Rede. Er spricht vom nahen Ende des Kalten Krieges. Die Zeit dafür sei reif, die Politik des geteilten Europa stünde auf dem Prüfstand. Er fordert freie Wahlen in Osteuropa und den Abbau der Grenzen. In Ungarn hätte dieser Abbau bereits begonnen. „Let Berlin be next". Die Mauer stünde für das Scheitern des Kommunismus. „It must come down.".

Wenn Gorbatschow diese Rede gehalten hätte, wäre der Saal vor begeisterten Gorbi-Rufen förmlich explodiert. Bei Bush ist die Reaktion sehr verhalten. Er bekommt höflichen Beifall, mehr nicht. Bundeskanzler Kohl soll während der Rede keine Regung gezeigt haben. Er ist immer noch überzeugt, dass die Deutsche Einheit nicht auf der Tagesordnung steht. Auf ein Angebot von George Bush vom 12. Mai, die historische Chance zu nutzen, um gemeinsam mit den Amerikanern die Ost-West-Beziehungen zu verändern, soll er nicht eingegangen sein. Es mussten erst die unbekannten Mauerbrecher kommen, ehe die „Architekten der Deutschen Einheit" zur Tat schreiten konnten.

Juni

Erster

Internationaler Kindertag. Er wird nur im Ostblock begangen und findet deshalb zum letzten Mal statt. In den Schulen und Kindergärten geht es heute entspannter zu. Meist wird die Festivität als Wandertag genutzt, damit sich die Kinder im Grünen vergnügen können.

Passend zum Kindertag berichtet *Bild* von einem Zwilling, der bei der Abtreibung vergessen wurde und überlebt hat.

Das *Neue Deutschland* schwärmt, dass sich „die brüderlichen Beziehungen allseitig und dynamisch" entwickeln. Natürlich hat es damit nicht auf den *Bild-Bericht* Bezug nehmen wollen. Aber diese beiden Überschriften nebeneinander sind schon so etwas wie Realsatire, auch wenn einem das Lachen im Halse stecken bleibt.

Zweiter

Das Innenministerium der DDR erklärt die Ergebnisse der Kommunalwahl für korrekt. Die Opposition ruft umgehend zu Protestdemonstrationen auf. Die Konferenz der Kirchenleitungen, die gerade tagt, gerät in eine schwierige kirchenpolitische Lage. Sie moniert zwar „die beobachtbaren Unstimmigkeiten bei der Auswertung der Wahl" und appelliert an die SED „für eine Weiterentwicklung des Wahlverfahrens Sorge zu tragen", aber nur, weil sie sich zu einer klaren Forderung, Wahlfälschungen zu unterlassen, nicht durchringen kann. Gleichzeitig werden die Gemeindemitglieder aufgefordert, es mit den Protesten nicht zu übertreiben. Sie sollten sachlich bleiben und „Verantwortung für das Ganze" erkennen lassen. Übertriebene Aktionen und Demonstrationen seien kein Mittel der Kirche.

Gegen diese Erklärung protestierten umgehend mehrere Kirchenleute. Die Opposition hört sowieso nicht mehr auf Beschwichtigungen. Die Auseinandersetzung um die gefälschten Kommunalwahlen geht in die nächste Runde.

Im Bruderland Bulgarien beginnt die massenhafte Vertreibung der türkischen Minderheit. Sie hätten die Freiheit, in die Türkei auszureisen. Die spontanen Demonstrationen gegen die Vertreibung enden schnell im Chaos. Es kommt zu gewaltsamen Zusammenstößen zwischen Demonstrierenden und Polizei. Am Ende zählt man etwa hundert Todesopfer. Unbeeindruckt davon werden die Abschiebungen bis Ende August fortgesetzt. An die 300 000 Türken müssen Bulgarien verlassen. Bis heute ist dieses düstere Kapitel spätsozialistischer Verbrechen nicht aufgearbeitet, obwohl Bulgarien inzwischen Mitglied der EU ist.

Dritter

Der Bund der Evangelischen Kirchen feiert sein zwanzigjähriges Bestehen. Dabei wäre dieser Tag durchaus ein Anlass für einen Trauergottesdienst gewesen, denn es ist zugleich der Jahrestag der Abtrennung von der Evangelischen Kirche Deutschlands – im Ergebnis einer brutalen Atheismus-Kampagne des SED-Staates.

Da auch dieses Kapitel der DDR-Geschichte weitgehend unbekannt ist, soll es hier näher betrachtet werden: Am 31. Mai 1981 passierte in Eisenhüttenstadt etwas Unerhörtes: Ausgerechnet in der ehemaligen Stalinstadt, der ersten sozialistischen Stadt, wurde der erste Kirchenneubau des Arbeiter- und Bauernstaates geweiht. Diese „Friedensgemeinde" war für die herrschende SED Provokation und Niederlage zugleich, denn eigentlich hätte Eisenhüttenstadt die erste atheistische Stadt werden und bleiben sollen.

Dass es nicht so kam, war dem Engagement eines Mannes zu verdanken: Pastor Heinz Bräuer. Anfang der 50er Jahre zog der Gottesmann mit den Arbeitern, die Stadt und Stahlwerk auf der grünen Wiese errichteten, an die Oder und begann einen einsamen Kampf gegen den erzwungenen Atheismus des Regimes. Anfangs hielt er seine Gottesdienste in einem Bauwagen ab, dann in einer Baracke. Er musste mit ansehen, wie seine mühsam aufgebaute Gemeinde mit ihren 2000 Mitgliedern unter dem Druck des Staates immer mehr schrumpfte. Die Kirchenbaracke wurde oft beschädigt, einmal zerstört, aber immer wieder repariert und aufgebaut.

1957 erlebte die Evangelische Kirche auf dem Höhepunkt einer massiven Antireligionskampagne der SED die erste große Austrittswelle. In Zeitungen, im Rundfunk, auf Versammlungen in Betrieben, Institutionen, Universitäten und Schulen wurde gegen die Kirche Front gemacht. Pfarrer wurden mit dem Rattenfänger von Hameln verglichen, die Kinder mit zweifelhaften Mitteln in die Kirche locken würden. Man warf der Kirche schmutzige Geldgeschäfte wie Währungsschiebereien vor und unterstellte ihr vor allem, dass sie den Fortschritt behindern und der Wissenschaft und damit dem Wohl des Menschen entgegenstehen würde. Schon den Kindergarten-Kindern wurde klar gemacht, dass reaktionär ist, wer zum Religionsunterricht geht. Damals verließen Millionen die Kirche.

Ich kann mich noch genau erinnern, wie diese Propaganda auf mich gewirkt hat: Ich sah den Nachbarskindern, die mit Buntstiften und Malblöcken bewaffnet die Treppen zum Pfarrhaus hinaufstiegen, mit einer Mischung aus Faszination und Grauen hinterher. Wie konnte man freiwillig in die Höhle des fortschrittsfeindlichen Löwen gehen?

Den Erwachsenen machte die SED klar, dass eine Karriere im Arbeiter- und Bauernstaat mit dem christlichen Glauben nicht vereinbar war. Pfarrerskindern wurde es schwer oder unmöglich gemacht, das Abitur abzulegen oder zu studieren. Eine Ausweichmöglichkeit boten nur die wenigen kirchlichen Bildungseinrichtungen. Die Partei setzte für den Besuch höherer Bildungseinrichtungen das unumschränkte Bekenntnis zur marxistisch-leninistischen Weltanschauung, also zum Atheismus, voraus.

Für die weitere Karriere galt das genauso. So traten ganze Brigaden, Seminare oder Abiturklassen geschlossen aus der Kirche aus und oft hinterher in die SED ein.

In allen Kindergärten, Schulhorten und Klassenzimmern war die atheistische Erziehung der Dreh- und Angelpunkt. Als Gegenstück zur Konfirmation und Kommunion führte das Regime die Jugendweihen ein. Dabei wurde wie immer Vollzähligkeit angestrebt. Wer sich der Jugendweihe verweigerte, musste mit andauernden Schikanen rechnen. Deshalb gingen christliche Eltern dazu über, ihre Kinder erst zur Jugendweihe, danach zur Konfirmation gehen zu lassen. Die Schwierigkeit dabei war, dass vonseiten der herrschenden Partei immer wieder die Unvereinbarkeit von Christentum und Sozialismus behauptet wurde.

Gleichzeitig unternahm die Partei große Anstrengungen, Pfarrer, Priester oder auch kirchlich aktive Laien in staatlich gelenkte christliche Organisationen zu leiten. Zu diesem Zwecke wurden eine ganze Reihe von Arbeitsgemeinschaften bei der Nationalen Front, dem Friedensrat und der Christlich-Demokratischen Union gegründet. Ziel war es, die Christen zur Linientreue gegenüber dem Sozialismus zu bewegen. Diese konzertierte Aktion hatte schließlich Erfolg.

Besonders nach dem Bau der Mauer, die lebendige Kontakte zwischen der Kirche und ihren Gläubigen in Ost und West fast unmöglich machte, begann die Evangelische Kirche der DDR sich als ein austrocknender Zweig der Westkirche zu sehen.

Ende der 60er Jahre zog sie die Konsequenz aus der staatlichen Teilung und trennte sich administrativ von der EKD, der Evangelischen Kirche in Deutschland.

Der Bund der Evangelischen Kirchen der DDR wurde gegründet, der später die Voraussetzung war für Gespräche zwischen Staat und Kirche. Im Gegensatz dazu hielt die kleine katholische Diaspora-Kirche an ihrer Westbindung fest und ließ sich nie auf nähere Beziehungen zum sozialistischen Staat ein.

Die Annäherung der Evangelischen Kirche an den SED-Staat gipfelte am 6. März 1978 in gegenseitigen Vereinbarungen, in denen der Kirche zugestanden wurde, eine eigenständige gesellschaftliche Größe im Staat zu sein. Dafür erkannte die Kirche an, „Kirche im Sozialismus" zu sein, was offen ließ, ob sie Kirche *für den* Sozialismus sei, wie der damalige Konsistorialpräsident Manfred Stolpe es auslegte, oder ob sie nur den sozialistischen Staat als solchen akzeptierte.

Im weiteren Verlauf der Geschichte sollte sich ein zunächst marginal erscheinendes Zugeständnis des SED-Staates an die Kirche als geradezu umstürzlerisch herausstellen. Ihr wurde die alleinige Verfügungsgewalt über ihre Räume eingeräumt.

Angesichts der leeren Kirchen der siebziger Jahre, die fast nur noch von alten Leuten besucht wurde, erschien es ungefährlich, der Kirche diese Souveränität zu geben.

Anfang der 80er Jahre wurde dieser Freiraum von den Oppositionellen entdeckt und genutzt, bis im September 1989 die Montagsdemonstrationen losgingen, die sich wie ein Flächenbrand über das ganze Land ausbreiteten und erst die Mauer zum Einsturz, dann die DDR zum Verschwinden gebracht haben. In jenen Monaten waren die Kirchen voll. Optimisten wollten darin einen Trend zurück zum Christentum erkennen, denn schließlich ist das Gebiet der ehemaligen DDR das des am tiefsten verwurzelten Protestantismus der Welt. Aber das erwies sich als Irrtum. Vierzig Jahre SED-Herrschaft haben ein weitgehend entchristlichtes Land hinterlassen. Und eine Evangelische Kirche, die ihre Aufgabe eher darin zu sehen scheint, sich sozialen und politischen Fragen zu widmen, als den Glauben zu verbreiten.

Was fehlt, sind viele Heinz Bräuers, die in geduldiger Arbeit Gemeinden um sich versammeln, um das Wort Gottes zu verkünden. Heinz Bräuer hat bewiesen, dass der Glaube wirklich Wunder vollbringen kann. Solche Wunder, wie es eine Kirche mitten in einer atheistischen Stadt ist. Die Hoffnung ist, dass es das Wunder des Glaubens immer wieder geben kann.

Vierter

In Leipzig findet nach einem Umweltgottesdienst der zweite Pleiße-Gedenkmarsch statt. Mehr als 500 Menschen haben sich an diesem Sonntag versammelt, um auf den jämmerlichen Zustand ihres Flusses hinzuweisen, der im wahrsten Sinne des Wortes zum Himmel stank. Die meisten Teilnehmer sind weiß gekleidet. Es gibt nur vereinzelte Plakate. Jeder weiß, worum es geht, auch die Staatssicherheit, die alles genau beobachtet und nach der Auflösung des Gedenkmarsches besonders Jugendliche in Nebenstraßen anhält, um ihre Ausweise zu kontrollieren und Meldung an die Bildungseinrichtungen zu machen.

Die Stimmung ist angespannt, denn am Morgen waren die ersten Nachrichten von der blutigen Niederschlagung der Studentenproteste in China eingetroffen. Unter den friedlich protestierenden Studenten auf dem Platz des Himmlischen Friedens hatte das Kommunistische Regime ein furchtbares Massaker angerichtet. Von Toten und Verletzten ist die Rede.

Fünfter

Die Hiobs-Botschaften überschlagen sich. Die Medien im Westen berichten ausführlich von dem Blutbad, das die Kommunisten vor den Augen der Weltöffentlichkeit in Peking angerichtet haben.

Walter Kempowski spricht von „allgemeiner Zermatschung". Mit Maschinengewehren wird auf die Unbewaffneten gezielt. Panzer fahren rücksichtslos in die Menge. Einer bleibt stecken. „Besatzung wird gelyncht (ARD), nicht gelyncht (ZDF)." Letzteres ist wahrscheinlicher, denn die Protestierenden wollten mit friedlichen Mitteln Veränderungen durchsetzen.

In München demonstrieren Chinesen gegen das Massaker. Sie bleiben unter sich. Vonseiten der 68er gibt es keine hörbaren Proteste, die tapfere westdeutsche Friedensbewegung, die gegen Nato-Waffen auch mal Hunderttausende auf die Straße bringt, schweigt.

In der DDR gibt es Solidaritätsveranstaltungen in den Kirchen. Von der Kirchenleitung wird verlangt, dagegen zu protestieren. Eine Demonstration vor der Chinesischen Botschaft wird sofort aufgelöst, ehe sie sich richtig formieren kann.

Das *Neue Deutschland* wertet die Ereignisse in Peking als Niederschlagung eines „konterrevolutionären Aufruhrs". Das löst eine Flut von Protestbriefen aus.

Sechster

Die Medien in Westdeutschland berichten weiter über die Schreckensbilder in China.

Das *Neue Deutschland* wendet sich bereits wieder anderen Themen zu: den Beziehungen DDR-Frankreich, die sich „erfolgreich entwickeln".

Aufgrund dieser neuen Beziehungen war Unter den Linden das „Französische Kulturzentrum" eröffnet worden. Neben allerlei Veranstaltungen bot es Französischunterricht bei richtigen Franzosen an. Für Leute wie mich hatten das die SED-Bonzen eigentlich nicht vorgesehen. Aber dann saß ich doch in einer Gruppe mit den Frauen und Töchtern der Nomenklatura und musste mir ihre Urlaubsberichte aus den Ländern anhören, die für die normale DDR-Bevölkerung nicht zugänglich waren.

Solche Leute trauern der DDR heute noch nach, sie vermissen es, etwas Besonderes zu sein, in eigenen Läden versorgt zu werden und in Länder reisen zu können, die für andere unerreichbar sind.

Renate Feyl beschreibt in ihrem Buch „Ausharren im Paradies", wie ihre Familie eines Tages einen Westfernseher erbte. Damals konnte man das Zweite Deutsche Fernsehen nur mit einem Decoder empfangen, der in jedem Westgerät eingebaut war, in den Geräten der SED-Funktionäre aber fehlte. Die Familie bekam das Gerät mit der Auflage ausgehändigt, an einem bestimmten Tag eine Werkstatt aufzusuchen, wo der Decoder ausgebaut werden sollte – um ihn anschließend einem ZDF-süchtigen

Genossen zur Verfügung zu stellen. Die Werkstatt lag im dritten Stock, das hieß, man musste das schwere Gerät hoch- und wieder runterschleppen.

Das waren die kleinen, alltäglichen Schikanen, über die nicht mehr gesprochen werden soll.

Das brutale Vorgehen der Volkspolizei, die in Ostberlin eine Demonstration gegen die Massaker in China auflöste, ist auch vergessen. Dabei wurden die Demonstranten geschlagen, an den Haaren gezerrt, an den Füßen weggeschleift. Die Staatssicherheit nahm etwa 16 Verhaftungen vor.

Siebter

Wieder eine Demonstration der Opposition in Ostberlin. Diesmal richtet sich der Protest gegen die gefälschte Kommunalwahl im Mai. Nicht anders als Vortag bekommen die Demonstranten zu spüren, wie das Beispiel Peking in Ostberlin Schule gemacht hat. Die Volkspolizei geht mit seit den fünfziger Jahren nicht da gewesener Brutalität gegen sie vor. Es hagelt Schläge, Fußtritte, Stockhiebe. Binnen Kurzem ist die Demonstration auseinandergetrieben.

Am Rande des Geschehens steht die Staatssicherheit und verhaftet wie am Fließband. Etwa 150 Bürgerrechtler werden festgenommen, deutlich mehr als bei der bisher größten politischen Massenverhaftung am 15. Januar 1988, im Rahmen der sogenannten Liebknecht-Luxemburg-Affäre.

In Westberlin wird der Kirchentag eröffnet. Über 250 000 Menschen beten auf dem Ku'damm. Von Protesten gegen die Prügelorgie im anderen Teil der Stadt ist nichts zu hören.

Ich sitze gemeinsam mit Rita Süssmuth, der Bundestagspräsidentin und Henning Schierholz, dem Bundestagsabgeordneten der Grünen auf einem Podium. Ich bekomme viel Beifall für meinen Beitrag, in dem ich auf die Entwicklungen in der DDR aufmerksam mache. Anschließend werde ich von einem hohen Kirchenmann der DDR angesprochen. Er teilt mir ohne Umschweife mit, dass ich bei meiner etwaigen Rückkehr in die DDR nicht wieder zum Studium am Evangelischen Sprachenkonvikt zugelassen werden würde. Warum? Ich hatte kurz zuvor ein Leistungsstipendium des St. John's College Cambridge erhalten. An meiner Leistungsfähigkeit kann es also kaum Zweifel geben. Ich solle begreifen, dass ich in der DDR nicht mehr erwünscht sei, betonte der Kirchenmann. Ich solle meine Energie auf ein Leben im Westen konzentrieren. Das habe ich dann auch getan, aber bekanntlich hatte das Schicksal etwas anderes mit mir vor als die DDR-Funktionäre.

Achter

Trotz der gewaltsam aufgelösten Demonstration am Vortag findet in Berlin wieder eine Protestveranstaltung gegen den Wahlbetrug bei der Kommunalwahl im Mai statt. Über 1 500 Menschen haben sich in der Gethsemanekirche versammelt. Die Stasi muss draußen bleiben, aber wie in Leipzig nach den letzten Montagsgebeten werden auch hier im Anschluss besonders jugendliche Teilnehmer in Nebenstraßen angehalten. Sie müssen dulden, dass ihre Personalien aufgenommen werden, und müssen mit einer Meldung an ihre Schule oder ihre Uni rechnen.

Die Stasimänner werden bei ihrer Arbeit zunehmend nervöser, denn aus sicherer Entfernung ertönt immer wieder der Ruf: „Stasi raus" oder „Stasi in die Produktion". Diese Erfahrung ist neu: Mit solch direktem Widerstand wurden sie bisher selten konfrontiert.

Im *Neuen Deutschland* betonen Egon Krenz und Oskar Lafontaine die von beiden gefühlte „Große Verantwortung der DDR und der BRD für Frieden und Abrüstung". Untermalt wird diese Erklärung von einer Rede Horst Sindermanns, langjähriger Bezirksparteichef von Halle und nun Vorsitzender des Ministerrates: „Bei uns sind Freiheit und Vollbeschäftigung selbstverständlich." Deswegen soll beides auch in die BRD exportiert werden, mithilfe der DKP, die von der SED mit 60 Millionen unterstützt wird. Viele von diesen Millionen flossen in die westdeutsche Friedensbewegung.

Kein Geld aus dem Osten für „Enteignet Springer", versicherte, später, als der Geldfluss ruchbar wurde, Peter Schneider, einer der führenden Köpfe dieser 68er Kampagne, die ihre Vorläuferin in einer gleichnamigen SED-Kampagne hat. Aber das eine, behauptete Schneider, hätte mit dem anderen so viel zu tun wie die Nichtraucherkampagne Adolf Hitlers mit der heutigen. Ein mehr als schräger Vergleich, der überdies hinkt: Die Anti-Raucher-Kampagne Hitlers lag 50 Jahre vor der Nichtraucherkampagne der 90er Jahre. Sie ist sicher unter den Schrecken des 3. Reiches der Geringste und deshalb fast vergessen. Die „Enteignet

Springer"-Propaganda der SED ging der gleichnamigen Kampagne der 68er unmittelbar voraus.

Von dem erheblichen propagandistischen Aufwand, mit der die SED ihre Forderungen im Westen bekannt machte, dürfte einiges bei den Studenten hängengeblieben sein.

Jedenfalls verblüfft die Ähnlichkeit ihrer Argumente mit denen der SED sehr. Schneider beteuert, „bis zum Beweis des Gegenteils" nur Geld von Rudolf Augstein und Gerd Bucerius, dem Zeit-Herausgeber, bekommen zu haben. Diese Einschränkung ist bemerkenswert. Hat Schneider sie gemacht, für den Fall, dass die DKP doch geldwerte Materialien wie Plakate und Flugblätter beisteuerte, die sie gleich mit kleben und verteilen half?

Abgesehen von der aufzuklärenden Frage, welche Aktivitäten in Westdeutschland und Westberlin eigentlich direkt oder indirekt von der SED bezahlt wurden, ist das große Problem der 68er, dass ihre Idole kommunistische Massenmörder waren und sie die beste Demokratie, die Deutschland je hatte, durch einen Sozialismus nach chinesischem, kambodschanischem oder albanischem Vorbild ersetzten wollten. Die tief sitzende Affinität vieler 68er, die heute in Schlüsselpositionen sitzen, zum sozialistischen System und seinen geistigen Wurzeln lähmt Deutschland bis heute.

Neunter

Immerhin: Der Regierende Bürgermeister von Westberlin Walter Momper kritisiert das harte Vorgehen der Volkspolizei und der Staatssicherheit gegen die Demonstranten in Ostberlin.

Das *Neue Deutschland* behauptet, die DDR erfülle ihre KSZE-Verpflichtungen. Zu denen gehört allerdings das Recht auf freie Meinungsäußerung, das gerade öffentlich mit Füßen getreten wurde und die Reisefreiheit, von der die DDR immer noch weit entfernt ist.

Außerdem tagt die Volkskammer, was nicht allzu oft passiert, höchstens zwei-, dreimal im Jahr. Sie müssen dem Haushalt von 1988 zustimmen, den sie nicht im Einzelnen kennen.

In Ungarn sind die Volksvertreter, aber auch die Genossen, längst nicht mehr so brav. Ungarns Kommunisten beschließen Verhandlungen mit der Opposition am „Eckigen Tisch".

Dem waren aufregende Tage in Budapest vorausgegangen. Die Suche nach der historischen Wahrheit war ein wichtiges Handlungsmotiv für die ungarische Opposition.

Endlich sollte geklärt werden, was im Spätherbst 1956 nach der Niederschlagung des Ungarischen Aufstands geschah. Über 200 Menschen waren damals wegen ihrer Teilnahme am Aufstand hingerichtet worden. Etwa 2 000 wurden zu Haftstrafen verteilt. Fast dreißig Jahre war über das Schicksal der Hingerichteten nichts bekannt.

„Erinnern wir uns!" wurde zum Schlachtruf des Budapester Frühlings. Beinahe täglich gab es neue Enthüllungen über die nationale Tragödie von 1956, der die Kommunistische Partei inzwischen zugestand, eine Volkserhebung gewesen zu sein, wenn auch eine mit „konterrevolutionärem Ausgang".

Das war das Ende von politischen Denkverboten und Schweigespiralen. Bald darauf wurden die Leichen der 1956 Hingerichteten auf einem Budapester Friedhof entdeckt, auf dem Schindanger, wo auch verendete Zirkustiere beigesetzt wurden. Die Toten waren zunächst in einer Grube auf dem Gelände des Polizeihauptquartiers mit dem Gesicht nach unten einbetoniert, später exhumiert und heimlich in dem abgelegenen Teil des Friedhofes verscharrt worden. Während der Aufräumarbeiten dort fanden die Oppositionellen einen Brief der Witwe des hingerichteten Ministers Lengyel: „Verehrte Herren, benachrichtigen Sie mich bitte, wenn Sie das Grab meines Mannes gefunden haben." Über dreißig Jahre hat Frau Lengyel nicht gewusst, wo ihr Mann verscharrt worden war.

Zehnter

Die Opposition der DDR ruft in einer Unterschriftensammlung zur Solidarität mit den Opfern der Gewaltexzesse der Volkspolizei in Leipzig auf. Gleichzeitig findet ein Straßenmusikfestival statt: „Freiheit mit Musik". Natürlich konnte dieses Festival nicht angemeldet werden. Die Abteilung Inneres des Rates der Stadt Leipzig hat die Annahme eines entsprechenden Antrages abgelehnt. Nach DDR-Recht ist die Veranstaltung illegal. Es gibt wieder Massenverhaftungen. Die Sicherheitskräfte nehmen über 80 Musiker und Festteilnehmer fest.

Wieder kommt es zu spontanen Solidaritätsbekundungen von Passanten. Nicht nur aus sicherer Entfernung, sondern unmittelbar neben den verhaftenden Stasileuten kommt es zu Rufen: „Stasi raus! Stasi raus!" Auch die „normalen" Bürger bleiben nicht mehr passiv.

Die Wahlfälschungen und die Berichterstattung in den DDR-Medien über die Ereignisse in China empören immer mehr Menschen. Es hagelt Protestbriefe an die Medien und die SED-Bezirksleitungen. Manchmal sind es ganze Arbeitskollektive, die gemeinsam eine Protestnote verfassen. Meistens solche aus der Produktion, die nicht mehr strafversetzt werden können. Aber nicht nur. Auch die Gewerkschaftsgruppe an der Akademie der Wissenschaften in Jena verschickt einen Protestbrief. Wenn Akademiker so etwas tun, riskieren sie die Degradierung zum einfachen Arbeiter. Die Verhältnisse werden als so unerträglich empfunden, dass dieses Damoklesschwert nicht mehr abschreckt.

Die Opposition organisiert ihre Proteste inzwischen systematisch. Es werden nicht nur Protestresolutionen verfasst, sondern nachts heimlich Plakate gegen den Wahlbetrug geklebt. Die Staatssicherheit muss Überstunden machen, um durch Kontrollgänge sicherzustellen, dass die Plakate möglichst schnell verschwinden. Die Aktion spricht sich trotzdem herum.

Elfter

Großer Bahnhof in Greifswald. Der von hauptsächlich westlichen Geldern frisch renovierte Dom wird feierlich wieder eingeweiht. Neben zahlreichen Gästen aus der Bundesrepublik wird auch Partei- und Staatschef Erich Honecker erwartet, der vom staatsloyalen Bischof Horst Gienke eingeladen wurde. Am Straßenrand steht jede Menge Jubelvolk zu Honeckers Ehren bereit. Die Fernsehkommentatoren vom Deutschen Fernsehfunk überschlagen sich vor Begeisterung.

Walter Kempowski notiert in sein Tagebuch: „Begeisterte Vorpommern, die dem Staatsratsvorsitzenden Blumen überreichen, dazu ein unsinniger Kommentar über Greifswald: Diese Stadt sei als Einzige kampflos den Russen übergeben worden! Das stimmt überhaupt nicht, in Rostock und Stralsund wurde auch nicht gekämpft." Aber die Legende über den Stadtkommandanten von Greifswald, der sich entschloss, die Stadt zu übergeben, um die wertvolle historische Architektur zu retten, hatte immerhin Eingang in die DDR-Schulbücher gefunden.

Mit diesem kostbaren Erbe ging man allerdings alles andere als sorgsam um. Es blieb – wie in so vielen Städten – dem Verfall überlassen.

Um Honecker diesen Anblick zu ersparen, wurden vor seinem Besuch einfach ganze Straßenzüge abgerissen und planiert.

Zwölfter

Der sowjetische Generalsekretär Gorbatschow besucht die Bundesrepublik. Die Medien liegen ihm zu Füßen, er wird überall glänzend empfangen. Ein Mädchen, das ihm Blumen überreicht, bedenkt er mit einem Kuss. Diese kleine Episode am Rande wird zum Kuss für Deutschland hochgejubelt. Noch gerührter ist man, dass der gar nicht mehr so mächtige Sowjet-Chef auf Deutsch „Danke" zu Bundespräsident von Weizsäcker sagt.

In dem 90-minütigen Gespräch mit Bundeskanzler Helmut Kohl geht es dann um elf neue Abkommen mit der SU. Wie viele Zahlungen seitens der BRD damit verbunden sind, wird nicht deutlich. Die neue Freundschaft zur Sowjetunion ist der Bundesrepublik – besser ihren Politikern – jedenfalls teuer. Im Gegenzug geben die Sowjets 1 500 Soldatengräber frei.

Dreizehnter

Am Vorabend der Eröffnung des pädagogischen Kongresses zeichnet Partei- und Staatschef Erich Honecker „Verdiente Lehrer des Volkes" aus. Unter ihnen den späteren thüringischen Ministerpräsidenten Dieter Althaus, der sich aber krankgemeldet hat und im heimatlichen Eichsfeld geblieben ist, wohin ihm die Ehrung später zugestellt wird.

Nachdem ihr Gatte die ausgewählten Pädagogen geehrt hat, hält *der* Volksbildungsminister, wie sich Frau Margot Honecker damals nennt, eine flammende Rede, in der sie die Jugend der DDR auffordert, notfalls auch mit der Waffe in der Hand zum Kämpfen bereit zu sein.

Die tapferen chinesischen Soldaten, die in Peking mit Dum-Dum-Geschossen in die Menge feuern – die sich, wie der *Spiegel* poetisch formuliert, „wie Blüten öffnen", bevor sie ihr todbringendes Werk verrichten –, machen es immer noch vor. Es soll inzwischen um die 10 000 Tote in China geben, Genaues weiß man natürlich nicht. Die Herrschenden in der DDR und auf Kuba applaudieren. Der Dresdner Bezirksparteichef der SED Hans Modrow weilt unterdessen zu einem „Freundschaftsbesuch" in China.

Die westdeutsche Linke schweigt weiterhin zu den Vorgängen in China. Die 68er, die inzwischen die Meinungsmache fest in der Hand halten, haben schließlich mehrheitlich die „Kulturrevolution" von Mao enthusiastisch begrüßt, obwohl sie mehrere Millionen Tote kostete.

In Ungarn beginnen die Verhandlungen zwischen Kommunistischer Partei und Opposition am „Eckigen Tisch", der dann doch der Runde genannt wird, mit einer klaren Verurteilung des Massakers in Peking durch die Opposition. Die Vertreter der Kommunisten stimmen der Erklärung zu.

Vierzehnter

Während in der DDR die Pädagogen auf ihrem Kongress weiter über die sozialistische Erziehung der Jugend „im Geiste des Sozialismus" diskutieren und dabei wunschgemäß feststellen, dass dazu eine gesunde Erziehung zum Hass auf den Klassenfeind gehört, ergibt sich jener Klassenfeind gerade der Gorbimanie.

Die Szenen, die sich bei Gorbatschows Staatsbesuch in der Bundesrepublik abspielen, gleichen totalitären Jubel-Veranstaltungen, nur dass der Jubel ganz freiwillig abgeliefert wird.

Bild überschlägt sich fast: „Gorbi! Gorbi! Jetzt müsste noch die Mauer fallen!" Aber Gorbatschow denkt gar nicht daran, ein ähnliches Angebot wie George Bush sen. zu machen, denn am Fall des Eisernen Vorhanges hat der sowjetische Staatschef kein Interesse. So kühl vor wenigen Tagen Bushs „Let Berlin be next" aufgenommen wurde, so begeistert ist die bundesrepublikanische Medienöffentlichkeit von Gorbis Absage an weitere Öffnungen der Grenzen in Europa. Er sagt fast wörtlich dasselbe wie vor ein paar Wochen DDR-Staatschef Honecker: dass die Mauer stehen bleiben würde, solange die Voraussetzungen, unter denen sie gebaut wurde, weiterhin existierten. Eigentlich kein Grund zur Freude, aber der Gorbimanie tut das keinen Abbruch.

Fünfzehnter

Das Volk reagiert nüchterner. Nach dem Besuch von Raissa Gorbatschowa bei einer Arbeiterfamilie, wo sie unter Blitzlichtgewitter auf dem Sofa sitzt und für eine Viertelstunde Gugelhupf isst, kommentiert der Familienvater: „Zum Glück ist es vorbei. So einen Stress möchte ich nicht jeden Tag erleben."

Gorbatschow äußert sich übrigens nicht zu den Vorgängen in China, wo immer noch Studenten an den Haaren zum Verhör gezogen werden.

Sechzehnter

Es fiel dann doch ein kleiner Schatten auf den Gorbatschow-Besuch. Ein „Wahnsinniger" (Bild) legte eine Bombe an der S-Bahn. „Sollte Gorbatschow ermordet werden?", fragt das Blatt, obwohl eher unwahrscheinlich ist, dass der hohe Besuch sich zu einer S-Bahnfahrt herabgelassen hätte.

In Budapest werden die sterblichen Überreste von Imre Nagy und den anderen hingerichteten Führern des Ungarischen Aufstands von 1956 auf dem Heldenplatz feierlich aufgebahrt und anschließend unter großer Anteilnahme der Bevölkerung auf dem neuen Stadtfriedhof bestattet. Über 150 000 Menschen nehmen daran teil.

Radio Warschau spricht von einem „Ende des Stalinismus in Ungarn".

Siebzehnter

Im Deutschen Bundestag hält einer der Vordenker der SPD, Erhard Eppler, eine Festrede zum Jahrestag des Volksaufstandes in der DDR. Darin benennt er erstmals das Scheitern der westlichen Befriedungspolitik, wenn auch nur andeutungsweise. Angesichts der Entwicklung in Osteuropa gestand Eppler ein, dass „wir nicht präzise und detailliert genug sagen können, was in Deutschland geschehen soll, wenn der Eiserne Vorhang rascher als erwartet einrostet". An anderer Stelle wünscht er sich „dass sich die Bürgerinnen und Bürger der DDR in die inneren Angelegenheiten ihres eigenen Staates einmischen können ..., wie sie es selbst für richtig halten".

Dazu brauchen die Menschen in der DDR keine Ermutigung aus dem Westen, denn sie mischen sich bereits seit Langem kräftig ein. So sehr, dass es den Machthabern immer mehr Kopfzerbrechen bereitet.

Im Vorfeld des Jahrestags hatte das Ministerium für Staatssicherheit „höchste tschekistische Wachsamkeit" ausgerufen, um „Überraschungen von innen und außen auszuschließen". Dazu sei es nötig, die „feindlichen, oppositionellen und anderen negativen Personenkreise gründlich operativ" zu unterwandern, um „öffentlichkeitswirksame Aktionen bereits in der Vorbereitungs- und Anfangsphase wirksam zu unterbinden".

Eine „Soforteinsatzgruppe operative Beobachtung" wurde ins Leben gerufen, die im Falle „unvorhersehbarer operativer Erfordernisse in den Hauptrichtungen der Feindtätigkeit" aktiv werden sollte, „um solche öffentlichkeitswirksamen Aktivitäten wie ‚Schweigemärsche', ‚Mahnwachen', ‚Fahrraddemonstrationen', ‚Sitzblockaden' wirkungsvoll zu bekämpfen".

Schon seit dem Frühjahr war die SED daran gegangen, auch die Kampfgruppen verstärkt auf den Einsatz gegen Demonstranten vorzubereiten. Die SED ahnte, was auf sie zukam und sie war bereit, ihre Macht mit Gewalt zu verteidigen.

Achtzehnter

Triumphaler Wahlsieg für *Solidarność* in Polen. Die Gewerkschaftsliste gewinnt im zweiten Wahlgang 99 von 100 Sitzen im Sejm. Aber die Medien sind mehr mit dem Besuch von Gorbatschow beschäftigt, obwohl der längst abgereist ist.

Die *Welt am Sonntag* berichtet, dass Willy Brandt Bundeskanzler Kohl zum Besuch Gorbatschows gratuliert habe. Selten hätte es im Deutschen Bundestag eine solche Einmütigkeit gegeben, wie bei der Debatte über die Ergebnisse des deutsch-sowjetischen Gipfels in Bonn.

Neunzehnter

Berlins Regierender Bürgermeister Walter Momper vereinbart mit DDR-Staatschef Erich Honecker in Ostberlin Reiseerleichterungen für die Westberliner. Es geht im Wesentlichen um Ausnahmeregelungen für den Zwangsumtausch. Jeder Besucher aus dem Westen muss pro Tag 25 DM seines kostbaren Westgeldes in DDR-Mark, auch „Alu-Chips" genannt, umtauschen. Das empfinden viele als unzumutbare Härte. Ab sofort sind Studenten, Rentner und Arbeitslose davon befreit. Von Reiseerleichterungen für die Ostberliner ist natürlich nicht die Rede.

Zwanzigster

Wieder ein Fluchtversuch an der Berliner Mauer. Der Flüchtling hat die letzte Absperrung bereits erreicht, als er mit Gewalt von Grenzsoldaten in die DDR zurückgeschleift wird.

Nun drohen die Westmächte mit Absagen aller Reisen in die DDR, wenn der junge Mann nicht in den Westen entlassen wird.

Die Westberliner dagegen erreicht die frohe Nachricht, dass sie nach den gestrigen Verhandlungen von DDR-Staatschef Honecker mit dem „Regierenden" Walter Momper auch Hunde und Katzen mit in die DDR nehmen dürfen. Das eröffnet die Möglichkeit zu ganz neuen Ost-West-Verbindungen.

Das *Neue Deutschland* berichtet sehr summarisch von dem „Meinungsaustausch" zwischen Honecker und Momper.

Einundzwanzigster

Die Oppositionsgruppen der DDR beschränken ihre Arbeit nicht mehr auf die Kirchen. Mithilfe der wenigen befreundeten West-Journalisten gehen sie immer massiver in die Öffentlichkeit.

Fünfundzwanzig Oppositionsgruppen werfen in einer Deklaration der DDR-Führung „Ignoranz gegenüber dem Massaker in China" und die „generelle Ablehnung der Demokratisierungsbestrebungen" vor. Sie kündigen Solidaritätsdemonstrationen an.

Bild hat andere Prioritäten. Hier hat es die *Maxim Gorki,* das sowjetische Urlauberschiff, auf Seite eins geschafft, weil sein Kapitän es in einen Eisberg gesteuert hat, der das Schiff aufschlitzte. Alle deutschen Urlauber wurden gerettet, darunter auch 30 Berliner. Westberliner natürlich, die auf Schnäppchen-Reise waren. DDR-Bürger scheinen nicht auf dem Schiff gewesen zu sein.

Zweiundzwanzigster

Der Druck des Westens zeigt Wirkung: Martin Notev, der vor einigen Tagen trotz geglückter Flucht vom Westberliner Spreeufer zurück in die DDR geschleift wurde, kann in die Bundesrepublik ausreisen. Natürlich hatte sich die DDR zuvor die „Einmischung in ihre inneren Angelegenheiten" verbeten, dann aber nachgeben müssen, weil die eklatante Verletzung von Menschenrechten eben keine „innere Angelegenheit" ist.

Juni

Das finden auch die vielen hundert Demonstranten vor der Chinesischen Botschaft in Ostberlin. Sie protestieren gegen das Massaker auf dem Platz des Himmlischen Friedens. Die Volkspolizei geht mit aller Schärfe gegen die Demonstranten vor. Die wehren sich. Es gibt bei den Verhaftungen zahlreiche Verletzte. Später, bei den Vernehmungen, schlagen die Stasileute auf die Verhafteten ein.

Auch in Potsdam und Dresden wird demonstriert.

Während die unteren Chargen auf den Straßen Prügelorgien veranstalten, werden die Verantwortlichen vom Staatschef geehrt: Erich Honecker befördert und ernennt Generale der Volkspolizei.

Dreiundzwanzigster

Angesichts der Verletzten und Verhafteten der Vortage gibt es in Dresden einen Klagegottesdienst für alle Opfer staatlicher Willkür. Über 2 000 Menschen nehmen daran teil, so viele, dass die Staatssicherheit diesmal gar nicht erst versucht, die Gottesdienstbesucher nach Ende der Veranstaltung festzuhalten, um ihre Personalien zu notieren. Sie beschränkt sich auf das heimliche Fotografieren.

In Berlin wird eine Ausstellung mit Samisdat-Zeitschriften aus dem Besitz von Ulrike Poppe und Ehrhart Neubert eröffnet. Sie gibt einen Überblick über die erstaunlich vielfältigen Aktivitäten der Opposition.

Der Regierende Bürgermeister von Berlin Walter Momper verkündet, wie das *Neue Deutschland* berichtet, dass es eine Europäische Friedensordnung nur mit zwei gleichberechtigten deutschen Staaten geben kann.

Vierundzwanzigster

Die Existenz einer Opposition der DDR, die sich *Unabhängige Friedens-, Umwelt- und Menschenrechtsbewegung* nennt, weil Opposition zu sein per Gesetz verboten ist, wird nun auch offiziell bestätigt.

Die *Leipziger Volkszeitung* veröffentlicht einen Hetzartikel gegen die Besucher der Montags-Friedensgebete. Nun weiß jeder Chef, dass er einschreiten muss, sollte ihm bekannt werden, dass einer seiner Mitarbeiter die Montagsgebete besucht. Der Zeitung bringt ihr Artikel eine Flut von Leserbriefen zugunsten der Montagsgebete ein. Veröffentlicht werden aber nur die bestellten Zustimmungen zum Artikel. Das führt zu weiteren Protesten.

Die SED-Funktionäre sind alarmiert, sie unterschätzen aber das Problem, das sie haben. Vor allem stört sie die Absicht der Opposition, die Kirchen zu verlassen und auf die Straße zu gehen. Der 1. Sekretär der Bezirksleitung Erfurt kündigt in einer internen Rede an, Gewalt anzuwenden, wenn der Protest aus den Kirchen auf die Straße getragen würde.

Die paar „Hanseln" sollen gefälligst die Kirche nicht verlassen. Aber wenn sie unbedingt „nass werden" wollten, dann „können wir das auch bescheren". Es sind aber längst nicht mehr nur „ein paar Hanseln", die sich gegen das Regime wehren.

Fünfundzwanzigster

In der Erlöserkirche in Berlin-Rummelsburg beginnt ein „Trommelfeuer" für die Opfer der Gewalt in China.

In dieser Kirche fand seit Jahren im Juni die „Friedenswerkstatt" statt, weil es rings um die Kirche eine große Grünanlage gab, die der Kirche gehörte, was den Zugriff der Stasi verhinderte.

Im Nachhinein ist es erstaunlich, wie wenig Spuren die Friedenswerkstatt Berlin im Gedächtnis hinterlassen hat, selbst bei mir. Dabei war sie die öffentlichkeitswirksamste Aktion der Berliner Friedensbewegung. Keine andere Veranstaltung erreichte solche Teilnehmerzahlen. Bei keiner war die Staatssicherheit so sichtbar präsent, um wenigstens unerfahrene Interessierte von der Teilnahme abzuschrecken. Schon auf dem S-Bahnhof Rummelsburg standen die auffällig unauffälligen Zivilisten. Um zur Erlöserkirche zu gelangen, musste man durch ein regelrechtes Spalier von Stasileuten hindurch. Das kostete auch die erfahrensten Dissidenten Nerven. Trotzdem wurde die Friedenswerkstatt jedes Jahr von mindestens 3 000 Menschen besucht.

Es war eine gute Gelegenheit, die anderen Gruppen und ihre Aktivisten kennenzulernen. Der Festivalcharakter der ersten Friedenswerkstätten erleichterte es sehr, miteinander ins Gespräch kommen. Da es anfangs keinerlei Vorgaben für die Präsentationen oder Aktivitäten gab, blieb viel Raum für eine erstaunliche Vielfalt der Angebote. Die anwesenden Liedermacher sorgten außerdem für gute Stimmung. In dieser offenen Atmosphäre war es für Neulinge leicht, Anschluss zu finden.

Ich war 1982 dabei, als sich der erste Vorbereitungskreis bei Rainer Eppelmann traf. und lernte bei dieser Gelegenheit den damals schon legendären Pfarrer kennen.

Nach jeder Friedenswerkstatt hatten die Gruppen erhebliche Neuzugänge zu verzeichnen. All das trug zur Steigerung der Öffentlichkeitswirksamkeit der Friedensbewegung bei. Die heftigen und kontroversen Debatten sowie die deutliche Kritik, die an Teilen der Kirchenleitung geübt wurde, blieben nicht folgenlos. Für die Friedenswerkstatt 1986 gab es massive Auflagen. Innenpolitische Themen sollten ausgespart werden.

Das war einfach, denn in Tschernobyl war wenige Wochen zuvor der Atomreaktor hochgegangen. Aber der von mir mitinitiierte und verbreitete Appell „Tschernobyl wirkt überall" sollte auf der Friedenswerkstatt nicht zur Unterschrift ausliegen. Wir schlugen trotzdem unseren Stand auf und begannen mit der Unterschriftensammlung. Bald fanden sich Kirchenvertreter ein, die uns Vorwürfe wegen unserer „illegalen Aktivitäten" machten, die das ganze Unternehmen Friedenswerkstatt gefährden würden.

Schließlich erschien Generalsuperintendent Günter Krusche persönlich an unserem Stand, um uns das weitere Sammeln von Unterschriften zu verbieten und die Listen einzuziehen. Wir stellten die Unterschriftenaktion nach meiner Erinnerung aber nur kurzzeitig ein. Bemerkenswert an der Friedenswerkstatt 1986 waren die Präsentationen einer Initiative gegen die Giftmülldeponie Schönberg und der „Berufsverbotsgruppe". Damit wurde zum ersten Mal öffentlichkeitswirksam auf den Import von Giftmüll und die politische Arbeitslosigkeit in der DDR hingewiesen. Solche Themen waren der Kirchenleitung endgültig zu brisant. Seit 1987 fand keine Friedenswerkstatt mehr statt. Aber zwei Jahre später galten die Verbote der Kirchenleitung nicht mehr. Das „Trommelfeuer" zog hunderte Teilnehmer an. Die Opposition ließ sich ihre Themen nicht mehr verbieten.

Sechsundzwanzigster

Nach dem Hetzartikel gegen die Montagsgebete in der *Leipziger Volkszeitung* nun die Hetzjagd: Wieder werden Besucher des Montagsgebetes festgehalten und nach einer Überprüfung ihrer Personalien vorläufig festgenommen. Darunter Sven Kulow, der beim Verhör zusammengeschlagen und dann inhaftiert wird. Er bleibt bis zur Amnestie für alle politischen Gefangenen im Oktober in Haft.

Die Leipziger *Arbeitsgruppe Menschenrechte* teilt dazu mit: „Eine Stunde nach dem Friedensgebet ... versuchten etwa 250 Personen mit einem Schweigemarsch die Verwirklichung des Rechts auf Freizügigkeit einzufordern. Der Zug wurde von zivilen und uniformierten Sicherheitskräften gestoppt und aufgelöst. Vier Personen wurden vorläufig festgenommen. Dabei wurde brutal vorgegangen. Sven Kulow wurde dabei am Auge, der Nase und an der Hand verletzt; vermutlich Nasenbeinbruch und erheblicher Blutverlust ..."

Bild beschäftigt sich mit den „heimlichen Rauchern von Bonn" und präsentiert sie mit Foto: Kohl, Rau, Blüm und andere, die heute schon ganz vergessen sind. Nichts ist so vergänglich wie der Ruhm von Politikern.

Das *Neue Deutschland* berichtet vom Beschluss der 11. Tagung des Zentralrates der Freien Deutschen Jugend, Ende Mai 1990 das XIII. Parlament der FDJ in Berlin abzuhalten. Natürlich konnte niemand ahnen, dass der Beschluss schon im Moment, da er gefasst wurde, Makulatur war.

Siebenundzwanzigster

In einem symbolischen Akt schneiden die Außenminister von Österreich und Ungarn mit einer Drahtschere ein Loch in den Grenzzaun zwischen Ungarn und Österreich. Dabei ist die Grenzanlage schon fast verschwunden. Der Abbau hatte bereits am 2. Mai begonnen und war auf einer Pressekonferenz den internationalen Medien bekannt gegeben worden. Aber die Botschaft war im Westen bislang nicht recht angekommen. Auf jeden Fall wurde die Brisanz des Vorgangs unterschätzt.

Der stets wachsame Walter Kempowski bekommt erst jetzt richtig mit, dass die Grenzanlagen in Ungarn abgebaut worden sind. Das zeigt, wie wenig diese Nachricht in den Medien transportiert wurde. Es ist immer wieder abwiegelnd von einem „rein symbolischen Akt" die Rede. Kempowski mutmaßt sehr richtig, dass die DDR-Leute in Scharen kämen, sollte die Grenzanlage bei Lübeck abgebaut werden.

Nur die DDR-Bürger hatten sofort begriffen, was der Abbau der Grenzanlagen für sie bedeutete. Die Zahl der Reiseanträge nach Ungarn war vom 2. Mai an sprunghaft gestiegen. Immer mehr Flüchtlinge versuchten über die ungarische Grenze nach Österreich und von dort in die Bundesrepublik zu gelangen. Seit Mitte Juni befinden sich mehrere hundert DDR-Bürger in Budapest und bevölkern die Parkanlagen, weil sie sich weder ein Hotel noch einen Zeltplatz leisten können. Alle Ungarn-Urlauber dürfen im Moment nur für fünf Tage Geld umtauschen und nicht mehr als 15 DDR-Mark pro Tag. Viele Reisende treten die Fahrt deshalb mit einem prall gefüllten Kofferraum an und haben so viel Nahrungsmittel und Benzinkanister dabei wie möglich, weil sonst an einen längeren Aufenthalt im Bruderland nicht zu denken ist. DDR-Mark kann man auch nicht illegal umtauschen. Kein Ungar kann etwas damit anfangen. Wer Westgeld über die Grenze schmuggeln konnte, ist besser dran. Aber in Anbetracht der erhöhten Kontrollen an der Grenze scheuen viele das Risiko.

Nachdem ein junger Mann bei einem Zusammenstoß mit ungarischen Grenzsoldaten getötet worden war, wies Ministerpräsident Miklós Németh persönlich an, DDR-Bürger nicht mehr auszuliefern. Von da an wurde nur zurückgeschickt, wer an der Grenze abgefangen wurde. Am nächsten oder übernächsten Tag konnte der- oder diejenige sein Glück noch mal versuchen.

Natürlich verlangte die DDR von Ungarn, dass die Flüchtlinge wie bisher ausgeliefert werden sollten. Als das abgelehnt wurde, schickte Staatschef Honecker Außenminister Oskar Fischer nach Moskau, um sich über die ungarischen Genossen zu beschweren und ein Eingreifen Gorbatschows zu verlangen. Fischer musste unverrichteter Dinge nach Ostberlin zurückkehren. In Moskau war ihm kühl beschieden worden, dass die Grenzordnung eine innere Angelegenheit Ungarns sei.

Achtundzwanzigster

DDR-Partei- und Staatschef Erich Honecker ist selbst nach Moskau gefahren, um sich der Unterstützung Gorbatschows zu versichern. Stattdessen wird er auf die Unvermeidlichkeit von Reformen hingewiesen. Davon will Honecker nichts hören. Er kehrt mit leeren Händen von diesem „Arbeitsbesuch" zurück.

Während Honecker mit Gorbatschow spricht, überqueren wieder dutzende Flüchtlinge aus der DDR in Ungarn die nunmehr grüne Grenze nach Österreich.

Neunundzwanzigster

Die tschechoslowakische Oppositionsbewegung *Charta 77* veröffentlicht eine Petition, in der für das Land Reformen nach dem Vorbild von Polen und Ungarn angemahnt werden. Die Petition heißt: „Einige Sätze" und beinhaltet Vorschläge für den Dialog mit den machthabenden Kommunisten. Allerdings sind die ebenso wenig wie ihre DDR-Genossen geneigt, einen Reformprozess zu beginnen. Im Gegenteil: Die Parteizeitung *Rudé Právo* droht den Bürgerrechtlern auf der Titelseite: „Wer Wind sät, wird Sturm ernten".

Dreißigster

Warschaus Kommunisten zeigen Nerven. Nach den für sie desaströsen Sjem-Wahlen, bei denen 90 Prozent der Sitze an die Liste der *Solidarność* gingen, sprechen sich Mitglieder des Zentralkomitees der Kommunistischen Partei gegen ihren Parteichef Jaruzelski als Kandidaten für das neu geschaffene Amt des Staatspräsidenten aus.

Während für DDR-Staatschef Erich Honecker der Empfang in Moskau eher kühl war, kann er sich über „stürmischen Beifall" nach einer Rede in Magnitogorsk freuen, schreibt das *Neue Deutschland*. Die DDR sei unerschütterlich mit der KPdSU der UdSSR und dem Sowjetvolk verbunden.

Honecker muss während seiner Rede ein Kratzen im Hals und einen bleiernen Geschmack auf der Zunge gespürt haben. Magnitogorsk gehörte zu den zehn verschmutztesten Städten der Welt. Die Stadt am Ural entstand 1929 als Teil der gewaltsamen Industrialisierungskampagne Stalins. Mit Zwangsarbeitern und zwangsverpflichteten Freien wurden Stadt und Stahlwerk im mörderischen Tempo errichtet. Über die Anzahl der dabei ums Leben gekommenen Arbeiter liegen bis heute keine genauen Angaben vor. Die drei Hochöfen wurden in 56, 16 und 5 Tagen gebaut. Das Ziel, die größte Stahlproduktion der Welt zu errichten, gelang nur auf Kosten des Lebens und der Gesundheit tausender Arbeiter.

Zu dem Zeitpunkt, als Honecker hier seine Rede hielt, war nur ein Prozent der Kinder der Stadt ganz gesund, mindestens 73 Prozent ihrer Mütter waren krank. Das lag vor allem an der hohen Konzentration von Blei, Schwermetallen und Schwefelsäure in Luft, Boden und Wasser.

Dagegen nahm sich das Halle-Bitterfelder Chemiedreieck noch wie ein Umweltparadies aus. Hier kamen „nur" zwei Drittel der Kinder schon umweltgeschädigt zur Welt.

Juli

Erster

Die DDR schiebt staatlicher Willkür scheinbar einen Riegel vor: DDR-Bürger dürfen ab sofort Entscheidungen nach dem Reisegesetz vor Gericht überprüfen lassen. Hört sich gut an, ist aber reine Formsache, denn die Justiz der DDR ist ja nicht unabhängig. Aber der Westen kann sich beruhigt zurücklehnen und der Ansicht sein, dass sich beim Nachbarn langsam alles zum Besseren wende.

Das *Neue Deutschland* behauptet, DDR und Sowjetunion trügen „gemeinsam zur Stärkung des Sozialismus und zur Sicherung des Weltfriedens" bei.

Was das Blatt nicht schreibt, ist eben in Moskau veröffentlicht worden: Der Angriff auf Afghanistan war von der SU gestartet worden, ohne dass es einen Hilferuf aus dem Land gegeben hätte. Seit seinem Beginn im Dezember 1979 hat der Krieg die SU jährlich 15 Milliarden Rubel gekostet und erheblich zur endgültigen Zerrüttung der Staatsfinanzen beigetragen. Aber nicht nur die SU wurde ruiniert, sondern vor allem Afghanistan, wo das gesamte Bewässerungssystem zerstört worden sein soll. Dieses System war über Jahrhunderte entstanden und kann kaum wieder repariert werden. Die Sowjets haben das Land buchstäblich in die Steinzeit zurückgebombt. Kaum noch vorstellbar, dass es Zeiten gab, in denen Familien aus Usbekistan, Kirgistan, Kasachstan ihre Söhne nach Kabul zum Studium geschickt haben, weil es hier die besten Universitäten gab.

Was das *Neue Deutschland* ebenso wenig schreibt, ist, dass die von den USA der DDR gewährten 600 Millionen Dollar Kredit zu Vorzugszinsen über Geldwaschanlagen bei Aufständischen in aller Welt gelandet sind, zum Beispiel in Nicaragua. So viel zu den Beiträgen der beiden Länder zur Sicherung des Weltfriedens.

Zweiter

Weltfestspiele der Jugend in Pjöngjang. Natürlich ist es nur die „kommunistische Welt", die diese Feier ausrichtet. Diesmal ausgerechnet im finstersten Teil des Kommunistischen Blocks. Die Veranstaltung ist stark abgeschirmt. Die nordkoreanischen Jugendlichen, die nicht zu den Delegierten gehören, dürfen keinen Kontakt zu den ausländischen Gästen aufnehmen.

Unter den Teilnehmern sind auch Delegationen von kommunistischen Jugendverbänden der westlichen Welt. Mit den italienischen Jungkommunisten erleben die Veranstalter eine böse Überraschung: Sie marschieren bei der Eröffnungsfeier mit T-Shirts ein, auf denen zur Solidarität mit der chinesischen Demokratiebewegung aufgefordert wird. Sie hatten vor, diese T-Shirts während der gesamten Weltfestspiele zu tragen, was ihnen von den Organisatoren aber streng untersagt wird.

Immerhin haben 150 000 Zuschauer die Aufmüpfigkeit bemerkt. Das *Neue Deutschland* natürlich nicht. In dicken Lettern prangt das „machtvolle Bekenntnis für die gemeinsamen Ideale der Weltjugend: Frieden, Freundschaft, Solidarität" auf der Titelseite.

Dritter

Kanzleramtsminister Rudolf Seiters macht seine Aufwartung bei Partei- und Staatschef Erich Honecker und dessen Außenminister Oskar Fischer. Es gibt keine Hinweise darauf, dass die brisante Flüchtlingssituation in Ungarn bei den Gesprächen eine Rolle gespielt hätte. Dabei flüchten wöchentlich dutzende, wenn nicht hunderte DDR-Bürger über die grüne Grenze zwischen Ungarn und Österreich.

Vierter

Der Strom der Besucher bei Erich Honecker reißt nicht ab. An diesem Tag ist es der chilenische Kommunist und Schriftsteller Volodia Teitelboim, mit dem der Staatsratsvorsitzende ein „herzliches Gespräch" führt.

Während die beiden Herren miteinander plaudern, stirbt in Moskau Andrej Gromyko, im Westen auch „Mister njet" genannt.

Vor seinem politischen Absturz war Gromyko der am längsten amtierende Außenminister der Welt (von Februar 1957 bis Juli 1985).

Kurz nach dem Amtsantritt Gorbatschows wurde der Altkader durch Eduard Schewardnadse ersetzt. Gromyko wurde dann noch für eine Übergangszeit von drei Jahren Chef des Obersten Sowjets, bevor er in den längst überfälligen Ruhestand geschickt wurde. Den konnte er nicht genießen, ihm fehlte die Macht. Er soll tief verbittert gestorben sein.

Fünfter

Diese Zahlen müssten die Bundesregierung eigentlich alarmieren oder wenigstens nachdenklich machen: Allein Westberlin meldet für das erste Halbjahr '89 über 15 000 Übersiedler, die meisten aus der DDR und Polen. Hat das mal jemand mit den offiziellen Ausreisezahlen verglichen? Offensichtlich nicht. Das politische Bonn bereitet sich auf eine geruhsame Sommerpause vor. Man erwartet als mögliche Störung kleinliches Gezänk, keineswegs Ereignisse von weltpolitischem Ausmaß.

Sechster

Ungewohnter Besuch in Bonn: Statt der polnischen Kommunisten erscheint der frisch gewählte Fraktionsvorsitzende der *Solidarność* Bronisław Geremek zu Wirtschaftsverhandlungen. Die Bonner Politiker sind etwas verunsichert. Sie haben es mit dem Vertreter einer Organisation zu tun, die vor wenigen Wochen noch verboten war und als unberührbar galt. Auch die Medien hängen diesen Staatsbesuch ganz tief.

Bild beschäftigt sich lieber mit dem verschämten Raucher-Geständnis von Spitzensportlern.

Das *Neue Deutschland* berichtet umso intensiver über Staatschef Honeckers neuesten Besucher: Álvaro Cunhal, Vorsitzender der Portugiesischen Kommunistischen Partei und Honeckers Bruder im Geiste. Er lehnt Glasnost und Perestroika vehement ab und versucht, in seiner Partei jeden Gedanken an Reformen zu unterbinden. Vielen gilt er als letzter Stalinist Europas. Honecker wird der Gedankenaustausch mit dem verknöcherten Hardliner gut getan haben. Genutzt hat es ihm freilich nichts.

Siebter

Die ungarischen Zeitungen haben heute nur ein Titelthema: Am Vortag hatte das Oberste Gericht beschlossen, die hingerichteten Führer des ungarischen Volksaufstandes vom Vorwurf des Landesverrats freizusprechen und als Patrioten anzuerkennen – und genau an diesem Tag stirbt János Kádár, der Mann, der für die Hinrichtungen verantwortlich war. Bei dem Ex-Parteichef handelte es sich um eine der widersprüchlichsten Persönlichkeiten im Ostblock. Als Innenminister war er für die Verhaftung seines Parteifreundes László Rajk verantwortlich, wurde dann seinerseits denunziert, verhaftet und gefoltert wegen angeblicher Unterstützung Titos, des jugoslawischen Abweichlers von der Stalin-Linie.

Im Jahre 1953 wurde er von der Regierung Imre Nagy freigelassen und rehabilitiert. Zum Dank dafür beteiligte er sich an der Niederschlagung des Volksaufstandes, indem er um sowjetische „Waffenhilfe" bat. Danach bildete er eine Gegenregierung zur Regierung Nagy. Von 1956 bis 1988 war er Generalsekretär der Ungarischen Sozialistischen Arbeiterpartei, zeitweilig auch Ministerpräsident von Ungarn.

Einen Tag nach seinem Tod widerruft der Warschauer Pakt die „Breschnew-Doktrin" über die eingeschränkte Souveränität der Ostblockstaaten. In Zukunft sind „Waffenhilfen" der Bruderländer bei innenpolitischen Angelegenheiten nicht mehr möglich.

Dem Zusammenwachsen Europas steht nichts mehr im Wege. Wieder wurde die Bedeutung des Beschlusses im Westen nicht verstanden.

Achter

Das hat es in der Geschichte des Warschauer Paktes noch nie gegeben: Auf der Tagung gibt es heftige Kontroversen. Die Reformbefürworter Sowjetunion, Ungarn und Polen liefern sich leidenschaftliche Wortgefechte mit den Reformgegnern DDR, ČSSR und Rumänien. Sie werfen sich gegenseitig Verrat am Sozialismus vor. Nur mühsam wird der Riss nach außen hin gekittet. Hilfreich ist, dass die westliche Presse sich nicht sehr für diese Auseinandersetzungen interessiert. Während in den Hochzeiten des Kalten Krieges eifrig Kreml-Astrologie betrieben wurde, ist nun das Interesse merkwürdig gering, sich mit den aktuellen Debatten im Ostblock zu beschäftigen.

Bild hebt den „Nervenkrieg" um Boris Beckers neue Freundin aufs Titelblatt. In einem ausführlichen Artikel wird beleuchtet, ob Boris ein „Sexhengst" sei. Zur Erleichterung aller Leser konnte die Frage verneint werden.

Das *Neue Deutschland* vermerkt mit dürren Worten, dass die Tagung der Warschauer Vertragsstaaten begonnen hat, nicht, was dort diskutiert wird.

Neunter

In Leipzig findet der Kirchentag der sächsischen Landeskirche satt. Dass die Kirchenleitung dabei auf politische Themen verzichten will, wollen die Basisgruppen nicht hinnehmen. Sie veranstalten in der Lukaskirche einen „Statt-Kirchentag", an dem 2 500 Oppositionelle aus der ganzen DDR teilnehmen.

Nach dem Abschlussgottesdienst auf der Rennbahn formierte sich spontan ein Demonstrationszug gegen Wahlbetrug und für Demokratie. Da zu viele Westjournalisten anwesend waren, musste sich die Stasi auf eine Beobachtung des Geschehens beschränken. Auf einem der Transparente war in Deutsch und Chinesisch das Wort „Demokratie" zu lesen - eine Reaktion auf die blutige Niederschlagung der Studentenproteste in Peking. Das war offenbar zu viel. In einem Überraschungsangriff rissen Stasileute das Transparent an sich und flüchteten damit in die Straßenbahn.

Bei den heftigen Diskussionen zwischen Reformbefürwortern und Reformgegnern auf der Tagung des Warschauer Paktes kam DDR-Staatschef Honecker die Galle hoch: Seine Koliken wurden so heftig, dass er vorzeitig aus Bukarest abreisen musste. Zuvor hatte er die Nacht in einem Bukarester Klinikum verbracht, dann aber entschieden, dass er sich lieber nicht auf die unsichere medizinische Versorgungslage in Ceaușescus Rumänien verlassen will, zumal dort einem Krankenhaus auch mal unvermittelt der Strom ausgehen konnte. Er lässt sich mit einer Sondermaschine ausfliegen, obwohl die Tagung noch nicht beendet ist.

Während auf der Warschauer-Pakt-Tagung weiter diskutiert wird, brechen in der Moldauischen Sowjetrepublik Nationalitätenunruhen aus. Alles wartet gespannt auf Gorbatschows Reaktion. Der überlässt die Befriedung den dortigen Genossen. Er wird erst später in Litauen aktiv werden, kann aber die Unabhängigkeit des Landes nicht verhindern.

Zehnter

In der gar nicht mehr einigen und nicht mehr sehr mächtigen Sowjetunion brennt es an allen Ecken und Enden. Gerade haben Unruhen in der Moldawischen SSR begonnen, nun streiken die Kumpel der sowjetischen Kohlereviere. Es geht vor allem um höhere Löhne, aber auch um bessere Arbeitsbedingungen. Arbeitsschutz ist in sowjetischen Gruben so gut wie unbekannt. Über die Zahl der Arbeitsunfälle darf keine Statistik geführt werden. Die Lebenserwartung sowjetischer Bergleute wird nur von der chinesischer unterboten. In der Vergangenheit sind Arbeiterunruhen im ersten Arbeiter- und Bauernstaat stets blutig unterdrückt worden. Diesmal will Gorbatschow, dass verhandelt wird.

In Bukarest geht die Tagung der Warschauer Paktstaaten zu Ende mit dem erklärten Willen, die Streitkräfte, Rüstungen und Militärausgaben zu reduzieren. Dem sozialistischen Block bleibt nichts anderes übrig: Er kann im Rüstungswettlauf nicht mithalten. Wenn die Delegationen der anderen Länder sich in Bukarest umgeschaut hätten, statt sich nur in Regierungsgebäuden und ausgewählten Veranstaltungsstätten zu bewegen, hätten sie bemerken können, dass die Bevölkerung Hunger leidet. Mitten im Frieden und ohne dass es eine Missernte gegeben hätte.

Elfter

Der Präsident der Vereinigten Staaten George Bush sen. besucht Ungarn. Mit seiner Rede, die er bei dieser Gelegenheit in Budapest hält, weckt er große Erwartungen. Natürlich brauchen die Ungarn Wirtschaftshilfe, aber vor allem sehnen sie sich nach „ideeller Aufwertung". George Bush verspricht beides. Er lobt die Demokratisierungsbemühungen des Landes und vor allem das neue Grenzregime. Während Bush durch die Stadt fährt, kampieren schon dutzende Flüchtlinge aus der DDR in den Parks. Vorboten der nahenden Flüchtlingswelle.

Zwölfter

Bundesaußenminister Genscher besucht Václav Havel in Prag. Die herrschenden Kommunisten sind nicht sehr erbaut. Es ist die erste offizielle Anerkennung der Opposition. In den Medien findet sich wenig über dieses historische Treffen.

Bild berichtet auf der ersten Seite, dass ein aus dem Tierheim geholter Hirtenhund dem Baby der Familie den Kopf abgebissen hat, während die Eltern im ersten Stock schliefen. Das Baby war neben dem Hund auf der Couch im Wohnzimmer vergessen worden.

Das *Neue Deutschland* schreibt, dass „nahezu drei Viertel der Wintergerste eingebracht" worden sind. Echte Sommerlochmeldungen.

Dreizehnter

Endlich beginnen die Medien sich dafür zu interessieren, was sich seit Wochen in Ungarn abspielt. Der *Rias* bringt einen Bericht über die Lage in der Botschaft der Bundesrepublik in Budapest. Dutzende Flüchtlinge aus der DDR halten sich hier seit Tagen auf. Die Diplomaten sind hilflos. Niemand weiß, wie man auf diese Situation reagieren soll. Die Menschen in den Parkanlagen der Stadt haben in der DDR alles zurückgelassen.

Abend für Abend machen sich Grüppchen auf in Richtung Grenze, um nach Österreich zu gelangen.

Manche haben Glück und kommen beim ersten Mal durch, andere müssen es mehrmals probieren, ehe sie Erfolg haben. Die Dritten haben den Mut verloren und warten jetzt in Budapest auf ein Wunder, das sie noch an das Ziel ihrer Wünsche bringen soll.

Die Rias-Sendung ist für viele DDR-Bürger das Signal, ebenfalls aufzubrechen.

Vierzehnter

Das *Neue Deutschland sendet eine* Grußbotschaft der DDR-Regierung an die Franzosen, anlässlich des 200. Jahrestags der Französischen Revolution, und widmet den Feierlichkeiten in Paris eine ganze Seite. Da hat sogar die Schlussberichterstattung über die Warschauer Vertragsstaatenkonferenz das Nachsehen. Wahrscheinlich haben die ND-Redakteure die Phrasen über Frieden und Abrüstung schon genauso satt wie ihre Leser. Die intensive Berichterstattung über das unerreichbare Paris vermittelt zumindest das Gefühl, irgendwie am Geschehen teilzuhaben.

Was nicht im *Neuen Deutschland* gemeldet wird, steht in *Bild*. Mehrere Super-Sportler sind aus der DDR geflüchtet, darunter ein Olympiasieger, ein Europameister und Fußball-Nationalspieler. In jeden dieser Sportler hatte die DDR mehrere hunderttausend Mark investiert. Das kleine Land ist auf sportlichem Gebiet ganz groß, wodurch es sich zum Teil seine internationale Anerkennung erkämpft hat. Und auch die Staatssicherheit ist stolz auf die Sportler, weil sie dem Leistungssport eng verbunden ist. Ihr gehören die meisten Hochleistungssportanlagen.

Die teilweise spektakulären Erfolge des DDR-Sports haben jedoch auch etwas mit der Sportmedizin zu tun. Was da im Einzelnen vor sich geht, ist streng geheim. Wenn Sportler flüchten, kommen der DDR also Geheimnisträger abhanden. Deshalb ist die Stasi besonders aktiv, um Sportler wieder einzufangen oder unschädlich zu machen. Dabei kommt ein Sportler schon mal ums Leben, wie der Fußballer Lutz Eigendorf. Der ehemalige Spieler von BFC Dynamo, der Lieblingsclub von Stasichef Mielke, starb infolge eines mysteriösen Verkehrsunfalls. Nach der Öffnung der Stasiakten kamen „Maßnahmepläne" zum Vorschein, die den Verdacht erhärten, dass die Stasi bei dem Unfall ihre Hand im Spiel hatte. Ebenfalls entdeckt wurde, dass Eigendorfs in Ostberlin verbliebene Frau, der man zu einer Blitzscheidung verholfen hat, bald darauf von einem sogenannten „Romeo" geehelicht wurde. Diese Romeos, speziell ausgebildete Männer, wurden von der Staatssicherheit eingesetzt, um weibliche Geheimnisträger unter Kontrolle zu halten und abzuschöpfen.

Fünfzehnter

Auf ihrem Weltwirtschaftsgipfel verweigern die G-7-Staaten China neue Weltbankkredite wegen der Niederschlagung der Demokratiebewegung. Das ist mal ein deutliches Zeichen gegen Gewalt. Aber in den Medien spielt das Thema keine Rolle mehr.

Sechzehnter

Der Staatchef der Sowjetunion Gorbatschow gerät in immer größere Schwierigkeiten. Während er Reformen durchzusetzen versucht, versinkt das Land in Unruhen, ausgelöst durch die sich immer mehr verschlechternde Versorgungslage. Es gibt Streiks und Demonstrationen in Sibirien und in allen größeren Städten des europäischen Teils. Selbst in Wolgograd, dem ehemaligen Stalingrad, stehen alle Räder still. Die

Arbeiter verlangen höhere Löhne, mehr Lebensmittel und bessere Trinkwasserversorgung.

Gorbatschow sieht keine andere Möglichkeit, als den ehemaligen Klassenfeind um Hilfe zu bitten. Er wendet sich an die G7-Staaten wegen finanzieller Hilfe zur Unterstützung des Reformprozesses. Sie wird ihm gewährt.

Siebzehnter

Das *Neue Deutschland* berichtet über die Grundsteinlegung für Halle-Neustadt vor 25 Jahren. Die Entwicklung von Halle-Neustadt spiegele die „erfolgreiche Politik der SED" wider. Das ist Realsatire. Auch nach 25 Jahren ist „Haneu", wie es im Volksmund genannt wird, eine reine Schlafstadt geblieben. Genormtes Einerlei, soweit das Auge reicht. Untergebracht sind hier vor allem Chemiearbeiter, manche stammten aus den Dörfern, die abgerissen werden mussten, damit die sozialistische Stadt entstehen konnte. Diese Bewohner hielten anfangs Kaninchen, Hühner oder sogar Schweine auf dem Balkon, bis das verboten wurde. In Teilen von Haneu ist das Trinkwasser so schlecht, dass strikt untersagt wird, Kinder davon trinken zu lassen. Für sie wird kostenlos in Flaschen abgefülltes Wasser zur Verfügung gestellt. Nachdem die ersten Bewohner an Quecksilbervergiftung, verursacht durch kontaminiertes Trinkwasser, gestorben waren, wurde der Ortsteil Silberhöhe im Volksmund in Silberhölle umbenannt.

Nach dem Mauerfall und dem Verschwinden der DDR wird Haneu ganz schnell zum Mühlstein am Halse Halles.

Achtzehnter

Angesichts von Streiks und Unruhen im Land muss Generalsekretär Gorbatschow auf einer Konferenz der regionalen Parteiführer mit dem KPdSU-Politbüro feststellen, dass die Perestroika nicht mit den tatsächlichen Prozessen im Land Schritt hält. Die Unabhängigkeitsbestrebungen, besonders im Baltikum, werden immer spürbarer. Aber eine Auflösung der Sowjetunion liegt dem Denken der Parteifunktionäre völlig fern.

Das *Neue Deutschland* berichtet über die Eröffnung des „Studentensommers 1989" in Berlin. In diesem sogenannten „Studentensommer" müssen alle Studenten für drei Wochen „gesellschaftlich nützliche Arbeit leisten", in Produktionsbetrieben, in der Landwirtschaft oder in der Verwaltung. Wer Glück hat, wird zum „Internationalen Studentensommer" ins sozialistische Ausland geschickt. Ungarn steht in diesem Jahr allerdings nicht auf der Liste der Gastländer. Nach Abbau der Grenzanlagen gilt es als unsicherer Kantonist. Ein Ort, an den man Studenten mit gefestigter sozialistischer Weltanschauung lieber nicht schickt.

Vom Ende einer anderen Versuchung berichtet das ND ebenfalls. Die namibischen Flüchtlinge kehren geschlossen in ihre Heimat zurück. Sie haben alle einen Facharbeiterbrief in der Tasche, aber nicht das Recht, in der DDR bleiben zu dürfen. Auch dann nicht, wenn sie eine feste Bindung mit einer Frau eingegangen sind und ein Kind mit ihr haben. Deshalb ist die freundliche Verabschiedung für manche vielmehr eine Abschiebung.

Neunzehnter

Das *Neue Deutschland* hebt den „Briefwechsel zwischen dem Bischof zu Greifswald, Dr. Horst Gienke, und dem Vorsitzenden des Staatsrates der DDR, Erich Honecker" auf die Titelseite. Motto: „Verbunden in anstrengender guter Arbeit für das Wohl der Bürger der DDR". Angestrengt wirkt vor allem das Bemühen, bestes Einvernehmen zwischen Staat und Kirche zu suggerieren. Das führt zum offenen Widerspruch, selbst von Mitgliedern der Kirchenleitung, die sich nicht auf diese Weise vereinnahmen lassen wollen.

In Polen wird der Chef der Kommunistischen Partei, General Jaruzelski, zum Staatspräsidenten gewählt. Lech Wałesa schreibt in seinem Glückwunsch-Telegramm: „Ich wünsche Ihnen und Polen, dass der Präsident der nächsten Amtszeit durch alle Polen gewählt wird." So sollte es kommen.

Zwanzigster

Merkwürdige Sache: *Bild* berichtet, dass ein Bundestagsausschuss einen Führerschein für große Hunde fordert. Ein echtes Sommerlochthema. Aber mit den wichtigen Dingen in Osteuropa will man sich auf der Titelseite mal wieder nicht befassen.

In der DDR, weiß das *Neue Deutschland,* entwickelt sich die Volkswirtschaft „weiterhin dynamisch und stabil". Komisch, dass die Regale in den Kaufhallen immer leerer wurden.

Einundzwanzigster

In Bulgarien werden massiv Muslime türkischer Abstammung mit Zwangsassimilierung oder Abschiebung in die Türkei bedroht. Laut UNO-Bericht mussten über 158 000 Bulgaren mit türkischen Vorfahren ihre Heimat verlassen und in der Türkei Asyl suchen.

Der UNO-Bericht schafft es nicht auf die Titelseite von *Bild*. Verständlich, denn Außenminister Genscher hatte einen Herzinfarkt und liegt auf der Intensivstation. Dabei liegt der Megastress noch vor ihm.

Das *Neue Deutschland* feiert die neuesten Erfolge der volkseigenen Produktion: „Mehr Personalcomputer und Drucker aus Sömmerda." Davon gelangt allerdings kaum etwas in den sozialistischen Einzelhandel.

Zweiundzwanzigster

Es wird bekannt, dass innerhalb von drei Tagen zehn DDR-Bürgern die Flucht nach Bayern und Niedersachsen gelungen ist.

Dreiundzwanzigster

Die Bundesregierung ist aufgewacht und reagiert auf die schnell steigenden Flüchtlingszahlen. Staatssekretär Walter Priesnitz vom Bundesministerium für innerdeutsche Beziehungen appelliert an alle DDR-Bürger, in ihrer Heimat zu bleiben, damit die „Wiedervereinigung der Deutschen nicht in der Bundesrepublik" stattfinde.

Die Bitte des Bonner Staatssekretärs findet kein Gehör. Auch heute haben wieder dutzende Flüchtlinge die Grenze von Ungarn nach Österreich überquert.

Vierundzwanzigster

Die Bürgerrechtler Markus Meckel und Martin Gutzeit rufen zur Gründung einer Sozialdemokratischen Partei in der DDR auf. Die Staatssicherheit konnte das nicht verhindern, obwohl sie im engsten Vorbereitungskreis einen Agenten hat: Ibrahim Böhme ist der Liebling aller. Während Meckel und Gutzeit ihre endlosen Gesprächsrunden abhalten, steht Böhme in der Küche, hilft beim Abwasch, kocht und erobert so die Herzen aller Frauen. Später wird sich das bei seiner Wahl als nützlich erweisen. Wenn er sich an den Diskussionen beteiligt, fällt er durch kurzweilige Bemerkungen auf, die oft den Ernst der Situation und die Stasi vor der Tür vergessen lassen.

Bei der SPD in der Bundesrepublik löst die Ankündigung über die Gründung einer Schwesterpartei keinerlei Begeisterung aus. Im Gegenteil. Der Fraktionsvorsitzende im Bundestag, Hans-Jochen Vogel, beeilt sich zu versichern, dass die SED die einzige Gesprächspartnerin in der DDR bleibe.

Die Genossen mit einem direkten Draht zu SED-Politbüromitgliedern, wie der Bundestagsabgeordnete Karsten Voigt, bringen die Telefonleitungen in den Osten zum Glühen, um zu erfahren, wie das passieren konnte. Die zukünftigen Sozialdemokraten lassen sich durch die fehlende Resonanz zwar nicht entmutigen, sind aber immerhin so sauer, dass sie, in deutlicher Abgrenzung zur SPD im Westen, den Namen SDP ins Auge fassen.

Fünfundzwanzigster

Der polnische Regierungschef Jaruzelski verweigert der Opposition die Regierungsbeteiligung, da andere sozialistische Staaten, wie die DDR, sich provoziert fühlen könnten. Damit zeigt er, wie sehr die Verhandlungen der Kommunisten am Runden Tisch mit der Opposition aus rein taktischen Erwägungen geführt worden sind. Es war ein Versuch, die zerbröselnde Macht festzuhalten, nicht der Wunsch nach demokratischen Reformen, der die Kommunisten Zugeständnisse machen ließ.

Sechsundzwanzigster

Die DDR stehe „fest an der Seite des kubanischen Volkes", meldet das *Neue Deutschland*. Die DDR-Bürger würden den Kubanern ganz sicher gern näher kommen, denn die Karibikinsel ist ein Traumurlaubsziel für viele. Leider steht es nur ausgewählten Funktionären und anderen verdienstvollen Persönlichkeiten offen. Um einmal wirklich „an der Seite des kubanischen Volkes" zu stehen, muss man schon höherer Parteisekretär oder beliebter Unterhaltungskünstler sein.

Siebenundzwanzigster

Der Oberste Sowjet beschließt die wirtschaftliche Unabhängigkeit der baltischen Sowjetrepubliken zum 1. Januar 1990. Das höchste Gremium der Sowjetunion hat keine Ahnung, dass es damit den ersten Schritt zu seiner Abschaffung macht. Natürlich reicht den baltischen Republiken die wirtschaftliche Unabhängigkeit nicht, sie wollen auch die politische. Die werden sie am Ende auch bekommen, so sehr sich selbst Gorbatschow ins Zeug legt, das zu verhindern.

Achtundzwanzigster

Am ehemaligen Eisernen Vorhang in Ungarn sind nicht nur die Sperranlagen abgebaut worden. Jetzt folgen die elektrischen Signalanlagen. Es wird mit jedem Tag leichter, die Grenze zu passieren, aber das ist vielen nicht klar. So versucht die spätere Tageschausprecherin Susanne Daubner noch zu diesem Zeitpunkt, über die Donau nach Jugoslawien zu gelangen. Sie und ihr Freund hatten allerdings nicht mit dem Hochwasser und der ungewöhnlich starken Strömung gerechnet, und so landeten sie nach sechsstündigem Schwimmen zwar wieder am Ufer, aber auf der ungarischen Seite. Die Flucht gelang ihnen schließlich trotzdem, über eine unbewachte Brücke, die sich ganz in der Nähe befand. Aber, wenn sie nicht Leistungsschwimmer gewesen wären, so schätzt es Susanne Daubner selbst ein, dann hätte sie dieser Fluchtversuch vermutlich das Leben gekostet.

Neunundzwanzigster

Mit einem Festakt im Plenarsaal des Deutschen Reichstages in Berlin wird anlässlich seines 100. Geburtstages der ehemalige Oberbürgermeister und Regierende Bürgermeister von Berlin, Ernst Reuter, geehrt. Reuter hatte 1948 mit seinem Spruch: „Völker der Welt, schaut auf diese Stadt", die internationale Solidarität gegen die stalinistische Blockade Westberlins mobilisiert.

Dreißigster

Wäre die Sowjetunion noch die alte, hätte Boris Jelzin längst zu den politischen Leichen gehört. Der Mann wurde schon mehrmals kaltgestellt, lässt sich aber nicht beiseiteschieben und wird immer wieder aktiv.

Seine neueste Aktion sorgt nun für Furore: Mit seinen Anhängern bildet er eine Fraktion im sowjetischen Volksdeputierten-Kongress und fordert eine grundlegende Umbesetzung des Zentralkomitees. Bisher war eine Fraktionsbildung in einem sowjetischen Gremium undenkbar. Sie war auch in Gorbatschows Reformen nicht vorgesehen. Jelzin treibt mit seinen Aktivitäten den Umbau der Gesellschaft weit über die von Gorbatschow gesteckten Ziele hinaus.

Einunddreißigster

Der Oberste Sowjet streicht den Tatbestand „antisowjetische Agitation und Propaganda" aus dem Strafgesetzbuch. Damit wird eines der düstersten Kapitel des sowjetischen Unrechts beendet. Seit Gründung des ersten sozialistischen Staates wurden nach diesem Paragrafen Millionen von Menschen verurteilt. Bis zu 25 Jahre im Gulag konnte es für antisowjetische Propaganda geben oder sogar die Todesstrafe. Oft genug lief eine Verurteilung zu Lagerhaft auf die Todesstrafe hinaus. Wenn sich im Urteil der Zusatz „Ohne Recht auf Korrespondenz" fand, wurde der Verurteilte heimlich erschossen. Die Familien blieben bis zu Stalins Tod im Ungewissen über das Schicksal ihrer Angehörigen.

Die Entscheidung des Obersten Sowjets, so einschneidend sie auch war, bleibt ohne Beachtung in den Medien. Selbst Walter Kempowski bekommt es nicht mit.

Bild beschäftigt sich mit den „heimlichen Trinkern von Bonn". Ein weiteres Sommerlochthema.

August

Erster

Kurz vor seinem Ableben erfährt der SED-Staat eine Aufwertung, um die er und mit ihm die Westlinke jahrelang gekämpft hat. Die Zeitungen des Axel-Springer-Verlages setzen ab sofort den Namen des Arbeiter- und Bauernstaates nicht mehr in Gänsefüßchen. Die SED-Führung jubelt, die Genossen laufen ihr trotzdem davon. Im August beginnt die Austrittswelle aus der SED, die sich bis zum Untergang der DDR und darüber hinaus fortsetzen wird. Allein in diesem August verlassen 30 000 Mitglieder die Partei.

Andere bleiben (noch) und versuchen sich mit der Hoffnung auf eine baldige biologische Lösung des Politbüro-Problems zu trösten. Von Verteidigungsbereitschaft gegenüber der Politik der SED kann keine Rede mehr sein. Die Genossen schweigen bestenfalls, andere werden aufmüpfig, was bis zu Fluchtversuchen und Ausreiseanträgen reicht. So steigt neben der Zahl der Austritte auch die der Ausschlüsse rasant an. Besonders beunruhigend muss für die herrschenden Genossen die Weigerung etlicher Partei-Kampfgruppen sein, sich im Schwingen von Schlagstöcken zu üben, um – wie es hieß – „kirchliche Kreise" von der Straße zu vertreiben. Die Angst vor dem 40. Jahrestag macht sich unter den Parteifunktionären breit. Wird es gelingen, genügend Demonstranten zu mobilisieren, die bereit sind, der SED-Führung zuzujubeln?

Zweiter

Die Sowjetunion zerfällt zusehends. Was die Wirtschaft angeht, steht Gorbatschow das Wasser bis zum Hals. Da kann nur noch der einstige Klassenfeind helfen. Also betont der Regierungschef „die weitgehende Übereinstimmung mit den Regierungen in Bonn, London und Paris in zahlreichen konzeptionellen Fragen der Abrüstung und der wirtschaftlichen Annäherung des Westens und des Ostens". Das ist das

August

Ende der Konfrontationspolitik. Die Annäherung verläuft einseitig von Ost nach West.

Die westliche Linke, die jahrzehntelang im kommunistischen Block die bessere Zukunft Europas sah, ist schockgelähmt. Immer mehr Einzelheiten über die kommunistischen Verbrechen werden bekannt. Linke, die das Verbrechen von Katyn immer bestritten oder die Exekution von 20 000 polnischen Offizieren im Zweiten Weltkrieg den Nazis zugeschrieben hatten, mussten nun die Wahrheit zur Kenntnis nehmen.

Erstmals wird offiziell zugegeben, dass die Sowjets den Amerikanern, die Hilfsgüter über dem kämpfenden Warschauer Ghetto abwerfen wollten, die Landung auf ihren Flugplätzen verweigert haben.

Im *Neuen Deutschland* steht von alldem natürlich nichts. Die Topmeldung lautet: „Stärkung der Republik auf dem Weg zum XII. Parteitag."

Dritter

Die Verlautbarung des sowjetischen Partei- und Regierungschefs Gorbatschow vom Vortag über die Bereitschaft, substanziell abzurüsten, um im Gegenzug wirtschaftliche Hilfe vom Westen zu erhalten, wird in den Zeitungen breit diskutiert. Die Betonung liegt aber auf den Abrüstungsangeboten. Die katastrophale wirtschaftliche Lage der Sowjetunion, die zu der Kehrtwende in den Abrüstungsfragen geführt hat, wird weniger beleuchtet.

Die *taz* widmet der Bereitschaft der SU zu vierseitigen Arbeitsgesprächen, um eine „Berliner Initiative" für Abrüstung vorzubereiten, eine ganze Seite.

Das *Neue Deutschland* titelt: „Miteinander zum Wohl der Bürger in Stadt und Land", während immer mehr Menschen im Land ihren Koffer für einen Ungarn-Urlaub ohne Wiederkehr packen.

Vierter

Wieder fliehen dutzende DDR-Bürger über die ungarische Grenze nach Österreich und beantragen in der Botschaft der Bundesrepublik einen Pass. Mittlerweile wird der Nachschub an Pässen ein Problem. In den Medien ist kaum etwas zu spüren.

Das *Neue Deutschland* meldet die neuesten Erfolge aus der sozialistischen Produktion: „Mehr Transistoren aus Neuhaus für Farbfernseher."

Will heißen, es gibt einen erdrückenden Mangel an diesen Transistoren, der die Farbfernsehproduktion immer wieder zum Erliegen bringt. Nichts Ungewöhnliches in der DDR der späten 80er Jahre, die schon mit dem täglichen Bedarf, geschweige denn mit solchen „Luxusgütern" wie Farbfernseher Schwierigkeiten hatte.

Im August 1989 machte sich kein DDR-Bürger mehr über den Zustand der Volkswirtschaft Illusionen. Nur im Westen glaubte man lieber der Propaganda der DDR als den Einschätzungen von Journalisten wie Gerhard Löwenthal, die wesentlich näher an der Realität waren. Löwenthal hatte das Innerdeutsche Ministerium und das Kanzleramt mehrmals auf die gravierenden wirtschaftlichen Schwierigkeiten der DDR hingewiesen, ohne eine Reaktion zu bekommen.

Fünfter

Erstmals räumt die DDR-Regierung ein, dass es ein Flüchtlingsproblem gibt. Ein Regierungssprecher, von dessen Existenz bisher nichts bekannt war, gibt im DDR-Fernsehen zu, dass Botschaften der Bundesrepublik im befreundeten sozialistischen Ausland von Menschen, die in den anderen Teil Deutschlands ausreisen wollen, besetzt wurden.

Gleichzeitig räumt dieser Sprecher „Probleme", insbesondere in der bedarfsgerechten Versorgung der Bevölkerung ein. In den westdeutschen Medien findet dieser historische Auftritt bezeichnenderweise kein Echo.

Entgegen der späteren Legende, dass die Flüchtlinge sich nach aggressiven Werbekampagnen in der Bundesrepublik auf den Weg gemacht hätten, wird über die Fluchtbewegung aus dem Arbeiter- und Bauernstaat sehr wenig berichtet.

Bild findet gestrichene Flüge berichtenswerter und erregt sich über Tempo 100 auf der Avus: „Herr Momper, was tun sie dieser Stadt an?"

Das *Neue Deutschland* lobt den „hohen Stand" der „Beziehungen der Freundschaft DDR–China". Eine makabre Feststellung, zu einem Zeitpunkt, an dem das Blut auf dem Platz des Himmlischen Friedens kaum getrocknet ist.

Sechster

Auf das gestrige Eingeständnis des Flüchtlingsproblems folgt nun eine Drohung: Die DDR-Regierung warnt ihre Bürger davor, ihre Ausreise durch die bundesdeutschen Botschaften erzwingen zu wollen. Über den Allgemeinen Deutschen Nachrichtendienst gibt sie bekannt, dass Reisefragen eine „innere Angelegenheit der DDR" seien.

Damit soll signalisiert werden, dass eine Hilfe der Botschaften für DDR-Flüchtlinge als eine Verletzung der „Souveränität" der DDR angesehen werden würde.

Während der Flüchtlingsstrom mit jedem Tag weiter anschwillt, gibt es andere Bürger, die sich immer nachdrücklicher in die „inneren Angelegenheiten" der DDR einmischen. Trotz der Ferien findet in Dresden eine große Protestdemonstration statt. Etwa 1 500 Menschen erheben ihre Stimme gegen ein geplantes Reinstsiliziumwerk im Stadtgebiet.

Der Dresdner Parteichef Hans Modrow ist überrascht von der Stärke des Protestes. So etwas ist bislang noch nicht vorgekommen. Die Demonstration wird genau beobachtet, aber nicht behindert. In den Tagen darauf haben viele Demonstrationsteilnehmer unangenehme Fragen auf ihrer Arbeitsstelle zu beantworten.

Siebter

Nach der Drohung gegen die eigenen Bürger erklärt die Honecker-Regierung auch nach außen die Aufnahme von Flüchtlingen zu einer Verletzung der „inneren Angelegenheiten der DDR". Die DDR-Bürger werden anscheinend als eine Art Sklaven ihres Staates betrachtet. Das Davonlaufen vom ungeliebten Herren wird streng bestraft.

Bild ist immer noch tief in den Sommerlochthemen versunken: „Bundesliga diesmal schlapp. Bewegt euch, ihr Millionäre!"

Demgegenüber übt sich das *Neue Deutschland* unverdrossen in Erfolgsberichten aus dem sozialistischen Wunderland: „Bei Schlüsseltechnologien wird Tempo beschleunigt." Dabei geht es um Schlüsseltechnologien, die Lichtjahre vom gern zitierten „Weltniveau" entfernt sind.

Achter

Auf die Drohung folgen Taten: Nach Massenverhaftungen sitzen in den Gefängnissen der DDR inzwischen etwa 2 500 Flüchtlinge ein, mit ständig steigender Zahl. Die ohnehin überfüllten Haftanstalten der DDR haben Schwierigkeiten, die Neuzugänge unterzubringen. Wo vorher zweistöckig geschlafen wurde, gibt es jetzt drei- bis vierstöckige Betten.

Nun kann auch *Bild* nicht länger im Sommerloch verharren. Das Blatt meldet diese Gefangenenzahlen auf der Titelseite und lässt seine Leser wissen, dass die Ständige Vertretung der Bundesrepublik in der DDR ihren Publikumsverkehr einstellen musste. Die Botschaft, die sich nicht so nennen darf, wurde von DDR-Bürgern, die auf diese Weise ihre Ausreise erzwingen wollen, förmlich überrannt. Woher kommen plötzlich 130 Menschen in der Ständigen Vertretung? Da muss es doch eine Vorgeschichte gegeben haben? Hat es auch, aber die ist in den Medien des freien Westens so heruntergespielt worden, dass sie der allgemeinen Aufmerksamkeit bisher entgangen ist.

In der heilen sozialistischen Welt des *Neuen Deutschlands* erwartet der „Welthandelsplatz Leipzig" 6 000 Aussteller. Außerdem gibt es eine „Parlamentariergruppe aus den USA in Truppenteil der NVA" zu vermelden. Letzteres sieht Staatschef Honecker als hoffnungsvollen Vorboten seiner lang ersehnten USA-Reise an.

Neunter

Wieder eine kleine Sensation, die kaum ein Medienecho findet: Zwischen Leipzig, Frankfurt am Main und Düsseldorf werden innerdeutsche Linienflüge aufgenommen. Für die Aussteller der bevorstehenden Herbstmesse in Leipzig ist das eine erhebliche Erleichterung. Ist es aber auch ein Zeichen einer vorsichtigen Öffnung der DDR zur BRD? Eher nicht, sondern taktisches Kalkül. Wer Kredite will, muss etwas anbieten, das nach menschlicher Erleichterung aussieht.

Zehnter

Ungarn verzichtet von nun an darauf, gescheiterte Fluchtversuche von DDR-Bürgern in die Reiseanlage ihrer Personalausweise einzutragen. Damit ist die Rückkehr in die DDR nicht mehr mit der drohenden Haft wegen „versuchter Republikflucht" versperrt. Allerdings fahren die wenigsten Leute nach einem oder mehreren gescheiterten Fluchtversuchen wieder nach Hause. Sie ziehen es vor, den Versuch so lange zu wiederholen, bis es klappt. Es klappt immer öfter.

In Westberlin appelliert die Senatorin für Gesundheit und Soziales Ingrid Stahmer an die Bewohner der Teilstadt, Flüchtlinge aufzunehmen. Alle 240 Heime, in denen Flüchtlinge aufgenommen werden können, sind bereits überbelegt. Nachdem das Problem wochenlang ignoriert wurde, ist es schwer, auf die Schnelle zusätzliche Unterkünfte zu finden.

Elfter

Die Situation in den besetzten Botschaften der Bundesrepublik kann von der Politik nicht länger ignoriert werden. Das Bundeskanzleramt und das Außenministerium der DDR konferieren erstmals zu der Frage, wie mit den Flüchtlingen in den besetzten Botschaften zu verfahren sei. Gleichzeitig versuchen immer mehr DDR-Bürger, in Ungarn die Grenze nach Österreich zu überqueren.

Zwölfter

Das *Neue Deutschland* widmet sich in seiner Wochenendausgabe dem Mauerbau. „Der 13. August brachte Ruhe, Stabilität und Sicherheit für unseren sozialistischen Aufbau" heißt es auf Seite 3. Der Westen sei gegen die DDR mit Sabotage, Hetze, Diversion, Menschenhandel, Abwerbung und Wirtschaftsboykott vorgegangen. Es habe Planungen von hohen Offizieren der nazistischen Wehrmacht für einen militärischen Überfall auf die DDR gegeben. Warum die Mauer dann aber gegen ein Überklettern von innen gesichert war, nicht von außen, war eine Frage, die nicht gestellt werden durfte.

Während die ND-Leser diese Ausführungen lesen oder ignorieren, wird auch in Budapest die Botschaft der Bundesrepublik wegen Überfüllung durch Flüchtlinge geschlossen.

Dreizehnter

Zum Jahrestag des Mauerbaus demonstrieren Ausreisewillige vor dem Brandenburger Tor. Die beobachtenden Stasileute müssen sich „Die-Mauer-muss-weg!"-Rufe anhören.

In Budapest ist die Lage durch die DDR-Flüchtlinge, die unter freiem Himmel in den Parks und Grünanlagen kampieren, so angespannt, dass die Bonner Regierung einen Abgesandten in die Budapester Botschaft schickt, um über eine Lösung zu beraten. Davon hört auch Freifrau Csilla von Boeselager, die in der Residenz des Deutschen Botschafters Urlaub macht. Kurz entschlossen verkündet die Malteser-Frau, dass sie sich um die Flüchtlinge kümmern wolle. Am 13. August eröffnet sie dann mit dem Malteser-Hilfsdienst und mithilfe eines befreundeten Pastors auf dem Gelände der katholischen Gemeinde „Zur Heiligen Familie" das erste Lager für Ausreisewillige aus der DDR.

Während des „Sonntagsgesprächs" der Berliner Bekenntnisgemeinde ruft der Synodale Hans-Jürgen Fischbeck vom *Aktionskreis „Absage an Praxis und Prinzip der Abgrenzung* vor etwa 350 Menschen zur Bildung einer oppositionellen Sammlungsbewegung auf – als Alternative zur Fluchtbewegung nach Ungarn. Fischbeck möchte, dass die Menschen die DDR verändern, statt ihr zu entfliehen. Der Aktionskreis ist eine Neugründung innerhalb der Opposition in der DDR.

Vierzehnter

Erich Honecker ist gezwungen, zu den dramatischen Vorgängen Stellung zu beziehen. Er tut es auf eine Weise, die deutlich macht, wie stark die Realitätsverweigerung bei diesem Politik-Greis schon gediehen ist. Es ist die Geburtsstunde des berühmten Satzes: „Den Sozialismus in seinem Lauf hält weder Ochs noch Esel auf." Das schallende Gelächter seiner Noch-Untertanen hätte man auf dem ganzen Globus hören müssen.

Die Titelzeile des *Neuen Deutschland* glänzt ebenfalls durch unfreiwillige Komik: „Wanderfahne für beste Leistungen im Wettbewerb."

Fünfzehnter

Bild ist endlich aufgewacht: „Unglaublich! Unsere Budapester Botschaft wirft DDR-Bürger raus!"

Das *Neue Deutschland* präsentiert voller Stolz den wegen seiner langen Entwicklungszeit bereits wieder überholten 32-Bit-Chip, dessen Herstellung 156 Mark der DDR kostet. Ein vergleichbarer Chip auf dem Weltmarkt ist für etwa 2 Dollar zu haben. Die guten Nachrichten sind also auch heute ein Witz.

Die *taz* veröffentlicht verdienstvollerweise einen „Offenen Brief" der *Initiativgruppe Absage an Praxis und Prinzip der Abgrenzung*, in dem ein Dialog mit der Regierungspartei SED nach polnischem Vorbild gefordert wird.

Sechzehnter

Immer mehr DDR-Bürger versuchen, mit immer verzweifelteren Mitteln das Land zu verlassen. Ein besonders spektakulärer Fluchtversuch scheitert im Laufe des Tages. Ausreisewillige wollten mithilfe eines Tanklastzuges die Grenze am Kontrollpunkt Stolpe/Heiligensee durchbrechen.

Die „Verzweifelten von Budapest" dominieren die *Bild-Schlagzeilen*. Die Zeitung initiiert eine „Soforthilfe". Nachdem sich die Medien und insbesondere *Bild* für die Vorgänge interessieren, stellt die Botschaft auch wieder Pässe aus. Obwohl in der Nacht Hunderte das Malteser-Flüchtlingslager in Sonderbussen Richtung österreichische Grenze verlassen, während die Grenze offiziell noch geschlossen ist, wächst die Zahl der Botschaftsflüchtlinge unaufhörlich. Eine humanitäre Katastrophe bahnt sich an.

Das *Neue Deutschland* befasst sich weiterhin mit Lobgesängen auf die eigene Wirtschaft und dem „umfassenden Angebot für flexible Automatisierung" auf der bevorstehenden Herbstmesse.

Siebzehnter

Mit mehr als zwanzig Jahren Verspätung verurteilt das Polnische Parlament den Einmarsch der Warschauer-Pakt-Staaten in die Tschechoslowakei im August 1968. Damit ist es das erste Parlament eines sozialistischen Staates, das sich zu diesem Schritt entschlossen hat.

In Budapest wird die Lage der Flüchtlinge immer unerträglicher. Das Malteser-Camp von Csilla von Boeselager ist bis auf den letzten Platz gefüllt. Tausende kampieren in den Parks und Grünanlagen. Helmut Kohl versucht DDR-Staatschef Honecker telefonisch zu überzeugen, die Ausreisewilligen gehen zu lassen. Honecker stellt sich stur.

Achtzehnter

Nachdem das Polnische Parlament den Einmarsch der Warschauer-Pakt-Staaten in die Tschechoslowakei 1968 verurteilt hat, beeilt sich das Politbüro der SED das Gegenteil zu tun. Im *Neuen Deutschland* wird eine Stellungnahme abgedruckt, in der die Niederschlagung des „Prager Frühlings" als rechtens deklariert wird.

In Budapest gibt es einen dramatischen Appell der Botschaftsflüchtlinge: „Herr Kohl, holen sie uns hier raus!"

In der Nähe der ungarischen Grenzstadt Sopron beginnt das „Paneuropäische Picknick", in dessen Verlauf hunderte Ausreisewillige aus der DDR über die Grenze nach Österreich fliehen werden. Es war als Friedensdemonstration am Eisernen Vorhang geplant. Als Höhepunkt des Festes sollte das Grenztor an der alten Pressburger Landstraße, zwischen Sankt Margarethen und Sopronkőhida, für drei Stunden geöffnet werden. Schirmherren des Ereignisses waren der CSU-Europaabgeordnete Otto von Habsburg und der ungarische Reformpolitiker Imre Pozsgay.

Unter den Ausreisewilligen sprach sich die Nachricht von dem Festival wie ein Lauffeuer herum. Wer konnte, ließ alles stehen und liegen und machte sich auf nach Sopron.

Neunzehnter

Zweiter und entscheidender Tag des Paneuropäischen Picknicks. An der Pressburger Landstraße und dem Grenztor zwischen Österreich und Ungarn haben sich viele Journalisten und Kamerateams eingefunden. Die Öffnung des Tores für drei Stunden war in den Medien bekannt gegeben worden. Außer den geladenen Gästen sind hunderte Ausreisewillige aus der DDR gekommen. Als Walburga von Habsburg und Laszlo Vass in Vertretung der Schirmherren nach einer Pressekonferenz am Tor eintreffen, finden sie bereits eine unübersichtlich gewordene Situation vor. Die Entschlossensten unter den Ausreisewilligen rennen gegen 15 Uhr auf das Tor zu, drücken es ein und stürzen förmlich übereinander nach Österreich. Ihre Autos hatten sie einfach am Straßenrand stehen lassen. Auch sonst hatten die Flüchtlinge kaum etwas dabei. Von einem geordneten „kleinen Grenzverkehr", wie er geplant war, konnte keine Rede sein. Der Flüchtlingsstrom fegte alle sorgfältige Planung hinweg.

Die DDR-Führung schaute wie gelähmt auf die Vorgänge in Ungarn. Staatschef Honecker lag wegen einer Galleoperation im Krankenhaus. Auf der letzten Politbürositzung, die er noch selbst geleitet hatte, war die Behandlung des Flüchtlingsproblems von der Tagesordnung genommen und auf Wiedervorlage gelegt worden. Nun wagte es kein Mitglied, nicht mal Mielke, das Thema in Honeckers Abwesenheit zu behandeln. Das zeigt übrigens genau, wer letztlich das Sagen hatte. Die Partei erteilte ihrem „Schild und Schwert" bis in die letzten Tage ihres Regimes die Anweisungen.

Zwanzigster

Die Ständige Vertretung der Bundesrepublik Deutschland in Ostberlin ist überfüllt. 115 Ausreisewillige haben sich in das Gebäude der Vertretung geflüchtet und weigern sich, es wieder zu verlassen. Die hygienischen Verhältnisse mag man sich nicht vorstellen. Auch nicht, wo und wie die vielen Menschen schlafen. An normale Büroarbeit ist nicht mehr zu denken. Die Mitarbeiter sind damit beschäftigt, die Versorgung ihrer ungebetenen Besucher sicherzustellen. Manche mögen sich wünschen, dass die Gäste so schnell wie möglich verschwänden. Aber die denken nicht daran. Im Gegenteil. Sie bekunden in einem Brief an Bundeskanzler Kohl, dass sie so lange ausharren wollen, bis es zu einer „akzeptablen Lösung" ihres Problems, also zur Ausreise, käme. Die Menschen auf die Straße zu setzen, ist undenkbar. Also wird hinter den Kulissen fieberhaft verhandelt.

Die *Bild-Zeitung* berichtet von der Massenflucht in Ungarn. Die Botschaft von der geglückten Flucht von 800 Menschen zieht immer mehr DDR-Touristen ins Grenzgebiet bei Sopron. Die ungarische Regierung ist besorgt und warnt vor einer Tragödie.

Einundzwanzigster

Bislang hat sich die Tschechoslowakei jeglicher Liberalisierung verweigert. Das will die Opposition nicht länger hinnehmen. Anlässlich des Jahrestags der gewaltsamen Niederschlagung des „Prager Frühlings" 1968 durch die Truppen des Warschauer Paktes kommt es zu einer großen Kundgebung auf dem Wenzelsplatz. Mehr als 3 000 Demonstranten fordern Demokratie und Freiheit. Die wollen die Machthaber nicht gewähren. Polizei und Staatssicherheit gehen gewaltsam gegen die Demonstranten vor. Hunderte Menschen werden verhaftet, viele misshandelt.

Zweiundzwanzigster

Bundeskanzler Kohl reagiert auf das Flüchtlingsdrama in Ungarn und den diplomatischen Vertretungen der Bundesrepublik mit einer offiziellen Erklärung. Die deutsche Frage, so erklärt er, stehe nunmehr auf der Tagesordnung der internationalen Politik. Das sind neue und ungewohnte Töne aus Bonn.

In Budapest hat die ungarische Regierung wenige Tage nach der Eröffnung des ersten Flüchtlingslagers durch Csilla von Boeselager in einem ehemaligen Pionierlager ein zweites Camp eingerichtet. Das Lager im Stadtteil Zugliget ist schon am Eröffnungstag bis auf den letzten Platz gefüllt.

Die ungarische Regierung bemüht sich um ein Einverständnis der DDR, die Flüchtlinge ausreisen zu lassen. Aber die SED-Machthaber bleiben stur: Über Ausreise kann nur in der DDR entschieden werden. Rückkehrern in die Heimat wird Straffreiheit zugesichert. Aber unter den Ausreisewilligen traut kaum jemand den Zusagen. Sie bleiben lieber in Ungarn. Eine Lösung kann ganz offensichtlich nur von den ungarischen Reformpolitikern ausgehen.

Während Budapest darüber nachdenkt, ob eine Öffnung der Grenze eine Verschlechterung der Beziehungen mit der DDR rechtfertigt, versucht es Stasi-Minister Mielke auf die harte Tour. Durch Schikanen gegen die daheimgebliebenen Angehörigen versucht er, Ausreisewillige zur Rückkehr zu bewegen. Besonders Jugendliche fühlen sich unter Druck gesetzt, wenn sie erfahren, wie ihre Eltern wegen ihrer Flucht schikaniert werden.

Dreiundzwanzigster

Zwei Millionen Menschen bilden eine Kette von Vilnius nach Tallin, um für die Unabhängigkeit der baltischen Sowjetrepubliken zu demonstrieren. Sie haben sich ein historisches Datum dafür ausgesucht. Es ist der 58. Jahrestag des berüchtigten Hitler-Stalin-Paktes. Dieser Pakt ist ein Lehrstück für die Außenpolitik totalitärer Systeme. Er kam nicht trotz der Unterschiede zwischen den ideologisch verfeindeten Diktaturen zustande, sondern aufgrund der vielen Gemeinsamkeiten der beiden Führerstaaten.

Für viele westeuropäische Intellektuelle, die an die Sowjetunion geglaubt hatten, war der Pakt ein Schock. Für Millionen Menschen in Osteuropa wurde er zu einer Tragödie.

Die beiden Außenminister Wjatscheslaw Molotow und Joachim von Ribbentrop einigten sich nicht nur auf die Aufteilung Ostmitteleuropas.

De facto agierten das nationalsozialistische Deutschland und die stalinistische Sowjetunion vom 23. August 1939 bis zum 21. Juni 1941 als Verbündete. Den deutsch-sowjetischen Nichtangriffsvertrag auf die Abgrenzung von Einflusssphären zu reduzieren ist daher euphemistisch. Die Handlanger der Diktatoren machten den Weg frei für die Zerschlagung Polens, für die Besatzung des Baltikums, der nördlichen Bukowina und Bessarabiens, für Terror und Deportationen, für Völker- und Klassenmord. Das geheime Zusatzprotokoll zum Hitler-Stalin-Pakt nahm große Teile der territorialpolitischen Ordnung in Osteuropa vorweg, die in Jalta festgelegt und zum Fundament der Spaltung Europas wurde. Daher stand die Klage über das Unrecht des Hitler-Stalin-Pakts im Zentrum der Unabhängigkeitsbewegungen im Baltikum. Erst als die Staaten Ostmitteleuropas ihre Freiheit und Souveränität wiedererlangten, traten sie aus dem langen Schatten dieses Paktes heraus.

Bis heute verläuft die Erinnerung an den Hitler-Stalin-Pakt in Europa sehr unterschiedlich. In Polen und im Baltikum ist das deutschsowjetische Abkommen ein zentraler Bezugspunkt der nationalen Erinnerungskulturen. Mit ihm verbinden sich die Erfahrung eigener Machtlosigkeit angesichts der Verschwörung der Teilungsmächte sowie das Gefühl, von den Bündnispartnern im Stich gelassen worden zu sein. In Westeuropa dagegen spielt die Erinnerung an den Pakt kaum eine Rolle. In Deutschland geht sie im Gedenken an den 1. September unter. Dass die Wehrmacht und die Rote Armee 1939 im besetzten Polen gemeinsame Paraden abhielten, dass der NKVD und die Gestapo dort Koordinierungstreffen durchführten, all dies gehört nicht zum deutschen Geschichtsbild. Die deutsche Öffentlichkeit hat bis heute die Bedeutung des 17. Septembers 1939 – des Tages, an dem die Rote Armee vom Osten in Polen einmarschierte – nicht erkannt. Bis heute wird der Beschluss des Europäischen Parlaments, den Tag des Hitler-Stalin-Paktes zum Gedenktag für die Opfer totalitärer Regime im 20. Jahrhundert zu machen, in Deutschland weitgehend ignoriert oder sogar bekämpft. Bundespräsident Joachim Gauck wurde vor seiner Wahl von seinen Gegnern sogar ein Vorwurf aus seiner Unterstützung für diese Initiative gemacht.

Vierundzwanzigster

Nachdem alle Gespräche über die Flüchtlingsproblematik mit der DDR-Regierung gescheitert sind, entschließt sich die ungarische Regierung nach langen Geheimverhandlungen mit der BRD zu einem dramatischen Schritt: Die etwa 200 Botschafts-Besetzer in Budapest dürfen ausreisen. Natürlich protestiert die DDR gegen diese „Einmischung in ihre inneren Angelegenheiten", sie kann die ungarischen Genossen damit jedoch nicht mehr beeindrucken.

Im Gegenteil: Die kontern kühl, es sei an der Zeit, dass die beiden deutschen Staaten eine Lösung für das Flüchtlingsproblem fänden.

Eine andere Meldung stellt an diesem Tag die Nachrichten von der österreichisch-ungarischen Grenze in den Schatten: In Polen wird Tadeusz Mazowiecki zum ersten nichtkommunistischen Regierungschef des Warschauer Paktes gewählt.

Das *Neue Deutschland* berichtet lediglich, dass die Bauarbeiter der DDR weiter „um Termintreue und Qualität wetteifern". Das heißt, die Mehrheit der Bauvorhaben wird nicht zum geplanten Termin fertig.

Fünfundzwanzigster

Der ungarische Ministerpräsident Miklós Németh und Außenminister Gyula Horn führen in Bonn Gespräche mit Bundeskanzler Kohl und Außenminister Genscher über die Flüchtlingskrise an der ungarisch-österreichischen Grenze. Am Vortag hatte das Chaos im Grenzgebiet zu einem Zwischenfall geführt, bei dem Schusswaffen zum Einsatz gekommen sind.

Die Ungarn drängen auf eine Lösung des Problems, das sie mit Recht nicht als das ihre empfinden. Sie fühlen sich von den Deutschen im Stich gelassen.

„Treibjagd auf DDR-Flüchtlinge – Soldaten schossen, prügelten, Kinder bluteten", titelt die *Bild*.

Sechsundzwanzigster

Der Schriftsteller Günther Deicke notiert hellsichtig in sein Tagebuch: „Wer die Macht hat (13. August 1961), verliert bald den Verstand (11. Plenum), dann das Vertrauen (Ausreiseanträge), dann den Überblick (Massenflucht über Ungarn), dann den letzten Rest Verstand (,bewährten Kurs fortsetzen')- und schließlich auch noch die Macht - ... warte nur, balde ..."

August

Während immer mehr Bewohner des Landes ihrer Heimat für immer den Rücken kehren, arbeiten andere mit ganzer Kraft an der Veränderung des Staates, dessen Existenz sie immer noch nicht infrage stellen. In der Berliner Golgatha-Gemeinde stellt eine Handvoll Bürgerrechtler ein sensationelles Projekt vor: Markus Meckel und Martin Gutzeit präsentieren nun auch der Öffentlichkeit den Aufruf zur Gründung der SDP. Mehr als vierzig Jahre, nachdem die SPD in der SED aufgegangen ist, soll es in der DDR wieder eine eigenständige sozialdemokratische Partei geben.

Der erste Vorsitzende dieser Partei wird allerdings keiner von den beiden Initiatoren, sondern zu aller Überraschung Ibrahim Böhme, der eigentlich Manfred heißt und heimlich ausführliche Spitzelberichte für die Staatssicherheit schreibt. Zu Böhmes engstem Vertrautenkreis gehört kurz darauf ein junger Theologiestudent aus Thüringen, Christoph Matschie. Er wird später Kultusminister in Thüringen und steht Böhme bald so nahe, dass er als einer der ganz Wenigen auch dann mit ihm im Kontakt bleibt, als Böhme vor der ersten Enthüllungswelle seiner zahlreichen Stasikontakte nach Italien flüchtet.

Siebenundzwanzigster

Die ungarische Regierung verstärkt, wahrscheinlich aus Ärger über die eher ergebnislosen Gespräche mit der westdeutschen Regierung, vorübergehend die Bewachung seiner österreichischen Grenze. Mehr als 5 000 Ausreisewillige werden abgefangen und ins Landesinnere zurückgeschickt, wo inzwischen weitere 20 000 Flüchtlinge warten. Die Ungarn spielen sogar mit dem Gedanken, ihren ungebetenen deutschen Gästen die ungarische Staatsangehörigkeit anzubieten. Das wird schnell wieder verworfen, denn die Leute wollen in den Westen, nicht im „Sozialismus light" verharren.

In der Leipziger Thomaskirche beginnen drei Theologiestudenten ein Fasten für die Demokratisierung der DDR. Was heute so banal erscheint, entfaltete damals eine große Wirkung.

Achtundzwanzigster

An einem einzigen Tag werden beim Malteser-Caritas-Dienst in Budapest mehr als 1 800 Flüchtlinge aus der DDR registriert. Die Situation in Ungarn wird mit jedem Tag unhaltbarer. Parteichef Honecker liegt noch immer im Krankenhaus. Das SED-Politbüro wagt nicht, ohne ihn eine Entscheidung zu treffen.

Neunundzwanzigster

Das SED-Politbüro tagt. Es herrscht große Ratlosigkeit, ja Entsetzen. Das Volk läuft einfach weg. Wirtschaftschef Günter Mittag bekennt: „Ich möchte auch manchmal den Fernseher zerschlagen." Das wäre die humane Variante des antiken Brauchs, den Überbringer einer schlechten Botschaft zu köpfen.

Im *Neuen Deutschland* weiterhin kein Wort zur Flüchtlingskrise. Es titelt: „Im Wettbewerb zum XII. Parteitag der SED – Forschen für Höchsterträge zur Stärkung der Republik."

Dreißigster

Bild kündigt die „größte Flucht aller Zeiten" an. In Ungarn stünde ein Ausbruch von schätzungsweise 20 000 Ausreisewilligen aus der DDR über die Grenze nach Österreich bevor. Es herrscht ein unglaubliches Chaos auf beiden Seiten des Grenzgebietes.

Immerhin beginnt man in Bayern, sich auf die Notaufnahme von DDR-Flüchtlingen vorzubereiten.

Das *Neue Deutschland* beschäftigt sich scheinbar ungerührt mit dem bevorstehenden neuen Schuljahr: „Lehrer stellen sich ihrem gesellschaftlichen Auftrag."

Einunddreißigster

Österreich setzt die Visumspflicht für DDR-Bürger aus, um für Ausreisewillige den ungehinderten Grenzübertritt zu ermöglichen. Die vielen Flüchtlinge lösen erhebliche Unruhe im Land aus. Stasichef Mielke fragt in einer Dienstbesprechung besorgt: „Ist es so, dass morgen der 17. Juni ausbricht?"

September

Erster

Anlässlich des Weltfriedenstages bilden Mitglieder der DDR-Opposition in Ost-Berlin eine Menschenkette von der sowjetischen bis zur amerikanischen Botschaft.

Das *Neue Deutschland* meint aber nicht diese Aktion, wenn es titelt: „Unsere Tat für den Frieden, die DDR, den Sozialismus."

In Bulgarien tritt das Gesetz in Kraft, wonach alle Bürger einen für fünf Jahre und alle Länder gültigen Reisepass haben können.

Auf einem Plenum des ZK der Kommunistischen Partei Estlands legt die Partei sich in ihrem Kurs auf die Erlangung der Unabhängigkeit fest. Außerdem wird der Status der estnischen Partei innerhalb der KPdSU neu definiert.

Zweiter

Die Konferenz der Evangelischen Kirchen in der DDR wendet sich mit einer Liste von Forderungen nach „längst überfälligen Veränderungen in der Gesellschaft" an Erich Honecker.

Unterdessen warten weitere 3 500 geflüchtete DDR-Bürger, die nicht mehr an mögliche Veränderungen glauben, in den Auffanglagern in Ungarn auf eine Ausreisemöglichkeit in die Bundesrepublik.

Nach den gescheiterten Verhandlungen zur Flüchtlingsproblematik zwischen Außenminister Gyula Horn und Außenminister Oskar Fischer in Ostberlin schickt die DDR-Regierung einen Unterhändler in das Malteserlager. Dieser Mann soll gezielt Flüchtlinge ansprechen und zur Rückkehr in die DDR bewegen.

Dritter

Die direkte Flucht aus der DDR kann immer noch dramatische Züge annehmen. Der wohl letzte Flüchtling über die Ostsee schwimmt 20 Stunden lang von der Wohlenberger Wieck zur Lübecker Bucht. Er kommt als einer der wenigen, die diesen Versuch unternommen haben, wohlbehalten an. Verlässliche Zahlen darüber, wie viele Menschen beim Versuch, schwimmend der DDR zu entkommen, den Tod gefunden haben, wird es wohl nie geben.

Walter Kempowski ist in Berlin, um im „Historischen Museum" aus „Echolot" zu lesen. Bei dieser Gelegenheit fährt er zur Mauer an der Leipziger Straße. „Ich stand eine Weile allein auf dem Aussichtsturm und kämpfte mit Dankbarkeitstränen. Ich empfand den Ort wie die Stelle, an denen siamesische Zwillinge zusammenhängen. Die chaotische Unordnung der Mauer auf unserer Seite, mit Bemalungen, Unkraut und verworfenem Pflaster, steht im Gegensatz zum geharkten Schussfeld drüben. – Eine Türkenfrau, die Brennnesselblätter sammelte. Eine zugemauerte Kirche."

Wie gründlich diese Bilder vergessen sind.

Vierter

In Leipzig findet im Anschluss an das Friedensgebet in der Nikolaikirche die erste Montagsdemonstration statt. Noch sind es nur ein paar Dutzend Menschen, die von der Kirche aus über den Ring, an der „Runden Ecke", dem hiesigen Stasihauptquartier, vorbei bis zum Bebelplatz laufen. Die beobachtenden Stasileute haben keine Ahnung, dass aus diesem kleinen Schneeball innerhalb von wenigen Wochen eine Riesenlawine wird, die nicht nur ihre Firma, sondern die ganze DDR verschlingt.

Fünfter

Aufgrund der bevorstehenden Öffnung der Grenze zwischen Ungarn und Österreich kommt es im Politbüro zu einem absolut ungewöhnlichen Vorfall: zu einer kontroversen Debatte. Im Ergebnis zeigt sich aber, dass die Politbürokraten immer noch nichts verstanden haben. Es wird lediglich beschlossen, die Ausreisewilligen in Ungarn mittels Flugblättern und Gesprächen zur Rückkehr in die DDR zu bewegen. Kurz darauf wurden „Mitteilungen" der DDR-Botschaft vor allen Flüchtlingslagern verteilt, die Heimkehrwilligen „Straffreiheit" zusicherten. Wörtlich. „Bürger können bei Rückkehr in die DDR ihre Anliegen in den Heimatorten vortragen. Diese Vorsprachen werden als Antragstellung beziehungsweise Wiederholung der Antragstellung auf ständige Ausreise gemäß der

Verordnung über Reisen von Bürgern der DDR nach dem Ausland vom 30.8.1988 gewertet."

Die Leute hatten es aber satt, Anträge zu stellen und sie hatten nicht vor, die nahe Freiheit gegen Straffreiheit einzutauschen. Als ein Vertreter der DDR-Botschaft versuchte, auf dem Gelände des Flüchtlingslagers Zugliget in Budapest eine „Beratungsstelle" einzurichten, sah er sich bald in seinem zum Büro umfunktionierten Campingwagen von einem halben Hundert jungen DDR-Bürgern eingekesselt. Er saß stundenlang allein in seinem Wagen, weil niemand sich beraten lassen wollte, und musste sich stattdessen anhören, was die Flüchtlinge über den SED-Staat und seine Methoden dachten.

Ab Anfang September reichen die Flüchtlingslager in der ungarischen Hauptstadt nicht mehr aus. Ein weiteres Pionierlager wird umfunktioniert, diesmal am Plattensee. Die ungarische Volksarmee bekommt den Auftrag, die Flüchtlinge dort mit Nahrung zu versorgen. Das war mal eine neue Form der viel beschworenen „brüderlichen Hilfe".

Zwischen Budapest und dem Plattensee wird außerdem ein Busverkehr eingerichtet, um so die Menschen aus den überfüllten Lagern der Stadt schnell verlegen zu können.

Angesichts der Handlungsunfähigkeit der DDR-Regierung ergreifen schließlich die Beamten des Bonner Außenministeriums die Initiative. Sie lassen über insgesamt 14 Büros provisorische Pässe verteilen, die aber keinen Einreisestempel für Ungarn ausweisen. Eine solche Verfahrensweise war glücklicherweise möglich, weil das einheitliche deutsche Staatsbürgerrecht trotz mehrfacher Vorstöße noch existierte.

Sechster

Zwei Tage nach der ersten Montagsdemonstration in Leipzig, die von mehreren Volkspolizei-Hundertschaften und ebenso vielen Stasileuten begleitet worden war, gab es eine kuriose Meldung in der *Jungen Welt*. Auf die Frage eines Lesers, warum im Blatt nicht über die Vorgänge in Leipzig berichtet worden war, hieß es: „Die Antwort ist einfach. Weil diejenigen, die sich dort im Anschluss an einen Gottesdienst zusammenrotteten, uns, die *Junge Welt*, nicht informiert hatten, dass sie in Leipzig eine staatsfeindliche Aktion gegen die DDR anzetteln wollten."

Kempowski lässt die Leipziger „Provokation" unkommentiert, aber das Westfernsehen berichtet darüber und zeigt auch einen Beitrag über die Botschaftsflüchtlinge, die ihren Standpunkt unmissverständlich klarmachen: Sie hätten genug von der Bevormundung des Staates, sie wollten sich nicht mehr vorschreiben lassen, was sie reden, lesen und wohin sie reisen dürften, oder nicht. Sie wollten nie in die DDR zurückkehren.

ADN verbreitet an diesem Tag eine zweite ungewöhnliche Meldung: Mit Bonn sei eine „grundsätzliche Übereinstimmung über einen Lösungsweg" in der Frage der Botschaftsbesetzer erzielt worden.

Siebter

Der Betrug bei den Kommunalwahlen im Mai erhitzt die Gemüter in der DDR immer noch. Auf dem Berliner Alexanderplatz findet eine weitere Demonstration gegen den Wahlbetrug statt. Die Volkspolizei und die Staatssicherheit gehen mit brutaler Gewalt gegen die Demonstranten vor. Der Alexanderplatz wird komplett abgeriegelt. Die Schreie der geprügelten Menschen kann man bis hoch auf den S-Bahnsteig hören.

Achter

Die Mitarbeiter der Ständigen Vertretung der Bundesrepublik Deutschland in Ostberlin können aufatmen: Alle DDR-Bürger verlassen das Gebäude. Man hatte schließlich Rechtsanwalt Wolfgang Vogel eingeschaltet, den Unterhändler der DDR beim Häftlingsfreikauf. Die Besetzer haben seinen Versicherungen Glauben geschenkt, dass ihre Ausreise so schnell wie möglich gestattet werden würde.

Das Politbüro hat aber immer noch keine Strategie, wie man mit den Ausreisewilligen umgehen soll. Es reagiert konfus und planlos.

Neunter

Es liegt etwas in der Luft. Nach den dramatischen Wochen an der ungarisch-österreichischen Grenze muss einfach etwas passieren. Einem Bericht der *Tagesschau* zufolge steht die Ausreise der DDR-Flüchtlinge aus Ungarn kurz bevor.

In Grünheide bei Berlin treffen sich im Haus von Katja Havemann, der Witwe des bekanntesten Regimekritikers der DDR, Robert Havemann, dreißig Vertreter unterschiedlicher Gruppen aus der ganzen DDR. Es ist die Geburtsstunde des *Neuen Forums*.

In Moldawien gibt es Unruhen. In Baku wird gestreikt. Nagorny Karabach gleicht einem Pulverfass. In Aserbaidschan ruft die offiziell noch nicht registrierte Volksfront zum Generalstreik auf.

Das zwingt Michael Gorbatschow zu einer Fernsehansprache zur Lage des Landes und den Nationalitätenkonflikten. Er kündigt grundlegende Beschlüsse innerhalb der nächsten Wochen an.

Zehnter

Die *Tagesschau* hatte recht: Der ungarische Außenminister Gyula Horn verkündet über das Fernsehen, dass alle Inhaber eines DDR-Ausweises ab dem 11. September Ungarn in Richtung Österreich verlassen dürfen. Zehntausende hatten auf dieses Signal gewartet und machen sich auf in Richtung Grenze. In der DDR spricht sich die Nachricht herum wie ein Lauffeuer und veranlasst noch einmal Zehntausende dazu, die Koffer zu packen.

Andere wollen bleiben und die Gesellschaft verändern. Die dreißig Bürgerrechtler gehen im Resultat ihrer Zusammenkunft bei Katja Havemann mit einem Aufruf: „Aufbruch 1989 – Neues Forum" in die Öffentlichkeit. Damit hatte das *Neue Forum* einen kleinen, aber entscheidenden Vorsprung vor allen anderen Neugründungen, einschließlich der SDP. Der Gründungsaufruf stieß sofort auf eine enorme Resonanz. Er verbreitete sich blitzschnell in alle Ecken der Republik. Zum Erfolg trug bei, dass der Aufruf auf polemische, konfrontative Aussagen verzichtete und sich auf die basisdemokratischen Ansätze beschränkte, die von der Bürgerbewegung entwickelt worden waren. Jeder sollte sein Schicksal in die eigenen Hände nehmen. Die Erneuerung sollte von unten kommen. Von den Regierenden erwartete man nichts mehr.

„In unserem Land ist die Kommunikation zwischen Staat und Gesellschaft offensichtlich gestört", hieß es. Deshalb sei in der „gegenwärtigen krisenhaften Entwicklung" die Beteiligung möglichst vieler Menschen am „gesellschaftlichen Reformprozess" nötig. Dafür wollte das *Neue Forum* eine politische Plattform bilden. Dieses Angebot stieß in den folgenden Tagen auf eine überwältigende Nachfrage.

Elfter

Als sich an der ungarischen Grenze punkt Mitternacht unter rasendem Beifall und knallenden Sektkorken die Schlagbäume nach Österreich hoben, hatte sich schon eine unübersehbare Menschenmenge davor angesammelt. Seit Stunden war eine Blechlawine aus Budapest und anderen Landesteilen an die Grenze unterwegs. Die Menschen hatten sich nach der im Fernsehen übertragenen Ankündigung des ungarischen Außenministers, die Grenze für DDR-Bürger zu öffnen, sofort auf den Weg gemacht. Auch diesmal blieben die Autos irgendwo am Straßenrand stehen.

Die Rallye gen Westen hat dann tagelang die Straße nach Hegyeshalom verstopft. Obwohl die Abfertigung zügig verlief, mussten die Menschen stundenlang warten, bis sie endlich dran waren.

Die DDR-Regierung schien unfähig zu begreifen, was hier vorging und warum. Zwei Tage später ließ sie verlauten, Ungarn habe in einer „Nacht- und Nebelaktion unter dem Vorwand humanitärer Erwägungen organisierten Menschenhandel betrieben".

Ausgerechnet diejenigen, die ihre Landsleute seit Jahrzehnten gegen Bares an die Bundesrepublik verkauften, warfen den Ungarn vor, „Kopfgelder" zu kassieren. Gyula Horn wies diese Beleidigung mit deutlichen Worten zurück.

In Leipzig endet das montägliche Friedensgebet wieder mit Verhaftungen.

Um sich selbst zu beruhigen, lässt die SED in Ostberlin 200 000 ihrer Mitglieder aufmarschieren, um ihre Treue zum Sozialismus zu geloben.

In Sofia rehabilitiert das Politbüro der BKP 416 bulgarische Emigranten, die in den 30er und 40er Jahren in der Sowjetunion Repressalien ausgesetzt waren und von den sowjetischen Behörden bereits rehabilitiert worden sind.

Zwölfter

Nach dem *Neuen Forum* folgt der „Aufruf zur Einmischung in eigener Sache" der Initiative *Demokratie Jetzt*. Weitere Gruppen werden folgen. Darin zeigt sich, wie wenig homogen die DDR-Bürgerrechtsbewegung war. Während die Existenz zahlreicher, unabhängig voneinander operierender Gruppen während der Zeit des DDR-Regimes ein unschlagbarer Vorteil war, wird dies in der Aufbruchszeit nun zum entscheidenden Nachteil. Die Opposition spricht nicht mit einer Stimme. Sie kann weder zu einem stringenten Konzept noch zu gemeinsamem Handeln finden. Wie das *Neue Forum* will auch *Demokratie Jetzt* eine „oppositionelle Sammlungsbewegung zur demokratischen Erneuerung" sein. Sie bleibt aber immer die viel kleinere Schwester des *Neuen Forums*.

Im Anbetracht der Ereignisse des Tages glänzt die Schlagzeile im *Neuen Deutschland* mal wieder durch eine gewisse Komik: „Für eine starke DDR – Jeden Tag hohe Leistungen."

In der Tat schickt sich die Opposition an, Höchstleistungen zu erbringen.

Die Regierung der DDR ist auch nicht untätig. In einer Note an das Ungarische Außenministerium bringt sie ihr „Befremden" über die Ausreiseerlaubnis für Bürger der DDR zum Ausdruck.

In Polen vereidigt der Sjem die neue Regierung. Zwölf Minister werden von *Solidarność* gestellt, nur vier von den Kommunisten, sieben gehören anderen Parteien an oder sind parteilos.

Dreizehnter

Während Partei- und Staatschef Erich Honecker im Krankenbett in der *Bild-Zeitung* liest, wie seine Landeskinder in den Westen stürmen, treffen die ersten Ungarnflüchtlinge in Berlin-Tegel ein und werden enthusiastisch begrüßt. *Bild* feiert ihre Ankunft mit einem großen „Hurra".

In Ungarn haben sich die Flüchtlingslager schon wieder bis auf den letzten Platz gefüllt. Die Menschen machen hier nur noch für ein oder zwei Nächte Station, bis sie die nötigen Informationen für den Grenzübertritt besitzen. Inzwischen gibt es auch zwischen der Grenze und den Flüchtlingslagern einen Bus-Pendelverkehr.

Walter Kempowski hört inzwischen stündlich Nachrichten und diagnostiziert das „Zusammenkrachen des Kommunismus".

Er bemerkt, dass Christa Wolf, Stephan Hermlin und andere bekannte Schriftsteller der DDR schweigen. Auch der westdeutschen Linken hat es die Sprache verschlagen.

Nur wenige üben Selbstkritik, wie Heiner Müller, der gefeierte Dramatiker der DDR in dem gleichnamigen Text: „Auf dem Bildschirm sehe ich meine Landsleute mit Händen und Füßen abstimmen gegen die

Wahrheit, die vor vierzig Jahren mein Besitz war. Welches Grab schützt mich vor meiner Jugend?"

Vierzehnter

Die Bundesregierung dankt Ungarn und Österreich für ihre Solidarität mit den DDR-Flüchtlingen. Die Situation in den Grenzgebieten beider Länder gleicht immer noch einem Ausnahmezustand. Die Flüchtlinge sollen so schnell wie möglich in die Bundesrepublik weiterreisen, aber es fehlt bisher an Aufnahmekapazitäten.

In der DDR bemühen sich weitere Kreise um die Demokratisierung des Landes. Ermutigt durch die Aufrufe der Bürgerbewegung tut sich jetzt auch etwas bei den Schriftstellern. Wenigstens bei den Damen unter ihnen. Sieben Schriftstellerinnen, unter anderem Christa Wolf und Sigrid Damm bringen auf der Verbandstagung des Berliner Schriftstellerverbandes eine Resolution ein. Sie forderten angesichts der Krise, deren „Ursachen in nicht ausgetragenen Widersprüchen im eigenen Land" gesehen werden, einen „demokratischen Dialog" für „die weitere Entwicklung des Sozialismus". Diese Resolution, die noch vor einem halben Jahr eine Sensation gewesen wäre, findet kaum Resonanz. Mit der weiteren Entwicklung des Sozialismus kann man niemanden mehr locken.

Fünfzehnter

Während die DDR bereits in allen Fugen kracht und im Alltag tiefe Risse aufweist, gibt es noch Ereignisse, die Normalität vortäuschen. Zwischen Fürstenwalde und dem hessischen Reinheim wird eine Städtepartnerschaft vereinbart. Es ist die letzte Städtepartnerschaft zu DDR-Zeiten.

In der Sowjetunion wird wieder ein Massengrab aus der Stalinzeit gefunden. Es enthält 300 000 Skelette mit Einschusslöchern in den Schädeln.

In der DDR herrscht Aufbruchstimmung. Die verschiedenen Gruppen präsentieren ihre Aufrufe in der bislang einzigen Öffentlichkeit, die ihr zur Verfügung steht, den Kirchen. SED und Staatssicherheit nehmen das inzwischen sehr ernst.

Von westdeutschen Politikern wird nach wie vor unterschätzt, was sich im Ostteil Deutschlands tut. Ein bundesdeutscher Staatssekretär besucht eine Veranstaltung des *Neuen Forums* in der Gethsemanekirche und findet alles schrecklich unprofessionell. Er konnte sich nicht mal vorstellen, welche Schwierigkeit es allein bedeutete, Papier zu beschaffen, geschweige denn an Vervielfältigungstechnik heranzukommen. So mäkelt er, dass nicht mal allen Besuchern der Veranstaltung der Aufruf des *Neuen Forums* zur Verfügung gestellt wurde. Er bemerkt einen „Mangel an politischen Talenten". Selbst Bärbel Bohley, die längst zur Symbolfigur geworden ist, wirke „amateurhaft". Dass er es mit Leuten zu tun hatte, die nie Gelegenheit gehabt hatten, politisches Auftreten zu üben, kam dem Berufspolitiker nicht in den Sinn. Seine Depesche an das Bundeskanzleramt enthält daher krasse Fehleinschätzungen. Die Gruppen seien von „effektiver Oppositionsarbeit" weit entfernt. Die Staatssicherheit würde dafür sorgen, dass die „Aufbruchsstimmung nicht zu einem tatsächlichen Aufbruch wird".

So kann man sich täuschen.

Sechzehnter

Vertreter der beiden christlichen Kirchen der DDR appellieren an die Regierung, die Ursachen für die Ausreise- und Fluchtwelle zu beseitigen. Neben der Staatssicherheit hatten die Kirchen den besten Überblick über das Ausmaß der Ausreisewelle, da sich viele Ausreisewillige, auch Nichtgläubige, an die Seelsorger beider Konfessionen wandten. Immer mehr Kirchen öffneten sich für Friedensgebete oder Diskussionen über die notwendigen Veränderungen im Land, längst nicht mehr nur in den Großstädten, sondern auch auf dem Land. Immer mehr Kirchenvertreter unterstützen die Opposition.

Anderswo gehen Feindbilder zu Bruch. Der sowjetische Reformer Boris Jelzin erklärt während seines USA-Aufenthalts, seine Meinung von „den Amerikanern" habe sich grundlegend geändert.

Siebzehnter

Allmählich beginnen sich die verschiedenen Protestaktionen, die in immer kürzeren Abständen in der DDR stattfinden, zu vernetzen und aufeinander zu beziehen: In der Berliner Gethsemanekirche findet ein erstes Fürbittgebet für die in Leipzig nach dem Montagsgebet inhaftierten Menschen statt.

September

In Polen begeht man erstmals den Jahrestag des sowjetischen Einmarschs in polnische Gebiete nach dem Hitler-Stalin-Pakt. Die *Welt am Sonntag* titelt dazu: „Erstmals greifen Warschaus Kommunisten den Kreml öffentlich wegen Besetzung Polens an." Das Blatt thematisiert in diesem Zusammenhang auch die von den Sowjets begangenen Verbrechen.

Achtzehnter

Noch ein Novum im immer turbulenter werdenden DDR-Alltag: Auf ihrer Verbandstagung verabschieden die Unterhaltungskünstler, wie Rockmusiker und Liedermacher in der DDR genannt werden, eine Resolution. Im Text werden Reformen verlangt und unter ausdrücklicher Bezugnahme auf das *Neue Forum,* das nach den Gesetzen der DDR immer noch eine illegale Zusammenrottung ist, verlangten die Künstler die Tolerierung basisdemokratischer Gruppen. Es heißt: Das „Land braucht die millionenfache Aktivierung von Individualität; die alten Strukturen sind offenbar nicht mehr in der Lage dazu." Die beteiligten Künstler tragen diese Resolution in den folgenden Tagen und Wochen zu Beginn ihrer Konzerte vor und erreichten damit ein Millionenpublikum.

Das *Neue Deutschland* übt sich weiterhin in Realsatire: „Hohe Leistungen an jedem Tag für bewährten Kurs der Hauptaufgabe."

In Leipzig stehen hunderte Menschen im Nikolaikirchhof. Die eine rufen „Wir wollen raus!", die anderen „Wir bleiben hier!". Die *Leipziger Volkszeitung* berichtet am nächsten Tag in neun Zeilen auf der letzten Seite über eine „rechtswidrige Zusammenrottung von Personengruppen im Bereich der Leipziger Innenstadt". Die Einsatzgruppen der Deutschen Volkspolizei hätten „konsequent und besonnen gehandelt".

Neunzehnter

Nachdem Ungarn seine Grenzen für DDR-Flüchtlinge geöffnet hat, wird es immer schwieriger, ein Visum nach Ungarn zu bekommen. Fahren können nur noch diejenigen, die sich rechtzeitig Reisepapiere beschafft haben. Also müssen die Ausreisewilligen ausweichen. Die einzige Möglichkeit, noch unbehelligt die Grenze überschreiten zu können, ist der visafreie Reiseverkehr nach Polen.

September

In Warschau hat sich in den vergangenen Tagen die Botschaft der Bundesrepublik Deutschland mit Flüchtlingen gefüllt. Jetzt sind die Aufnahmekapazitäten endgültig überschritten. Die Botschaft wird geschlossen. Das *Neue Deutschland* berichtet über die akute Wohnungsnot in Westberlin. Bereits 12 000 Westberliner seien ohne ein Dach über dem Kopf. Die Botschaft ist klar: Geht lieber nicht in den Westen, denn da werdet ihr auf der Straße landen. Die wenigsten Ausreisewilligen lassen sich davon beeindrucken.

Die SED will noch immer Flüchtlinge und Botschaftsbesetzer zur Rückkehr in die DDR bewegen. Sie setzt dabei wesentlich auf die rhetorischen Fähigkeiten eines alerten Anwalts mit Namen Gregor Gysi.

Gysi, seit 1988 Vorsitzender des Ost-Berliner Rechtsanwaltskollegiums, hatte der SED als Anwalt bekannter Oppositioneller der DDR schon häufiger Dienste geleistet.

In dringenden Fällen wurde Gysi auch schon mal ohne Mandat tätig. Als ich im Februar 1988 aus dem Stasi-Gefängnis in Berlin-Hohenschönhausen in den Westen abgeschoben werden sollte, versuchte mich Gysi zu überreden, das Land ohne meine Kinder zu verlassen. Er selbst würde sie mir „an jeden Ort der Welt nachbringen". Er handelte damit im Sinne eines Maßnahmeplanes der Staatssicherheit, der für die am Rande der sogenannten Liebknecht-Luxemburg-Affäre inhaftierten Bürgerrechtler die Abschiebung vorsah, und zwar bis zu einem bestimmten Datum, auf das sich Staatschef Honecker öffentlich festgelegt hatte. Gysis berühmte rhetorische Fähigkeiten verfehlten bei mir ihre Wirkung.

Ein paar Monate später versuchte er erfolglos, einen geflüchteten Wissenschaftler in Westberlin zu überreden, in die DDR zurückzukehren. Gysi sah das als persönliche Niederlage an.

Bei der SED-Führung und der Stasi hat ihm das nicht geschadet. Wegen seiner besonderen Verdienste, und weil Gysi für die DDR im Westen eine gute Figur machte, wurde er mit einer „Dauervisierung", gültig für die Grenzübergänge Schönefeld und Invalidenstraße, belohnt.

Die wurde ausgerechnet von Stasioffizier Wolfgang Reuter ausgestellt, der für die Bekämpfung von DDR-Oppositionellen zuständig war. Im Spätsommer und Frühherbst 1989 war Gysi, oft an der Seite von DDR-Unterhändler Wolfgang Vogel, in Flüchtlingsangelegenheiten unterwegs.

Gysi konnte zwar die DDR nicht retten, immerhin aber ihre herrschende Partei, die SED, deren letzter Vorsitzender er im Dezember

1989 wurde. Eine seiner ersten Amtshandlungen war die Bildung einer Arbeitsgruppe zur Rettung des Parteivermögens. Die war so effektiv, dass in der Legislaturperiode 1994-1998 ein Untersuchungsausschuss des Bundestages gebildet wurde, um dem verschwundenen DDR-Vermögen auf die Spur zu kommen.

Gysi und seine Genossen haben erfolgreich verhindern können, ihr Wissen preisgeben zu müssen. Mit identischen Erklärungen machten sie geltend, dass sie sich bei einer Aussage einer Strafverfolgung aussetzen würden. Sie kamen mit einer lächerlichen Strafgeldzahlung davon.

Zwanzigster

Während die DDR-Regierung ungeachtet des Aufruhrs im Inneren „Ehrenbanner" an die „besten Kollektive im Wettbewerb zum 40. Jahrestag der DDR" verteilt, entstehen täglich neue Initiativen, um die starre Gesellschaft aufzuweichen. Nachdem vor zwei Tagen bereits Magdeburg nach dem Leipziger Vorbild ein „Friedensgebet" eingeführt hat, folgt nun Nordhausen. Damit hat die oppositionelle Bewegung endgültig auch die Provinz erfasst. In Weimar veröffentlichen 66 Bürger eine Entschließung, in der die Opposition zum einheitlichen Handeln aufgefordert wird.

Dieser Appell verhallt leider ungehört.

In Moskau wird auf einem Plenum des ZK der KPdSU eine Plattform für eine neue Nationalitätenpolitik beraten, die helfen soll, die aufbrechenden nationalen Konflikte zu lösen

Einundzwanzigster

Das *Neue Forum,* das seit zwei Wochen aktiv ist und tausende Unterstützer um sich gesammelt hat, wird von den DDR-Behörden weiterhin als illegal angesehen. Der *Allgemeine Deutsche Nachrichtendienst* teilt mit, dass der Antrag des *Neuen Forums* auf offizielle Zulassung abgelehnt wurde. Aufhalten kann das SED-Regime damit nichts mehr. Es hat inzwischen auch die Unterstützung der Mehrheit der Leitung des Bundes der Evangelischen Kirchen verloren. Die eben beendete Synode verkündete in ihrem Beschluss: „Wir brauchen ein allgemeines Problembewusstsein dafür, dass Reformen in unserem Land dringend notwendig sind . . . , eine verantwortliche pluralistische Medienpolitik; demokratische Parteienvielfalt; Reisefreiheit für alle Bürger; wirtschaftliche Reformen ..., die Möglichkeit friedlicher Demonstrationen; ein Wahlverfahren, das die Auswahl zwischen Programmen und Parteien ermöglicht."

Auf diese Erklärung reagiert das *Neue Deutschland* mit einer wütenden Replik unter der Überschrift „Großdeutsche Ladenhüter auf der Kirchenversammlung". Darin wird der Evangelischen Kirche vorgeworfen, von der BRD beeinflusst zu sein. Gleichzeitig werden für die noch verbliebenen SED-treuen Kirchenmänner Wohltaten vorbereitet, zum Beispiel eine Ehrenpromotion für Konsistorialpräsident Manfred Stolpe an der Universität Greifswald.

Zweiundzwanzigster

Was für ein Tag für die DDR! Boris Becker hält sich heimlich im Land auf, um der Oma seiner derzeit festen Freundin Karen seine Aufwartung zu machen. Selbst wenn sie es gewusst hätten, wären die DDR-Bürger wohl nicht allzu sehr beeindruckt gewesen. Im Augenblick sind andere Dinge spannender.

Auch in Gotha wird ein Friedensgebet nach dem Leipziger Vorbild eingeführt. Gleichzeitig wird bekannt, dass die Ausreisewilligen, die kürzlich die Ständige Vertretung der Bundesrepublik in Ostberlin verlassen hatten, demnächst ausreisen dürfen. Das weckt neue Hoffnungen. Die Debatten über Gehen oder Bleiben beherrschen alle Gespräche.

In Litauen veröffentlicht die Kommunistische Partei einen Programmentwurf, der die Forderung nach der Souveränität des Landes und nach Selbstständigkeit der Partei enthält.

Dreiundzwanzigster

Die DDR-Provinz gerät immer mehr in Bewegung. In Weißenfels veranstalten etwa zwanzig Jugendliche auf der Hauptverkehrsstraße einen Sitzstreik. Sie rufen in Sprechchören: „Wir wollen raus!" oder „Zulassung für das *Neue Forum*". Die Volkspolizei greift ein. Fünf Jugendliche werden festgenommen.

Auch sächsische Kirchenleute setzen sich für das *Neue Forum* ein. Zwölf Superintendenten und Kirchenjuristen richten eine scharfe Protesterklärung an den Ministerrat der DDR. Sie fordern die sofortige

September

Zulassung des *Neuen Forums* als legale Organisation. Diese offene Unterstützung der Opposition durch maßgebliche Kirchenleute ist neu. In Ostberlin wird die Ausstellung „40 Jahre DDR" eröffnet. Was als „Bilanz erfolgreichen Wirkens" gedacht war, gerät zum Schwanengesang der DDR.

Vierundzwanzigster

In Leipzig findet ein Treffen von Vertretern aller bis jetzt gegründeten Oppositionsgruppierungen statt. Es soll der Versuch gemacht werden, die Zersplitterung zu überwinden. Viele Bürgerrechtler folgten der Einladung der *Initiative zur demokratischen Erneuerung,* darunter auch Bärbel Bohley, die bereits zur Symbolfigur der Bürgerrechtsbewegung avanciert war. Leider kam es zu keiner Einigung. Die inhaltlichen und strategischen Vorstellungen waren unüberbrückbar. Es scheiterten auch die Bemühungen, wenigstens Teile der neuen Gruppierungen zu verschmelzen. Deshalb war es am Ende so leicht, die Bürgerrechtsbewegung beiseite zu schieben.

Die Flüchtlingsproblematik wird indes immer drängender. Überraschend erscheint ein Abgesandter von Staatschef Honecker im Bonner Kanzleramt, um über eine Lösung der Flüchtlingskrise zu sprechen.

Unberührt davon geht der sozialistische Alltag seinen Gang. Im Thüringer Kyffhäuserkreis wird mit großem Pomp das monumentale Bauernkriegsdenkmal eingeweiht, und zwar am Ort der „Schlacht" bei Frankenhausen. Was vor den Augen der SED-Prominenz enthüllt wurde, war aber ein ungewöhnliches Rundgemälde des Malers Werner Tübke, der sich trotz Staatsauftrags seine eigenwillige Sicht der Dinge nicht nehmen lassen hatte. Mit Sozialistischem Realismus hat das im altitalienischen Stil gemalte Gemälde nichts zu tun. Es ist auch eine Huldigung des Humanismus statt der Rebellion. Ein paar zwielichtige Gestalten tragen die Gesichtszüge örtlicher SED-Funktionäre. Das Gemälde ist heute noch eine Reise wert.

Fünfundzwanzigster

Ausnahmezustand in der Botschaft der Bundesrepublik Deutschland in Prag. Fast 900 Menschen befinden sich auf dem Gelände, das sie nicht verlassen wollen, bis sie sicher sein können, in den Westen reisen zu dürfen. Die Atmosphäre ist zum Zerreißen gespannt.

Der aus der DDR angereiste Rechtsanwalt Wolfgang Vogel sagt den Botschaftsflüchtlingen auch diesmal die Ausreise in den Westen innerhalb von sechs Wochen zu, wenn sie sich bereit erklären, die Botschaft zu verlassen und in die DDR zurückzukehren. Nach Angaben der DDR-Behörden sollen zweihundert Flüchtlinge diesem Angebot gefolgt sein.

Der immer noch kranke Parteichef Honecker hatte seinen treuesten Gefolgsmann Günter Mittag zu seinem Stellvertreter bestimmt. Mittag hatte auf der Sitzung des Politbüros am 19. September Maßnahmen zur Eindämmung der Oppositionsbewegung beschließen lassen. Die neuen oppositionellen Bewegungen sollten „im Keim erstickt" werden, damit sie keine „Massenbasis" bekämen, was gründlich misslang. Die Politbürokraten, die immer noch glauben, der „Imperialismus" würde die Bürgerbewegung schüren, verkennen nach wie vor die wirkliche Situation im Lande und sind dadurch außerstande, wirksame Maßnahmen zu ergreifen. Was sie befehlen, verstärkt lediglich die Spannungen. In Leipzig werden 1500 zusätzliche Sicherheitskräfte bereitgestellt, um eine Demonstration nach dem Montagsgebet zu verhindern. Die Innenstadt ist komplett abgesperrt. Trotzdem strömen Tausende zur Nikolaikirche. Das Gotteshaus muss wegen Überfüllung geschlossen werden. Eine riesige Menschenmenge verharrt vor dem Gebäude. Das von Pfarrer Christoph Wonneberger gestaltete Gebet hat gewaltlosen Widerstand zum Thema. Am Schluss seiner Predigt, bei der auch die Namen der in den vorangegangenen Wochen Inhaftierten verlesen werden, sagt er: „Deshalb müssen wir, die wir hier versammelt sind, strikt das Prinzip der Gewaltlosigkeit vertreten. Das gilt auch gegenüber Provokateuren, die in unseren Reihen sind." Danach stimmen die Gottesdienstteilnehmer das Lied *„We shall overcome"* an und es beginnt die erste Massendemonstration der DDR, die von Polizei und Sicherheitskräften unbehelligt bleibt. Die Sicherheitskräfte sind von der bloßen Anzahl der Teilnehmer überrumpelt: Etwa 6 000 Menschen marschieren über den Ring bis zum Hauptbahnhof. Die Polizeiketten umgehen sie einfach. Immer mehr Passanten schließen sich an. Stasichef Mielke ist vollkommen überrascht, als er bei seinen Telefonaten erfährt, dass ein Eingreifen mit den üblichen Mitteln nicht möglich ist. Er bellt von Berlin aus sinnlose Befehle in den Hörer, während sich die Demonstration an diesem Abend am Leipziger Hauptbahnhof friedlich auflöst.

Im Stasihauptquartier verlangt Mielke, dass sich so etwas nicht wiederholen dürfe. Noch in der Nacht beginnen die Vorbereitungen für den kommenden Montag.

In Moskau wird durch ein Gesetz mit dem unverbindlichen Titel „Über den Modus der Schlichtung von Arbeitskonflikten" ein Streikrecht beschlossen. Damit erhalten die Arbeiter der SU ein lange vorenthaltenes Recht zurück.

Sechsundzwanzigster

Partei- und Staatschef Erich Honecker erlässt an diesem Tag einen hochgeheimen Befehl, von dem die Öffentlichkeit erst Wochen später erfährt. Im ersten Satz der Verordnung Nr. B 912/371 heißt es: „Am 7. Oktober 1989 begehen die Bürger der DDR voller Stolz und Freude den 40. Jahrestag der Republik." Dann folgt ein Hinweis auf die zu erwartende beispiellose Hetzkampagne aus der BRD. Deshalb sei „ein offensives Reagieren auf provokatorische Erscheinungen" geboten. Aus diesem bewusst vage gehaltenen Befehl konnte jeder Kommandeur herauslesen, was er für richtig hielt.

Unter den Menschen, die die DDR nicht verlassen wollen, geht die Mobilisierung weiter. In der Erfurter Augustinerkirche findet eine Veranstaltung der Opposition statt. Obwohl der Termin nur durch Mundpropaganda verbreitet worden war, kommen mehr als tausend Menschen. Solche Veranstaltungen hatten einen großen Mobilisierungseffekt, weil sie vor allem dem Verbreiten von Material und dem Austausch von Adressen und Terminen dienten.

Auch die traditionell eher staatsnahen Künstler kommen langsam aus der Deckung. So schreiben die „Vertrauensleute der Gewerkschaftsgruppe Künstlerisches Personal" des *Deutschen Theaters* einen „Offenen Brief" an Ministerpräsident Willi Stoph, in dem die Öffnung der DDR-Medien für das „*Neue Forum* und andere" Oppositionsgruppen sowie eine Legalisierung derselben gefordert wurden.

Siebenundzwanzigster

Die Leipziger SED-Bezirksleitung beschließt einen Maßnahmekatalog zur Unterdrückung der Opposition. Eine weitere Montagsdemonstration soll nach dem Willen der Genossen nicht stattfinden. Währenddessen gibt es immer größeren Zuspruch für die neu gegründeten Bürgerrechtsgruppen. Die Bezirksvorstände der Verbände der Bildenden Künstler in Dresden und Rostock solidarisieren sich mit dem *Neuen Forum* und fordern seine Legalisierung.

In Ungarn verabschiedet das Parlament eine Erklärung, in der die Teilnahme ungarischer Truppen an der militärischen Intervention gegen den Prager Frühling 1968 verurteilt wird. Außerdem wird ein neues Auswanderungsgesetz beschlossen und alle Straftatbestände wegen illegalen Verlassens des Landes werden aufgehoben. Es gibt ab sofort uneingeschränkt Pässe für alle.

Achtundzwanzigster

Der Beschluss der SED-Kreisleitung vom Vortag, keine weiteren Montagsdemonstrationen mehr zuzulassen, soll von der Staatssicherheit umgehend in die Tat umgesetzt werden. Den Pastoren Christian Führer und Christoph Wonneberger von der Nikolaikirche wird mit Inhaftierung gedroht, wenn sie nicht mit ihrem politischen Engagement aufhören.

Die SED-Führung wird so kurz vor dem 40. Jahrestag der Gründung der DDR immer nervöser. Man will Ruhe im Land. Es soll ein großes Fest werden. Das *Neue Deutschland* zählt schon mal die Politiker auf, die sich zu den Feierlichkeiten angesagt haben. Erwartet wird auch Michail Gorbatschow.

Daneben gibt es weiter Meldungen aus dem heilen sozialistischen Alltag: „Inbetriebnahme neuer Anlagen zur Steigerung der Arbeitsproduktivität."

Neunundzwanzigster

Eine außerordentliche Politbürositzung beschließt, die Botschaftsflüchtlinge in Prag und Warschau über DDR-Territorium ausreisen zu lassen. Es soll einen letzten Hauch von Souveränität bedeuten, dass die Menschen nicht direkt in den Westen reisen dürfen. In der Folge sollte sich diese Dickköpfigkeit der Politbürokraten als verhängnisvoll erweisen.

Diejenigen, die ihr Land nicht nach wie vor verlassen, sondern verändern wollen, verstärken ihre Aktivitäten, um Reformen zu erzwingen. In Thüringen veröffentlichen sechzig Vertreter von Basisgruppen einen

September

„Offenen Brief" an die „Verantwortlichen unseres Staates und alle Bürger unseres Landes". Sie fordern freie Wahlen, die Legalisierung der frisch gegründeten Bürgerrechtsgruppen, wie das *Neue Forum*, Reisefreiheit, Meinungsfreiheit und eine freie Presse.

In Berlin trauen sich immer mehr Künstler, wider den staatlichen Stachel zu löcken. Diesmal sind es die Mitglieder des *Berliner Ensembles*, die öffentlich die Zulassung des *Neuen Forums* und der anderen Gruppen fordern.

In Leipzig werden in einem Schnellverfahren elf verhaftete Teilnehmer des Friedensgebets vom 11. September verurteilt. Das soll abschreckend wirken.

Dreißigster

Die Bilder gehen um die Welt: Außenminister Genscher verkündet den 4 000 Besetzern der Prager Botschaft, dass sie ausreisen dürfen. Ein Jubelschrei aus vielen tausend Kehlen antwortet ihm. In Warschau macht Staatssekretär Jürgen Sudhoff das Gleiche.

Die Menschen, die seit Tagen, zum Teil Wochen, unter unsäglichen Bedingungen in den Botschaften ausgeharrt haben, beginnen ihre letzten verbliebenen Habseligkeiten zusammenzupacken und sich für die Abreise fertig zu machen. Sie erfahren erst nach und nach, dass die Reise sie noch einmal durch die DDR führen wird. Manchen ist das unheimlich. Sie haben Angst, dass die DDR-Behörden sich nicht an ihre Versprechungen halten und sie zum Verbleib in der DDR zwingen könnten. Aber sie haben keine andere Wahl, als auf die Zusagen zu vertrauen und die Bedingungen ihrer Ausreise zu akzeptieren. In der Nacht fahren die ersten Sonderzüge von Prag über die DDR nach Westdeutschland. Es soll nach dem Willen der DDR-Regierung ein „einmaliger humanitärer Akt" sein.

In der DDR wird der Ruf nach freien Wahlen immer lauter. Inzwischen finden an jedem Abend Veranstaltungen in Kirchen statt. Die Staatssicherheit hat kaum noch genug Personal, um alles unter Beobachtung zu halten. Viele Stasi-Leute sind nach Leipzig abkommandiert worden, um dort bei den Vorbereitungen zur Verhinderung der nächsten Montagsdemonstration zu helfen. Im Bezirk Dresden werden alle verfügbaren Sicherheitskräfte entlang der Bahnstrecke zusammengezogen, auf der der Zug mit den Ausreisewilligen aus Prag entlangfahren soll.

Oktober

Erster

In Ostberlin wird unter dramatischen Umständen eine weitere Oppositionsgruppe gegründet: der *Demokratische Aufbruch (DA)*. Das Treffen war mit größter Vorsicht vorbereitet worden, denn man wusste, dass die Staatssicherheit eine weitere Gründung unbedingt verhindern wollte. Offiziell hieß es, die Gründungsversammlung würde in der Samaritergemeinde in Berlin bei Pfarrer Eppelmann stattfinden. Etwa achtzig Menschen fanden sich im Gemeindehaus ein, das sofort von der Staatssicherheit abgeriegelt wurde. Bei Eppelmann wurden an die Anwesenden Zettel mit der Adresse von Ehrhart Neubert verteilt. In Neuberts Wohnung kamen siebzehn Leute an, die anderen wurden von der Staatssicherheit aufgehalten. Diese Siebzehn gründeten dann den DA und erarbeiteten eine programmatische Erklärung, die noch am gleichen Abend über Telefon an westliche Journalisten weitergegeben wurde. Im Vergleich zum *Neuen Forum* strebte der *Demokratische Aufbruch* eine höhere Verbindlichkeit an, verzichtete aber ebenfalls darauf, sich als Partei zu formieren. Ein paar Wochen nach der Gründung, als die Stasi nach dem Mauerfall bereits machtlos geworden war, erschien eine Physikerin bei Ehrhart Neubert, die sich zuvor bei der SDP umgesehen und auf Mitwirkung dort verzichtet hatte. Der DA lag ihr mehr. Sie entschloss sich zum Mitmachen und wurde von Ehrhart Neubert als Pressesprecherin eingestellt. So begann die politische Karriere von Angela Merkel.

Zweiter

Es ist Montag. Der Tag des traditionellen Montagsgebets, an das sich heute nach dem Willen der SED nicht wieder eine Demonstration anschließen soll. Die Stadt gleicht einem Heereslager. Die Zufahrtsstraßen und die Bahnhöfe werden überwacht. Besonders Jugendliche, die in die Stadt wollen, werden daran gehindert. Ab 13 Uhr sind die Sicherheitskräfte, verstärkt durch Kampfgruppen, in Bereitschaft. Seit Tagen gab es eine intensive Pressekampagne gegen das Montagsgebet. Nun müssen SED-Kader, Universitätspersonal, Funktionäre der Blockparteien und Betriebsgruppen auf der Straße gegen das Montagsgebet protestieren. Die Passanten begegnen diesen staatlichen Demonstranten mit Spott oder Mitleid.

Trotz der weiträumigen Abriegelung der Nikolaikirche finden sich mehr als 10 000 Menschen in und an der Kirche ein. Auch in der Reformierten Kirche findet ein Gebet statt. In beiden Kirchen wird in leidenschaftlichen Predigten der „Aufbruch aus der Feigheit" proklamiert. Gleichzeitig gibt es wieder Aufrufe zur unbedingten Gewaltfreiheit. „Es kommt jetzt nicht nur darauf an, sich ein Herz zu fassen", sagt Jugendpfarrer Klaus Kaden in der Nikolaikirche, „sondern auch in der Auseinandersetzung mit dem politischen Gegner sein Herz zu bewahren." Nach den Gebeten formiert sich ein Demonstrationszug von mehr als 15 000 Menschen. Wie in der Vorwoche sind die Sicherheitskräfte hilflos. Absperrungen werden einfach umgangen oder durchbrochen. Der Verlauf der Demonstration kann nicht mehr gesteuert werden. Ein Teil der Demonstranten sammelt sich vor der Thomaskirche. Hier kommt es zum gewaltsamen Eingreifen der Sicherheitskräfte mit Schlagstöcken und Hunden. Auch Passanten werden beeinträchtigt. Die Menschen rufen anfangs: „Wir sind keine Rowdys!" So waren die Demonstranten in den letzten Tagen in der Presse tituliert worden. Weil das als Ruf recht holprig klang, kam ein Unbekannter auf die Idee zu rufen: „Wir sind das Volk!" Der Schlachtruf der Friedlichen Revolution war geboren. Er verbreitete sich in Windeseile. Kombiniert mit „Keine Gewalt!" wirken die Parolen auf die Sicherheitskräfte regelrecht entwaffnend. Sie haben ohnehin das Problem, gegen ihre eigenen Freunde, Bekannten und Nachbarn vorgehen zu müssen und keineswegs gegen Feinde, wie ihnen eingeredet worden war. Nun bröckelte die Legitimation der SED auch bei denen, die dem Machterhalt der Partei dienen sollten.

In der Gethsemanekirche in Berlin beginnt eine Mahnwache aus Protest gegen die Verhaftungen der letzten Wochen.

Dritter

Der *Leipziger Volkszeitung* sind die Ereignisse des Vortags gerade fünfundzwanzig Zeilen wert. Der Tenor der Berichterstattung war der gleiche wie bei der Hetzkampagne gegen die Montagsgebete in den Tagen zuvor. Personengruppen hätten sich zusammengerottet, um die öffentliche Ordnung und Sicherheit zu stören: „Den Maßnahmen der Deutschen Volkspolizei wurde aktiver Widerstand entgegengesetzt, Volkspolizisten angegriffen und Einsatzfahrzeuge beschädigt ... Der Einsatz von Hilfsmitteln der Deutschen Volkspolizei war unumgänglich. Es waren Zuführungen erforderlich. Die strafrechtlichen Konsequenzen werden geprüft." Der Sender Leipzig verschwieg die Vorgänge. Das hatte immerhin den Vorteil, dass man die Demonstranten nicht verurteilen musste.

Kaum haben die Ausreisewilligen die Botschaften der Bundesrepublik Deutschland in Prag und Warschau verlassen, drängen neue Flüchtlinge nach. Binnen eines Tages war die Botschaft in Prag wieder mit etwa 3 000 Menschen gefüllt. Die DDR-Führung reagiert auf die Flüchtlingskrise, indem sie die Ausreise in die sozialistischen Bruderländer erschwert oder verhindert. Nachdem es fast unmöglich geworden ist, noch ein Ausreisevisum nach Ungarn zu bekommen, wird auch der visafreie Reiseverkehr nach Polen ausgesetzt. Ab sofort müssen wieder Visa beantragt werden, die genehmigt oder verweigert werden können.

Partei- und Staatschef Honecker bekommt immer noch internationalen Besuch. Der britische Verleger Robert Maxwell ist zu Gast und tröstet Honecker über den Legitimationsverlust bei seinem Volk hinweg.

Vierter

Die DDR-Partei- und Staatsführung gibt zum Massenexodus ihrer Landeskinder eine Erklärung ab. Es handele sich bei der Massenflucht um die Verführung junger Leute, die noch keine Erfahrungen mit dem Kapitalismus gemacht hätten. Den Flüchtlingen werde „keine Träne nachgeweint" heißt es. Auf die Idee, dass ihre Erfahrung mit dem Sozialismus die jungen Menschen in die Flucht treibt, kommen Stoph und Genossen nicht. Deshalb entscheiden sie sich für Zwangsmaßnahmen: Der visafreie Reiseverkehr mit der Tschechoslowakei wird ausgesetzt. Jetzt können die DDR-Bürger das Land nicht mehr aus eigenem Entschluss verlassen. Sie müssen um Genehmigung ersuchen, egal, in welche Richtung sie sich bewegen wollen. Es ist, als ob man einen Dampfkessel hermetisch verriegelt.

In der Prager Botschaft der Bundesrepublik befinden sich inzwischen fast 10 000 Menschen. Die hygienischen Verhältnisse werden unhaltbar. Deshalb wird diesen „Nachzüglern" ebenfalls gestattet, per Zug über die DDR in den Westen auszureisen. Als die DDR-Bürger davon erfahren, finden sie sich zu Zehntausenden an der Bahnstrecke ein. Diesmal beschränken sich viele nicht nur aufs Rufen und Winken, sondern versuchen, die Züge zu stürmen. In Dresden drängen etwa 20 000 Menschen in den Hauptbahnhof und skandieren: „Wir wollen raus!" Die im und um den Bahnhof verteilten Sicherheitskräfte versuchen, Bahnsteige und Gleisanlagen mit Wasserwerfern zu räumen. Mit Hunden und Schlagstöcken gehen sie gegen alle vor, die nicht weichen wollen. Es kommt zu den schwersten Auseinandersetzungen zwischen Bürgern und Polizeikräften seit dem 17. Juni 1953. Es gibt Dutzende Verwundete auf beiden Seiten. Ein Polizeiwagen geht in Flammen auf. Mehr als 1 300 Menschen werden festgenommen. Das sprengt die Dimension von Dresdens Gefängnissen. Die Verhafteten müssen über den ganzen Bezirk verteilt werden. Selbst die Nachbarbezirke müssen Inhaftierte aufnehmen. Währenddessen gehen die Bilder von den Prügelszenen um die Welt.

Bundeskanzler Kohl, selbst krank, hält sich telefonisch auf dem Laufenden.

Abseits des Geschehens trifft sich das Politbüro mit „Widerstandskämpfern und Aktivisten der ersten Stunde", wie das *Neue Deutschland* berichtet.

Die Widerstandskämpfer gegen das Politbüro treffen sich ebenfalls. In Weimar findet eine Veranstaltung des *Demokratischen Aufbruchs* und des *Neuen Forums* statt, an der 1 200 Menschen teilnehmen. Viele berichten, dass sie tagsüber mit hunderten anderen Bürgern in den Pass- und Meldestellen gegen die Reisebeschränkungen nach Polen, Ungarn und in die ČSSR protestiert haben. In der Altendorfer Kirche in Nordhausen findet trotz polizeilicher Abriegelung ein Friedensgebet statt. Ein Mann berichtet, dass er unter Protest die Kampfgruppen verlassen habe, weil sie seit einer Woche verstärkt an Schlagstöcken ausgebildet würden.

Selbst die bisher staatstragenden Künstler werden immer mutiger. In der Berliner Volksbühne fordern sie in einer öffentlichen Veranstaltung die sofortige Legalisierung der Oppositionsgruppen. In einer Privatwohnung wird von Vertretern dieser Gruppen zur gleichen Zeit eine „Gemeinsame Erklärung" verabschiedet, die später als Wahlplattform der Opposition bezeichnet werden wird. Darin werden freie und geheime

Wahlen unter UNO-Kontrolle gefordert. Außerdem werden alle Bürger aufgerufen, sich an den nötigen Reformen zu beteiligen. „Uns verbindet der Wille, Staat und Gesellschaft demokratisch umzugestalten." Leider führte diese Erklärung nicht zu einem gemeinsamen Handeln.

Fünfter

Massenverhaftungen in Magdeburg: Auf einer Demonstration für Reisefreiheit und Reformen mit 800 Teilnehmern werden 250 Menschen verhaftet.

Massenverhaftungen in Dresden: Obwohl die Demonstration im Gegensatz zum Vortag äußerst friedlich verläuft, gehen tausende Sicherheitskräfte, die in der Stadt zusammengezogen worden sind, mit Gewalt gegen die Demonstranten vor. Die umliegenden Gefängnisse sind nach wie vor überfüllt. An den neu eingerichteten „Zuführungspunkten", den Sammelstellen für die Verhafteten, herrschen chaotische Zustände, die immer wieder zu Gewaltausbrüchen gegen die Gefangenen führen.

Verhaftungen in Plauen: In der hiesigen Markuskirche hat Superintendent Thomas Küttler, der offen das *Neue Forum* unterstützt, ein Friedensgebet angesetzt. Unmittelbar nach Bekanntgabe des Termins wird Küttler vom Oberbürgermeister der Stadt aufgefordert, diese „Provokation" zu unterlassen. Am Nachmittag wird die Kirche weiträumig abgesperrt. Abends werden viele, die sich am Gebet beteiligen wollen, schon auf dem Weg dorthin verhaftet. Trotzdem sind zu Beginn des Gebetes 2 000 Menschen in der Kirche versammelt. Draußen stehen Hunderte, die drinnen keinen Platz mehr finden. Die Andacht muss wiederholt werden.

In Leipzig bereiten sich die Behörden auf neue Demonstrationen vor und versuchen, Druck auf die Kirchenleitung auszuüben, damit auf weitere Friedensgebete verzichtet wird. Die Kirchenvertreter weisen dieses Ansinnen zurück.

Beunruhigt registrieren die Zeitungsleser Berichte über das enge, freundschaftliche Verhältnis zu China, wo im Juni die Reformbewegung blutig niedergeschlagen wurde. Man befürchtet eine „chinesische Lösung", die, wie man heute weiß, von Honecker und seinen Getreuen auch ins Auge gefasst wurde.

In Berlin wird nun auch die US-Botschaft von Volkspolizisten hermetisch abgeriegelt, wie es vorher schon mit der Ständigen Vertretung der Bundesrepublik Deutschland gemacht wurde. Hier haben potentielle Botschaftsbesetzer keine Chance mehr, durchzukommen.

In Prag dagegen sind erneut 3 000 Flüchtlinge in der Botschaft. Da der visafreie Reiseverkehr gestoppt ist, haben viele heimlich die Grenze überquert.

Das *Neue Deutschland* berichtet über die Inbetriebnahme neuer Produktionsanlagen und die eintreffenden Gäste zu den Feierlichkeiten zum 40. Jahrestag der DDR.

Sechster

Am Vorabend des 40. Geburtstags der DDR brodelt es im Land. Die SED macht vor lauter Angst die Schotten dicht. Sie lässt unter Bruch des Viermächteabkommens die Grenzübergänge in Berlin für Bundesdeutsche und Westberliner schließen. Sie will keine Zeugen.

Kampfgruppen werden quer durch das Land verlegt und die Gerüchte, Polizei und Armee würden zuschlagen, werden immer lauter. Sie bekommen Nahrung durch Äußerungen wie die eines Kampfgruppenkommandeurs in der *Leipziger Volkszeitung*, dass die Werte und Errungenschaften des Sozialismus geschützt werden müssten – „notfalls mit der Waffe in der Hand". Der Satz macht blitzschnell die Runde im Land.

Trotzdem versammeln sich am Abend die Menschen in vielen Städten, um zu demonstrieren. In Dresden sind es Zehntausend. Als Polizei und Armee auf die Demonstranten einprügeln, verzichten sie auf Gegenwehr. Sie rufen stattdessen symbolisch nach Gorbatschow und zünden Kerzen an. Auf der Bühne des Dresdener Staatsschauspiels verliest der Schauspieler Joachim Zschocke eine Unterstützungserklärung für die Opposition, in der Dialog, Reisefreiheit und freie Wahlen gefordert werden. Von nun an wird die Erklärung jeden Abend vor der Vorstellung verlesen.

Erstmals finden auch in Görlitz, Lugau und Coswig Friedensgebete statt.

In Saalfeld kommen zu dem traditionellen Freitagsgebet über tausend Menschen, weil sich dort der *Demokratische Aufbruch* vorstellt.

In Berlin findet im Stadtjugendpfarramt eine „Zukunftswerkstatt" unter der Frage „Wohin DDR?" statt. Über zweitausend Menschen kommen in die Erlöserkirche, um mit der Opposition die Perspektiven für das Land zu diskutieren. Die Stasi steht hilflos daneben.

Oktober

Am Abend beginnen die Feierlichkeiten zum „Tag der Republik" mit einem Fackelzug der FDJ vor dem Palast der Republik in Berlin. Honecker steht neben Gorbatschow, als die FDJler im Laufschritt vorbei defilieren. „FDJ, SED – alles ist bei uns okay!", müssen die Jugendlichen rufen. Alles okay? Nicht ganz. Die Stasi entdeckt, dass in der Menge die Texte des *Neuen Forums* verteilt werden. Zwei junge Männer müssen aus dem Demonstrationszug entfernt werden, weil auf ihrem Schild „Sch...-Staat!" zu lesen war.

Nach einem Treffen des *Neuen Forums* in Halle werden etliche Mitglieder auf dem Heimweg verhaftet und die ganze Nacht verhört.

In Berlin geben die Initiatoren des *Neuen Forums* eine weitere Erklärung heraus. Sie richtet sich vor allem an die Mitglieder der SED: „Wenn in einer Führungspartei mit zwei Millionen Menschen die innere Diskussion und Zusammenarbeit verweigert wird, dann muss es allerdings zu qualvollen und unerträglichen Spannungen kommen. Die Diskussion, die die SED führen muss, ist ein wichtiger Teil der gesamtgesellschaftlichen Diskussion, die unser Land braucht."

In Budapest beginnt der XIV. Parteitag der USAP, auf dem zwei Tage später die Auflösung der Kommunistischen und die Gründung der Ungarischen Sozialisten Partei beschlossen und vollzogen werden. Die USP versteht sich als Reformpartei, die sich für eine auf vielfältigen Eigentumsformen beruhende Marktwirtschaft und einen demokratischen Sozialismus einsetzen will.

Auch in Polen legt die Regierung ein Wirtschaftskonzept vor, das auf den schnellen Übergang zur Marktwirtschaft gerichtet ist.

Siebter

Vierzig Jahre DDR sollen gefeiert werden und Honecker ist entschlossen, sich seine Feierlichkeiten nicht stören zu lassen. In Berlin findet die traditionelle Militärparade, in Rostock die Flottenparade statt. Eine Welle von Ordensverleihungen überschwemmt das Land. Mancherorts muss die Ehrung ausfallen, weil der Geehrte nicht erscheint. Die Festreden nehmen in den Städten und Dörfern einen ungewöhnlichen Verlauf, weil die Festredner immer wieder durch höhnische Zurufe aus der Menge unterbrochen werden, sobald sie die Erfolge des Sozialismus preisen. An vielen Orten kommt es zu Gegendemonstrationen oder Veranstaltungen der Opposition.

Oktober

In Gotha werden während eines Friedensgebetes symbolisch vierzig Kerzen als Ausdruck enttäuschter Hoffnungen gelöscht.

In Erfurt versammeln sich 2 000 Menschen in der Kaufmannskirche.

In Leipzig kommt es erstmals ohne Friedensgebet zu einer Demonstration. Seit dem Vormittag kommen immer mehr Menschen um die Nikolaikirche herum zusammen. Ständig versucht die Polizei, in Kampfanzügen und mit Knüppeln bewaffnet, die Ansammlung zu zerstreuen, indem sie viele Anwesende verhaftet und auf bereitstehenden Lkws abtransportiert. Trotzdem sind es am Nachmittag mehr als 5 000 Menschen. Erst am Abend kann die Demonstration durch die Sicherheitskräfte endgültig aufgelöst werden.

In Dresden ziehen ab 20 Uhr mehr als 10 000 Menschen durch die Stadt. Vor dem Rathaus, wo eine Festveranstaltung mit internationalen Gästen stattfindet, ruft die Menge: „Wir sind das Volk!" Zunächst halten sich die Sicherheitskräfte zurück. Doch am späteren Abend kommt es erneut zu Prügelorgien und Verhaftungen.

Das sächsische Plauen wird zum Schauplatz der eindrucksvollsten Demonstration des Tages. Obwohl es heftig regnet, kommen auf dem Theaterplatz, auf dem eigentlich das offizielle Volksfest stattfinden soll, nahezu 20 000 Menschen zusammen. Bald rücken Wasserwerfer an und die Polizisten zücken ihre Schlagstöcke. Der Demonstrationszug bewegt sich in Richtung Rathaus. Dort sind Maschinengewehre aufgestellt. In dieser Situation gelingt es dem Superintendenten Küttler, beruhigend auf Demonstranten und Sicherheitskräfte einzuwirken. Die Konfrontation bleibt aus. Erst am späten Abend werden 60 Personen verhaftet und teilweise schwer misshandelt.

In Karl-Marx-Stadt wird ein Schweigemarsch von 1 000 Bürgern gewaltsam aufgelöst.

Auch in Arnstadt und Ilmenau werden Demonstranten verprügelt und verhaftet.

All das findet praktisch unter Ausschluss der internationalen Öffentlichkeit statt. Westliche Journalisten sind im ganzen Land nicht zugelassen. Nur die Bilder aus Berlin gehen um die Welt. Hier werden die Vorgänge von in der DDR akkreditierten Journalisten dokumentiert. Es beginnt auf dem Alexanderplatz, wo, wie in jedem Monat, die Proteste gegen die Wahlfälschung stattfinden. Trotz zahlreicher Polizeiübergriffe zieht die Menge bis vor den Palast der Republik, wo der Festakt zum

Oktober

Jahrestag der Republik in vollem Gange ist. Vor dem Palast hatten sich schon weitere Demonstranten versammelt. Vereint rufen die Menschen: „Wir sind das Volk" und „Demokratie, jetzt oder nie".

Der rumänische Diktator Ceaușescu kommt zu spät zum Bankett, weil seine Staatskarosse Umwege fahren musste. Die sogenannte „Protokollstrecke", auf der sich Regierungsfahrzeuge sonst ungehindert bewegen, ist von Demonstranten blockiert.

Stasichef Mielke muss die Festivität dagegen früher verlassen. Als er die Demonstranten vor dem Palast sieht, ordnet er schreiend vor Wut die gewaltsame Auflösung des Zuges an. Unter dieser Drohung ziehen die Menschen gegen 18 Uhr zur Gethsemanekirche im Prenzlauer Berg. Als sie am Gebäude des Allgemeinen Deutschen Nachrichtendienstes vorbeikommen, rufen sie „Lügner, Lügner!". Festnahmen und Prügeleien begleiten die Demonstranten auf der ganzen Strecke. An der Gethsemanekirche kommen nur etwa 1 500 Menschen an. Die Polizei sperrt das Gebiet weiträumig ab. Dann setzt sie Wasserwerfer, Hunde, Schlagstöcke und Tränengas ein. Zahlreiche Verhaftete können in kein Gefängnis mehr eingeliefert werden. Sie müssen stundenlang in Kellern und Garagen stehen. Viele werden bei den Verhören geschlagen. In Wartenberg müssen Gefangene durch ein mit Gummiknüppeln bewaffnetes Polizeispalier rennen, wobei willkürlich zugeschlagen wird. Andere müssen sich nackt ausziehen und Liegestütze machen, wobei sie laut mitzuzählen haben. Im Eifer des Gefechts oder wegen Übermüdung werden auch Inoffizielle Mitarbeiter der Staatssicherheit traktiert, die in der Menge ihren geheimen Dienst verrichtet hatten. Der Bekannteste ist IM „Heiner", ein Theologieprofessor mit Sympathien für die SED.

Der Schriftsteller Peter Schneider berichtet von einem hauptberuflichen Mitarbeiter der Staatssicherheit, der im angetrunkenen Zustand erzählt habe, ihm und seinen Genossen seien bei der Vorbereitung auf die zu erwartenden Unruhen am 7. Oktober für jeden zugeführten, also festgenommenen Demonstranten Prämien in Aussicht gestellt worden. Zur Erhöhung der Motivation soll es sich um Prämien in harter Währung gehandelt haben. Immerhin wäre das eine Erklärung für den wütenden Eifer, den die Sicherheitskräfte bei ihrem Einsatz an den Tag legten.

Auch in der tiefsten Provinz wird der Unmut mit den Verhältnissen immer offener geäußert: Im Kulturhaus in Hainichen, Kreis Bitterfeld, findet ein Tanzabend statt. Zu später Stunde, auf dem Höhepunkt des

Vergnügens, rufen Jugendliche: „Freiheit, Freiheit! *Neues Forum* zulassen!" Daraufhin kommt ein Mann auf die Bühne und fordert die Jugendlichen auf, diese staatsfeindlichen Äußerungen zu unterlassen, sonst müsste er die Veranstaltung beenden. Die Jugendlichen antworten mit „Stasi raus!". Gleich danach wird die Veranstaltung aufgelöst. Die Teilnehmer werden vor dem Kulturhaus von Polizisten und Männern in Zivil empfangen und zum sofortigen Heimgang aufgefordert. Stattdessen formiert sich eine Gruppe spontan zu einer Demonstration, zieht durch die Innenstadt und skandiert Parolen für Freiheit und gegen das Regime. Der Zugriff erfolgt schnell und überraschend. Einigen gelingt es, zu fliehen. Die anderen landen im „Zuführungspunkt", einem einsam gelegenen ehemaligen Ziegelwerk. Die vermuteten Rädelsführer kommen direkt in das Volkspolizeirevier zum Verhör.

Abseits von all diesem Trubel findet in einem Pfarrhaus in Schwante bei Berlin eine entscheidende Neugründung statt. Die SDP wird aus der Taufe gehoben. Wie es sich für eine ordentliche Partei gehört mit Statut und Grundsätzen. Erster Sprecher wird Stephan Hilsberg, Geschäftsführer Ibrahim Böhme, der bald darauf zum Parteivorsitzenden avanciert. Damit gibt es erstmals seit der Zwangsvereinigung von KPD und SPD 1946 wieder eine eigenständige sozialdemokratische Partei auf dem Boden der DDR.

Achter

Einem Kampfgruppenkommandeur aus dem Kreis Bitterfeld verdanken wir den einzigen mir bekannten Bericht aus Sicht der Regimestützen: Gegen sechs Uhr morgens klingelt bei ihm das Telefon. Alarm! Als er in der Unterkunft seiner Hundertschaft eintrifft, macht ihn sein Vorgesetzter mit den Vorfällen der vergangenen Nacht in Hainichen vertraut. Die Bewachung läge momentan in der Verantwortung der Genossen der Hundertschaft des VEB Barkas Hainichen. Da aber Konflikte aufgetreten seien, müsste dringend eine Ablösung durch eine ortsfremde Hundertschaft erfolgen.

Wenig später fahren zwanzig Freiwillige unter der Führung des Kommandeurs in Zivil und ohne Bewaffnung mit dem für solche Einsätze stets bereitstehenden LKW nach Hainichen. Sie treffen noch vor acht Uhr im Ziegelwerk ein und werden von der örtlichen Kampfgruppe erleichtert begrüßt. „Nur weg hier" war deren Devise. An die Ablösung werden Schlagstöcke ausgegeben, dann wird die Bewachung der zugeführten jungen Leute, darunter eine Frau, übernommen. Sie sind deutlich unter 25 Jahre alt und stehen zu diesem Zeitpunkt bereits seit ein Uhr nachts mit dem Rücken zur Wand, im Abstand von gut einem Meter. Sie dürfen nicht miteinander reden. Zwei Volkspolizisten geben Anweisungen, wie sich die Kämpfer zu verhalten hätten. Bei kleinsten „Vergehen" (miteinander reden, sich Anweisungen widersetzen, sich hinsetzen) solle sofort vom Schlagstock Gebrauch gemacht werden.

Der Kommandeur quittiert den Befehl, setzt ihn aber nicht um. Nicht aus politischer Überzeugung, sondern weil ihm das völlig überzogen vorkam. Er weist seine Leute an, den Schlagstock zwar hinten im Gürtel zu tragen, aber nur im Falle eines Angriffes als letzte Notwehr einzusetzen. Es kommt zu keiner weiteren Gewalt gegen die Jugendlichen, wobei die Inhaftierung und die Umstände ja schon Gewalt genug waren. Das wurde dem Kommandeur aber erst später klar.

Den freiwilligen Aufpassern im Ziegelwerk wird die Situation bald hochgradig unangenehm. Sie sagen ihrem Kommandeur, wenn sie geahnt hätten, was an diesem Tag auf sie zukommen würde, wären sie nicht mitgefahren. Unmittelbar nach diesem Einsatz treten viele Männer aus der Kampfgruppe aus. Sie wollen nie wieder gegen ihre Mitmenschen eingesetzt werden.

Im Laufe des Tages wird der Kommandeur von mehreren Jugendlichen angesprochen. Sie wollen zumindest Auskunft darüber, was weiter mit ihnen geschehen würde, wollen, dass ihre Angehörigen informiert werden. Außerdem haben sie Hunger und Durst. Der Gang zur Toilette ist demütigend, ein Aufpasser muss dabei sein. Nach einer Nacht auf dem kalten Gang frieren sie erbärmlich. Der Kommandeur weiß keine Antwort.

Irgendwann rutscht ein Jugendlicher nach dem anderen auf dem kalten Fußboden vor Erschöpfung in sich zusammen. Die Anweisung des Volkspolizisten, mit dem Schlagstock dafür zu sorgen, dass die Jugendlichen wieder aufstünden, ignoriert der Kommandeur.

Auf seine drängenden Fragen nach dem „Wie weiter?" bekommt keine Antwort.

Gegen Mittag fährt ein Wagen der Volkspolizei vor, um zwei der festgehaltenen Jugendlichen zum Verhör abzuholen. Zwei Kämpfer müssen zur Bewachung mit. Als sie wiederkommen, erzählen sie von Schlägen, mit denen die Jugendlichen empfangen wurden. An die Wand stellen, Beine breit machen und erst mal eine mit dem Schlagstock drüberziehen. Das war offenbar Teil des Verhörs.

Am frühen Nachmittag gibt es dann endlich etwas zu essen. Auch die Kampfgruppe hat bisher nichts bekommen. Die Jugendlichen müssen unter Bewachung essen, getrennt voneinander, jeder an einem anderen Tisch.

Die Kampfgruppen-Mitglieder bedrängen ihren Kommandeur immer häufiger mit dem Wunsch, nach Hause zu wollen.

Gegen 15 Uhr erscheint eine Gruppe Jugendlicher am Tor und will Auskunft über die Inhaftierten. Sie würden nicht eher gehen, bis sie dazu Informationen bekommen hätten. Der Kommandeur versucht, sie zum Weggehen zu bewegen. Noch während er mit ihnen spricht, fährt ein Wagen vor, von dem Polizisten abspringen und die Jugendlichen einkreisen. Nach der Drohung, selbst festgesetzt zu werden, entfernen sich die jungen Leute. Ihre Freunde in der Ziegelei bieten unterdessen ein Bild vollkommener Erschöpfung.

Gegen 16.30 Uhr erscheint ein Staatsanwalt. Im Beisein des Kommandeurs werden die Jugendlichen einzeln vorgeführt. Es wird ihnen eine Erklärung zur Unterschrift vorgelegt, gut behandelt worden zu sein. Nach einer dringenden Ermahnung, sich ja nicht wieder öffentlich zu äußern, sonst kämen sie nicht wieder so glimpflich davon, waren sie endlich frei.

Gegen 17 Uhr sammelt der Kommandeur seine Truppe und rückt ab.

Die gewalttätigen Übergriffe der Sicherheitskräfte sind für zahlreiche Künstler und ihre Verbände Anlass, sich mit den Demonstranten zu solidarisieren: „Schluss mit der Gewalt gegen friedliche Demonstranten" wird in einem „Aufruf im 41. Jahr der DDR" von der Sprechergruppe junger Theaterschaffender gefordert.

In Jena drohen die Arbeiter einer Großbäckerei mit Streik, wenn die Prügelei auf den Straßen nicht aufhören sollte.

In zahlreichen Städten, großen und kleinen, gibt es wieder Demonstrationen und Proteste: Ilmenau, Lindow, Chemnitz, Plauen, Berlin. In der Hauptstadt versammeln sich die Menschen erneut an der Gethsemanekirche. Vor der Kirche und in den Fenstern der umliegenden Häuser brennen unzählige Lichter. Die Polizei kesselt die Demonstranten ein und fordert sie zum Abzug durch eine schmale Gasse von Sicherheitskräften auf. Die Menschen setzen sich daraufhin auf das Straßenpflaster. Als die Sicherheitskräfte den Demonstrationszug stürmen, werden alle, die nicht rechtzeitig in die Kirche flüchten konnten, brutal attackiert. An den „Zuführungspunkten" für die zahlreichen Verhafteten kommt es wieder zu Gewaltorgien. Viele der Sicherheitskräfte sollen nach Berichten der Betroffenen alkoholisiert gewesen sein.

Ab dem Nachmittag gibt es auch in Dresden wieder Demonstrationen. Die SED versucht, sogenannte „gesellschaftliche Kräfte" dafür zu gewinnen, dass sie die Demonstranten von einem Verzicht auf ihre Aktion überzeugen. Bei diesen „gesellschaftlichen Kräften" handelt es sich um SED-Mitglieder, die sich unter die Demonstranten mischen sollen. Von den 800 angeforderten Kadern erscheint aber kaum die Hälfte. Und die erschienen sind, haben keinen Erfolg. Gegen 20 Uhr wird ein Teil der Demonstranten eingekesselt. In dieser Situation gelingt es zwei Geistlichen, durch Verhandlungen mit dem Einsatzkommandeur einen Kompromiss zu erreichen: Die Demonstranten werden abziehen, wenn Oberbürgermeister Wolfgang Berghofer und Bezirksparteichef Modrow eine Gruppe von Abgesandten empfangen. Von den Demonstranten werden 20 Menschen benannt, die am nächsten Tag um neun Uhr im Rathaus mit den SED-Funktionären sprechen sollen. Die *Gruppe der 20* ist geboren, die einen entscheidenden Einfluss auf die weitere Entwicklung in Dresden nehmen wird.

Während es bei den Sicherheitskräften auf der Straße zu wachsenden Zweifeln an ihrem Einsatz gegen die Demonstranten und sogar zu vereinzelten Befehlsverweigerungen kommt, ist Staatschef Honecker noch immer uneinsichtig. Er fordert die Sekretäre der SED-Bezirksleitungen allen Ernstes auf, die bevorstehenden Montagsdemonstrationen mit allen Mitteln zu verhindern. Sein Stasichef Mielke befiehlt die volle Dienstbereitschaft seiner Truppe und die Bereitstellung von Reserven zur Auflösung von Demonstrationen. So gerüstet sehen sie dem Montag mit Siegeszuversicht entgegen.

Die Schriftstellerin Christa Wolf bittet ihre Landsleute im Radio darum, zu überlegen, wem die Demonstrationen nützen, da sie nur die Führung verhärten würden.

In Lettland spricht sich der II. Kongress der Volksfront für die staatliche Unabhängigkeit und die Schaffung einer demokratischen, parlamentarischen Republik aus.

Oktober

Neunter

Montag. Die Spannung im ganzen Land ist mit Händen zu greifen. Es gibt nur ein Thema: Wird es eine dritte Montagsdemonstration in Dresden geben und bleibt sie friedlich?
  Am Morgen pünktlich um neun Uhr empfängt Oberbürgermeister Wolfgang Berghofer die zwanzig Demonstranten vom Vortag. Er beginnt das Gespräch, indem er der Gruppe jegliche Legitimation abspricht. Er betrachte die Zusammenkunft lediglich als ein Bürgergespräch, wie er sie häufig führe. Demonstrationen würden auch weiterhin aufgelöst. Immerhin kündigte er an, dass alle Gefangenen, die nicht gewalttätig gewesen seien, freigelassen würden. Danach vereinbart er einen weiteren Gesprächstermin für den 16. Oktober. Die Ergebnisse sind zwar mehr als mager, es stellt sich aber heraus, dass die Tatsache, dass ein SED-Funktionär überhaupt gezwungen war, mit den Demonstranten zu reden, schwerer wog als die bescheidenen Zugeständnisse. In der Kreuzkirche, der Versöhnungskirche, der Christuskirche und der Hofkirche mussten je zwei Informationsveranstaltungen stattfinden, um das Interesse der 24 000 Menschen zu befriedigen, die wissen wollten, was Berghofer gesagt hatte.
  In vielen Städten und Gemeinden finden Fürbittgottesdienste statt, die von tausenden Menschen besucht werden. Allein der Magdeburger Dom zählt 4 000 Besucher.
  Die Gedanken aller sind in Leipzig. Am Morgen war die *Leipziger Volkszeitung* mit einem martialischen Leserbrief erschienen: „Wie oft noch sollen sich diese Störungen der Ordnung und Sicherheit wiederholen? Weshalb bringt man diese Handlanger, die von der BRD aufgefordert werden, die innere Ruhe zu stören, nicht hinter Gitter, denn dort gehören sie hin?" Das wird von allen potentiellen Friedensgebetbesuchern als Drohung verstanden. Die Stadt ist seit 14 Uhr erneut abgeriegelt. Gleichzeitig strömen etwa 5 000 „gesellschaftliche Kräfte" in die Nikolaikirche. Sie sollen bis zum Beginn des Friedensgebets ausharren und keinen Raum für Demonstranten in der Kirche lassen. Zu spät merken sie, dass dies ein Fehler war. Die Menschen warten, wie in der Woche zuvor, einfach vor der Kirche, bis es losgeht. Zudem finden Friedensgebete noch in drei anderen Kirchen, der Reformierten Kirche, der Thomas- und der Michaeliskirche, statt. Als die Gebete beendet

sind, haben sich etwa 70 000 Demonstranten formiert. Niemand hat mit einer solchen Zahl gerechnet. Gerüchte schwirren durch die Stadt. Augenzeugen haben Panzerwagen hinter dem Schauspielhaus gesehen und fotografiert. Die Krankenhäuser sollen Vorkehrungen getroffen und ihre Blutkonserven aufgestockt haben.

Die Einsatzleitung der Sicherheitskräfte weiß nicht, wie sie mit der Situation umgehen soll. Sie telefoniert nach Berlin, um Anweisungen zu erhalten. Parteichef Honecker ist nicht zu sprechen. Politbüromitglied Egon Krenz erbittet sich Bedenkzeit. Er lässt sich mit dem Rückruf Zeit. Inzwischen bewegt sich der gewaltige Zug mit den Rufen „Wir sind das Volk!" und „Keine Gewalt" auf dem Ring. Als der Hauptbahnhof erreicht wird, löst sich die Demonstration langsam auf. Vom Einsatzleiter der Sicherheitskräfte ist der Satz überliefert. „Sie sind rum. Nun braucht der Krenz auch nicht mehr anzurufen." Eine Viertelstunde später ruft Krenz doch noch an und billigt den Gewaltverzicht.

Die Nachricht, dass in Leipzig alles friedlich geblieben ist, verbreitet sich wie ein Lauffeuer in der ganzen DDR. Unter den tausenden Besuchern in der Berliner Gethsemanekirche bricht Jubel aus, als von der Kanzel über die Geschehnisse in Leipzig berichtet wird.

Dem Berliner Oppositionellen Siegbert Schefke, der an einer Handkamera heimlich ausgebildet wurde, die vom späteren Bundesbeauftragten für die Stasiunterlagen Roland Jahn, der seit seiner gewaltsamen Entfernung aus der DDR die Opposition von Westberlin aus unterstützte, stammte, gelingt es mit einer dramatischen Flucht über die Dächer, seinen Stasi-Aufpassern zu entkommen und nach Leipzig zu fahren. Hier filmt er heimlich vom Turm der Reformierten Kirche die Demonstration. Noch am selben Abend werden die Aufnahmen nach Berlin geschmuggelt und gehen von dort aus über die Fernsehkanäle der Welt.

Westjournalisten hatten die Stadt nicht betreten dürfen.

Die Demonstration in Leipzig macht deutlich, wie tief der Riss zwischen Machthabern und Volk bereits ist. Honecker und Co. sind nicht mehr Herr im eigenen Haus.

Zehnter

Keine größeren Demonstrationen oder Veranstaltungen heute. Das Land holt Atem. Partei- und Staatschef Honecker scheint weiterzumachen, als wäre nichts geschehen. Er empfängt eine Delegation aus China.

Aber intern ist die Hölle los. Auf der Politbürositzung wird so heftig diskutiert, dass sie verlängert und am nächsten Tag fortgesetzt wird. Am Ende seiner Krisensitzung fordert das Politbüro Parteichef Honecker auf, bis zum Ende der Woche einen Lagebericht abzugeben. Der geplante Staatsbesuch in Dänemark muss deshalb ausfallen.

Elfter

Politbüromitglied Egon Krenz will sich als Reformer profilieren und kündigt „Vorschläge für einen attraktiven Sozialismus an". Er hatte diese Erklärung gegen den Widerstand von Honecker durchgesetzt. Das Problem ist, dass kaum noch jemand am SED-Sozialismus interessiert ist. Die Oppositionellen und die Demonstranten wollen endlich selbst bestimmen, wie sie leben wollen. Abgesehen davon ist die Erklärung ein Beweis, dass die Genossen immer noch nichts verstanden haben. Sie gestehen einige Probleme ein, machen einige Zugeständnisse, behaupten aber, das Politbüro wüsste sich mit der „großen Mehrheit des Volkes" in seinem Handeln einig. Der Sozialismus auf deutschem Boden stünde nicht zur Disposition.

In Berlin demonstrieren Studenten der Humboldt-Universität vor der Mensa Nord. Sie fordern eine Reform des Hochschulsystems.

Am Abend kommt es in Halberstadt zu einer ersten großen Protestaktion. Unbeeindruckt von polizeilichen Drohungen sammeln Mitglieder des Friedenskreises um Pastor Johann-Peter Hinz in der Menge Unterschriften für die Zulassung des *Neuen Forums*.

Das *Neue Deutschland* titelt: „Neues Qualitätserzeugnis ging in Serienproduktion". Das Papier von Egon Krenz war damit nicht gemeint, obwohl es massenhaft verteilt wurde.

Zwölfter

Der Honecker-Clan begehrt zum letzten Mal auf. Er demonstriert seine Uneinsichtigkeit durch eine martialische Erklärung, die im *Neuen Deutschland* veröffentlicht wird. „Die sozialistische Arbeiter- und Bauernmacht ist von niemandem erpressbar" lautet der Tenor des Elaborats, das unter dem staatstragenden Titel „Erklärung des Politbüros des Zentralkomitees der Sozialistischen Einheitspartei Deutschlands" noch mal alle Propaganda-Klischees der SED in sich vereint. Schuld an allem sei der „Imperialismus der BRD", der die „konterrevolutionären Attacken" der Opposition steuere und „verantwortungslos Ruhe und Ordnung" im Land störe.

Die Erklärung war das offizielle Ergebnis der Debatten im Politbüro. Egon Krenz hatte den Text schon am 8. Oktober vorgelegt. Er war aber erst am 11. von Honecker freigegeben worden. Wer die Nerven hatte, sich durch diese Propaganda-Flut durchzuarbeiten, fand ganz versteckt auch Bedauern über den Exodus der Bürger. Der kurze Satz „Wir stellen uns der Diskussion" wirkte dennoch wie heimlich hineingeschmuggelt. Von einem offenen Zugehen auf die Bürger konnte keine Rede sein.

Honecker spielt nach wie vor mit dem Gedanken, militärisch gegen die Demonstranten vorzugehen. Auf einem Treffen mit den Chefs der Bezirksparteileitungen warb er für seine harte Linie, traf aber nicht mehr auf einhellige Zustimmung. Mehrere Bezirkschefs lehnten eine gewaltsame Beendigung der Demonstrationen ab und plädierten dafür, auf die Erwartungen in Partei und Gesellschaft zu reagieren. Diese Formulierung zeigt, dass den Parteichefs bewusst war, wie tief die Sehnsucht nach Veränderung schon in die Reihen der SED eingedrungen war.

Das *Neue Forum* fordert in einer öffentlichen Erklärung die Schaffung von Voraussetzungen für einen Dialog, das heißt Freilassung der politisch Inhaftierten, Anerkennung des Demonstrationsrechts und Pressefreiheit.

Selbst das Europäische Parlament mahnt in einer Entschließung demokratische Reformen in der DDR an.

Dreizehnter

Partei- und Staatschef Erich Honecker gibt noch immer nicht auf. Er trifft sich mit den Chefs der „befreundeten" Blockparteien, um sie als Verbündete für ein gewaltsames Beenden der Demonstrationen zu gewinnen. Nur einer wagt, ihm zu widersprechen. Der Vorsitzende der Liberalen (LDPD), Manfred Gerlach, hatte den Mut, Honecker ins Gesicht zu sagen, was er an diesem Tag in der LDPD-Zeitung *Der Morgen* bereits veröffentlicht hatte: Unter Berufung auf den sowjetischen Parteichef Gorbatschow bestritt er, dass eine „Partei im Sozialismus a priori die politische Wahrheit" für sich reklamieren kann. Deshalb müsse es zum Dialog kommen, in den auch die Bürgerbewegung einzubeziehen sei.

Für diese Worte, die freilich nicht viel mehr bedeuteten, als den Versuch Gerlachs, die Bürgerbewegung durch Integration zu neutralisieren, wurde der LDPD-Chef kurzzeitig zum Hoffnungsträger der Demonstranten.

Die Titelzeile des *Neuen Deutschland* klingt wieder mal wie eine Parodie auf die Aktivitäten des SED-Chefs: „Ideenreich und tatkräftig arbeiten wir für das Wohl des Volkes".

Weniger, weil sie am Wohl des Volkes interessiert, sondern weil sie vom Volk zu diesem Zugeständnis gezwungen worden war, gibt die Generalstaatsanwaltschaft am Nachmittag bekannt, dass bis auf elf Personen, gegen die noch ermittelt werde, alle am 7. Oktober festgenommenen Demonstranten wieder auf freien Fuß gesetzt worden seien.

Bundesaußenminister Genscher bekräftigt auf einem Kongress der Europaunion in Hamburg die Bereitschaft der Bundesregierung zu einem Dialog mit allen politischen Kräften in der DDR.

Vierzehnter

Weitere tausend Sicherheitskräfte werden nach Leipzig verlegt. Darunter Spezialisten für den Nahkampf. Politbüromitglied Egon Krenz war am Vortag mit den ranghöchsten Stabschefs der Staatssicherheit, der Armee und der Polizei eigens in die Stadt gekommen, um Maßnahmen gegen die nächsten Demonstrationen festzulegen. Der Einsatzbefehl, der auch von Honecker unterschrieben wurde, legte fest, dass „geplante Demonstrationen im Entstehen zu verhindern" seien. Allerdings solle der aktive Einsatz polizeilicher Mittel nur bei „Gewaltanwendung der Demonstranten" erfolgen. Kurios ist, dass dieselben Demonstranten in den SED-Blättern als „Keine-Gewalt-Schreihälse" bezeichnet wurden. Vielleicht wollte die Staatsmacht dafür sorgen, dass ihre Agenten in der Menge der Demonstranten Gewaltausbrüche provozieren. Honecker hatte sogar gefordert, dass zur Abschreckung Panzer durch die Stadt fahren sollten. Das wurde ihm von seinen Genossen aber ausgeredet.

Westliche Medien sollten in Leipzig jedenfalls wieder nicht arbeiten dürfen.

Trotz der martialischen Vorbereitungen in Leipzig gibt es auch andere Zeichen. Es werden etliche Verhaftete freigelassen. Außerdem werden auf Kreisebene öffentliche Diskussionen angekündigt. In Plauen und in

Arnstadt demonstrieren wieder tausende Menschen nach dem Friedensgebet.

In Berlin findet die erste Landeskonferenz des *Neuen Forums* statt. Etwa 120 Mitglieder treffen sich unter konspirativen Bedingungen in den Räumen der „Kirche von Unten" in der Invalidenstraße. Sie diskutieren die Frage, ob sich die Vereinigung eine Parteistruktur geben soll, und entscheiden sich dagegen. Auch auf ein gemeinsames Reformkonzept kann man sich nicht einigen. Stattdessen soll es einen „Offenen Problemkatalog" geben, der in einem übergreifenden Diskussionsprozess weiter entwickelt werden kann. Mit diesen Beschlüssen hat sich das *Neue Forum*, das zu diesem Zeitpunkt bereits von 25 000 Menschen unterstützt wurde, selbst seine Wirkungsmöglichkeiten beschnitten.

Fünfzehnter

Die Reformwelle erfasst jetzt auch die staatstragenden Schichten der DDR. An der Humboldt-Universität wird eine unabhängige Studentenvertretung gegründet. Damit ist die Vorherrschaft der Freien Deutschen Jugend auf diesem Gebiet gebrochen.

Außerdem wird bekannt, dass seit Öffnung der Grenze in Ungarn mehr als 40 000 Ausreisewillige in den Westen geflüchtet sind.

In Halle trifft sich eine Delegation des *Neuen Forums* mit Oberbürgermeister Eckhard Pratsch. Das *Neue Forum* verlangt eine Antwort auf seine Erklärung vom 12. Oktober, muss aber feststellen, dass die SED die Forderungen nach wie vor ignoriert. Der Oberbürgermeister verweist auf den illegalen Status des *Neuen Forums* und warnte vor weiteren Demonstrationen.

Der *Demokratische Aufbruch* fordert in einem Offenen Brief an den Berliner Oberbürgermeister Erhard Krack die Einsetzung einer unabhängigen Untersuchungskommission zur Aufklärung der Übergriffe am 7. und 8. Oktober.

In Bernau bei Berlin wird ein neuer Kreisverband der staatlich geförderten Freidenker gegründet, der sich als „gesellschaftliche Opposition" bezeichnet. Das Manöver wird als Versuch der SED durchschaut, oppositionelle Kräfte in ihren Einflussbereich zu ziehen.

Die wirkliche Opposition blockiert derweil in Plauen mit 20 000 Menschen die riesige Bogenbrücke. Ebenfalls 20 000 fordern in Halle auf den Straßen den radikalen Wandel.

Oktober

Der tschechische Schriftsteller Václav Havel darf nicht nach Frankfurt am Main reisen, um den Friedenspreis des Deutschen Buchhandels entgegenzunehmen. Der französische Philosoph André Glucksmann hält die Laudatio und macht an einem Zitat von Havel klar, warum der Regimekritiker immer wieder Repressalien erlitt: „Die allumfassende Demütigung des Menschen wird für seine definitive Befreiung ausgegeben, ... die Wahlposse für die höchste Form von Demokratie ... Die Macht muss fälschen, weil sie in eigenen Lügen gefangen ist ... Sie täuscht vor, dass sie niemanden verfolgt, sie täuscht vor, dass sie keine Angst hat, sie täuscht vor, dass sie nichts vortäuscht." Klarer kann man die Noch-Mächtigen nicht entlarven.

Sechzehnter

Das *Neue Deutschland* titelt passend zu den Ereignissen des Tages: „Unser Land braucht die Ideen und Taten eines jeden Bürgers".

Das gehen die Bürgerrechtler tatkräftig an. In Dresden treffen sich die zwanzig Bürgervertreter zum zweiten Rathausgespräch mit Oberbürgermeister Berghofer. Berghofer weist sie ab und erklärt lediglich, dass es keine weiteren Gespräche geben wird.

In Halle versammeln sich 2 000 Demonstranten auf dem Marktplatz. Sie stehen einem Großaufgebot von Sicherheitskräften gegenüber, die versuchen, durch Rempeleien und Schläge die friedliche Kundgebung zu Gewaltakten zu provozieren. Das gelingt nicht.

In Leipzig finden wieder in zwei Kirchen Friedensgebete statt. Danach demonstrieren 120 000 Menschen. Diesmal begleitet sie der Ruf „Wir sind das Volk!" von Anfang an. Es geht das Gerücht um, dass Egon Krenz in der Stadt sein soll, um den Einsatz der Sicherheitskräfte persönlich zu überwachen. Wenn das der Fall gewesen sein sollte, war der Effekt gering.

Die Sicherheitskräfte sind mehrheitlich nicht mehr gewillt, gegen ihre Nachbarn, Freunde, Bekannte oder sogar die eigene Familie vorzugehen.

Einen Dialog haben die Machthaber in der DDR bisher konsequent verweigert. Nun zeigen die Demonstranten auf einer Vielzahl von Spruchbändern, was sie in diesem Dialog sagen wollten.

Staatschef Honecker verfolgt in Berlin in einer Direktübertragung des operativen Fernsehens der Staatssicherheit die Demonstration gemeinsam mit Stasichef Mielke und andern Politbüromitgliedern. Er ist erschüttert. Auch in der Bundesrepublik können die Menschen Bilder von der Montagsdemonstration sehen.

Walter Kempowski freut sich an diesen Aufnahmen und fragt sich, wann seine Heimatstadt Rostock wohl endlich aufwacht.

Siebzehnter

Nach der gestrigen Erschütterung durch die Bilder von der Leipziger Demonstration folgt auf der wöchentlichen Politbürositzung für SED-Chef Honecker die nächste Katastrophe. Er wird von seinen Genossen als Parteivorsitzender und Regierungschef kurzerhand abgesetzt. Sein engster Getreuer, Willi Stoph, stellt den Abwahlantrag. Selbst Stasichef Mielke bringt Argumente vor, warum Honecker gehen muss. Da der Noch-Parteichef die Sitzung leitet, muss er am Schluss die Frage, wer dafür sei, dass der Genosse Honecker von seinen Funktionen entbunden wird, selbst stellen und hebt aus alter Gewohnheit die Hand, um Einstimmigkeit zu gewährleisten. Mit Honecker müssen auch Günter Mittag und Joachim Herrmann, der Chefredakteur des *Neuen Deutschland,* gehen.

Honeckers Nachfolger wird Egon Krenz. Noch am selben Abend wendet er sich in einer einstündigen Fernsehansprache an die Bürger der DDR. Dabei begeht er seinen ersten Fauxpas. Er redet die Menschen, die gerade dabei waren, sich von der SED-Herrschaft zu emanzipieren, mit „Liebe Genossinnen und Genossen" an. Aber selbst wenn er das nicht getan hätte, wäre er von den DDR-Bürgern niemals akzeptiert worden. Krenz war als langjähriger FDJ-Chef für die Demütigung der Jugend verantwortlich gewesen. Er war als oberster Wahlleiter der Hauptschuldige an der Fälschung der Ergebnisse der Kommunalwahlen. Schließlich hatte er das Massaker der chinesischen Genossen auf dem Platz des Himmlischen Friedens begrüßt. In der Rolle des Reformers war er von Anfang an unglaubwürdig.

Erstmals wird eine ADN-Meldung über die Demonstration in Leipzig in allen SED-Zeitungen abgedruckt: „Nach Friedensgebeten in fünf Leipziger Kirchen trafen sich gestern Zehntausende Bürger der Messestadt sowie aus dem Bezirk Leipzig und aus angrenzenden Territorien zu einer Demonstration. Der Zurückhaltung der Sicherheitskräfte und der eingesetzten Ordnungskräfte der Demonstranten ist es zu danken, dass es zu keinen Ausschreitungen kam."

An der Humboldt-Universität in Berlin gärt es weiter. Mehr als 4 000 Studenten diskutieren über nötige Reformen. Sie fordern unabhängige Studentenvertretungen, eine unzensierte Studentenzeitung, freien Zugang zu Bibliotheken und zu Vervielfältigungstechnik.

Achtzehnter

Die ganze Welt spricht über den Machtwechsel in der DDR. Auch andernorts hat man die zustimmende Reaktion des neuen Generalsekretärs auf das chinesische Massaker noch im Ohr. Die Erwartungen sind dementsprechend niedrig. Die westliche Presse reagiert zurückhaltend bis kritisch. Bundeskanzler Helmut Kohl und Oppositionsführer Hans-Jochen Vogel begrüßen mit eignen Erklärungen die Ablösung Honeckers und fordern schnelle Schritte zur Demokratisierung der DDR. Das will der neue Generalsekretär unter Beweis stellen. Krenz räumt ein, dass es erhebliche Störungen im Verhältnis zwischen Parteiführung und Volk gibt. Er gibt zu, dass die Wirtschaft Mängel aufweist. Er kündigt ein neues Reisegesetz an und einen „Dialog". Allerdings mit dem Ziel, den „Sozialismus in der DDR weiter auszubauen". Krenz ist immer noch fest überzeugt: „Der Sozialismus auf deutschem Boden steht nicht zur Disposition."

Die Opposition kann er nicht überzeugen. Bärbel Bohley als ungekürte Sprecherin hält ihm seine politische Verantwortung für die Diktatur vor. Andere äußern sich ähnlich.

Das *Neue Deutschland* berichtet von einem Besuch einer NVA-Delegation bei den Sandinisten Nicaraguas und von einer „Diskussionsrunde mit Vertrauensleuten des FDGB". Von dem entscheidenden Vertrauensvotum im Politbüro erfährt die Öffentlichkeit noch nichts.

Neunzehnter

Die Opposition behält mit ihrem Misstrauen gegenüber Egon Krenz recht. Zeitgleich zu seinen salbungsvollen Worten war von der SED ein Papier herausgegeben worden, in dem behauptet wurde, das *Neue Forum* betriebe das „Geschäft der Feinde des Sozialismus". Auch die anderen Gruppen wurden als Konterrevolutionäre bezeichnet, die von westlichen Politikern „jede materielle und finanzielle Unterstützung" bekämen.

Genau das war zum Leidwesen der Opposition aber gar nicht der Fall. Das Pamphlet zeigt nur, wie weit die SED von der Realität entfernt war. In Halle werden Vertreter des *Neuen Forums* in Polizeigewahrsam genommen. Bei den Vernehmungen wird ihnen jede Kontaktaufnahme zu den Leipziger Oppositionellen untersagt. Auch das hat sich unter dem neuen Parteichef nicht geändert.

In Zittau, einer Kreisstadt im Dreiländereck, in der sich eine Offiziersschule der NVA befindet, nehmen 20 000 Menschen an einer Veranstaltung des *Neuen Forums* teil. Da sich die Johanniskirche, die als Versammlungsort ausgewählt worden war, als zu klein erwies, um diesen Ansturm zu fassen, weicht man erst auf andere Kirchen aus. Als das auch nicht reicht, genehmigt der Rat der Stadt kurzfristig eine Lautsprecherübertragung der Veranstaltung auf die Straße.

Zwanzigster

Bei den Versuchen, seine frisch erlangte Macht zu festigen, ist Egon Krenz die Leitung der Evangelischen Kirche behilflich. Die DDR-Bürger sehen im Fernsehen, wie die Bischöfe Werner Leich und Christoph Demke, aber auch Konsistorialpräsident Manfred Stolpe, sich im Park des Jagdschlosses Hubertusstock demonstrativ im Gespräch mit dem designierten neuen Staatschef ablichten lassen. Es sieht so aus, als würde die Evangelische Kirche voll hinter Krenz stehen. Dabei war der Termin ursprünglich als Krisentreffen zwischen den Kirchenvertretern und Honecker geplant gewesen. Auch Krenz drängt die Kirchenmänner, auf ein Ende der Demonstrationen hinzuwirken. Die sind nur zu gern bereit. Sie lassen sich von der Presse zitieren mit den Worten, die Bürger sollten den beginnenden Dialog nicht „durch unbedachte Handlungen stören" und an der „Weiterentwicklung der sozialistischen Demokratie mitwirken".

Bei den Demonstranten verhallt dieser Appell fast ungehört. Sie haben keine Lust auf eine Demokratisierung „von oben". Sie haben die Freude entdeckt, die es bereitet, wenn man sein Schicksal in die eigenen Hände nimmt. Ein westlicher Kirchenvertreter kommt Krenz ebenfalls indirekt zu Hilfe. Bischof Heinrich Albertz diskreditiert DDR-Ausreisewillige arrogant als „angepasste Aufsteiger". Als wäre es moralisch verwerflich, nicht in Fremdbestimmung verharren zu wollen.

In Gotha zeigen etwa 6 000 Menschen, wie wenig Krenz sie überzeugt. In Dresden sind es 50 000, die unüberhörbar freie Wahlen fordern.

Oktober

Einundzwanzigster

Kempowski notiert in seinem Tagebuch: „Krenz benimmt sich wie ein schauspielernder Arzt, der dem Patienten zuredet, es sei doch gar nicht so schlimm."

Die „Patienten" gehen im ganzen Land erneut auf die Straße. Allein in Plauen sind es 30 000, die für freie Wahlen, Reise- und Meinungsfreiheit demonstrieren. In der Woche vom 16. bis zum 22. Oktober muss das Ministerium für Staatssicherheit 24 Demonstrationen mit insgesamt 140 000 Teilnehmern registrieren. So etwas hat es bisher in keinem anderen sozialistischen Land gegeben.

In Berlin bildet sich eine Menschenkette vom Palast der Republik bis zum Polizeipräsidium in der Keibelstraße. Die Teilnehmer fordern die Entlassung aller am 7. und 8. Oktober in der DDR Inhaftierten. Wenig beeindruckt zeigen sich die Demonstranten von Politbüromitglied Günter Schabowski und Oberbürgermeister Erhard Krack, die an der Volkskammer versuchen, sich der Diskussion zu stellen. Die Menschen wollen nicht reden, sondern Taten sehen.

Fast alle Demonstrationen des heutigen Tages gingen von einem Friedensgebet oder einer Diskussionsveranstaltung aus. Manchmal aber auch von einem Jugendtanz. Ausnahmslos alle kamen durch sogenannte „Flüsterpropaganda" zustande. Außerdem muss das MfS feststellen, dass selbst die „gesellschaftlichen Kräfte", die von der SED geschickt wurden, um auf den Verlauf der Demonstration Einfluss zu nehmen, den oppositionellen Rednern Beifall spenden.

In den Westmedien wird berichtet, dass nunmehr 60 000 Flüchtlinge aus der DDR in der BRD angekommen seien.

Zweiundzwanzigster

Es ist Sonntag. Aber die Revolution macht keine Pause. In vielen Städten des Landes wird auch heute demonstriert. In anderen kommen die Menschen zu Gottesdiensten und anschließenden Gesprächen zusammen.

Die Westzeitungen vermelden, dass die Bundesregierung bald mit Krenz sprechen wolle. Auch Michail Gorbatschow hat das Bedürfnis nach persönlichem Austausch. Er lädt Krenz zu einem Gespräch nach Moskau ein.

Im Westfernsehen wettert der Schriftsteller Alfred Kuby im Gespräch mit Günter Gaus gegen eine mögliche Vereinigung der beiden deutschen Teilstaaten. Deutschland könne ihm gar nicht genug geteilt sein. Damit meint er aber nicht den Föderalismus, dem Deutschland tatsächlich viel Gutes verdankt. Er will den Status quo zementieren. Die Wünsche der DDR-Bürger interessieren ihn nicht. So wie Kuby denken viele Linksintellektuelle.

Der Sprecher der tschechoslowakischen Bürgerrechtsbewegung *Charta 77* bekräftigt in einem Interview mit dem Sender ARD die Forderung nach demokratischen Reformen auch in der ČSSR.

In Ungarn findet die 2. Landeskonferenz des *Ungarischen Demokratischen Forums* statt, das bereits 20 000 Mitglieder zählt. Die Delegierten beschließen die Umwandlung des Forums in eine parteiähnliche Organisation. Sie fordern Neutralität sowie eine umfangreiche Reprivatisierung von Industrie und Landwirtschaft.

Dreiundzwanzigster

In der beginnenden Woche wird die Staatssicherheit noch beeindruckendere Zahlen verbuchen müssen: 140 Demonstrationen mit etwa 540 000 Teilnehmern.

Für die Demonstranten sind diese Aktivitäten keineswegs gefahrlos. Nach Angaben des Ministeriums für Staatssicherheit waren bis zum 10. Oktober 3 318 Menschen festgenommen worden. Fast alle sind dabei misshandelt worden. Gegen mehr als 600 Personen wurde ein Ermittlungsverfahren eingeleitet. Bis Ende Oktober mussten Demonstrationsteilnehmer mit Festnahmen, Verhören, Schlägen, beruflichen Zurückstufungen und anderen Schikanen rechnen.

Zu Gewalttaten seitens der Demonstranten kam es, trotz der hohen Spannung, unter der alle Demonstrationen stattfanden, kaum. Teilnehmer, die alkoholisiert kamen und durch Flaschenwürfe oder Verbalattacken auffällig wurden, sind oft als Stasimitarbeiter oder „gesellschaftliche Kräfte" entlarvt worden.

In Berlin findet die erste Pressekonferenz der Opposition statt. Bis zum 22. Oktober hatte das Berliner Stadtjugendpfarramt 150 Zeugenaussagen von Opfern der Prügeleien am 7. und 8. Oktober in Berlin gesammelt. Die sollen nun der Presse vorgestellt werden. Bis zum Schluss versuchte

Konsistorialpräsident Stolpe, diese Pressekonferenz zu verhindern oder wenigstens um 48 Stunden zu verschieben.

Die bevorstehende Wahl von Egon Krenz zum Staatsoberhaupt sollte nicht beeinträchtigt werden. Aber Stolpes Einfluss auf die Opposition war kaum noch vorhanden. Die Pressekonferenz fand wie vorgesehen statt und wurde zu einem Erfolg. Der 1. Vize-Generalstaatsanwalt von Berlin Klaus Voß sieht sich zu dem Zugeständnis gezwungen, dass alle Vorwürfe „unvoreingenommen und umfassend" geprüft werden würden.

Erstmals berichtet das DDR-Fernsehen von den Massendemonstrationen. Aber als Reaktion auf die Veröffentlichung versuchen die SED-Medien, den Demonstranten Gewalttätigkeiten anzudichten. Leider bekommen sie dabei Hilfe von Kulturschaffenden, wie dem Schriftsteller Christoph Hein. Hein, der einerseits Leipzig zur Heldenstadt erklärt hatte, wendet sich gegen „kriminelle Ausschreitungen" von Demonstranten und liefert so der SED-Propaganda eine Steilvorlage. Außerdem verlangt der Schriftsteller, dass ehemalige DDR-Ärzte aus ihren West-Praxen entfernt werden sollten, denn sie hätten „keine ethischen Gründe zum Verlassen der DDR" gehabt. Damit offenbart er ein mangelndes Freiheitsverständnis. Er sieht in den Bürgern immer noch Untertanen ihres Systems, dem sie sich nicht entziehen dürfen.

Walter Kempowski, der Heins Worte in seinem Tagebuch „Alkor" festgehalten hat, nennt das eine „eigenartige Verbiesterung". Diese Art der Verbiesterung sollte den Vereinigungsprozess begleiten.

Die Ungarn sind da freier. Ungarns Parlamentspräsident erklärt das Land am Jahrestag des Beginns des Volksaufstandes von 1956 zur Republik.

Vierundzwanzigster

Endlich kommt die gesellschaftliche Veränderung der letzten Monate auch in den Medien der DDR an. Das Fernsehen überträgt ein Podiumsgespräch von Künstlern, Bürgerrechtlern und Parteifunktionären über die notwendige Umgestaltung der DDR. Die Meinungen liegen so weit auseinander, dass vor allem die Uneinsichtigkeit der Funktionäre sichtbar wird. Der vielbeschworene Dialog findet nicht statt.

Egon Krenz wird von der Volkskammer, die so häufig zusammentritt wie nie zuvor, zum Staatsratsvorsitzenden gewählt. Im Vorfeld hatte sich Politbüromitglied Schabowski in einer Rede beschwert, dass es seinem

Freund Stolpe nicht gelungen war, die Pressekonferenz der Opposition vom Vortag zu verhindern. Ein Techniker schneidet diese Rede heimlich mit und stellt sie der Opposition zur Verfügung. Sie wird in den nächsten Tagen in der Gethsemanekirche immer wieder zu hören sein, als Zeichen, wie wenig man den Dialog-Beteuerungen der Krenz-Truppe glauben kann.

Krenz, der, einmalig in der Geschichte der DDR, 26 Gegenstimmen und ebenso viele Enthaltungen bei seiner Wahl kassiert hatte, wendet sich sofort mit einem Fernschreiben an alle Bezirksparteisekretäre und beschwört sie, alles zu tun, um die Demonstrationen einzudämmen. Im Fernsehen zeigt er sich gern an der Seite von NVA-Generälen. Wenn das eine Drohung sein soll, geht sie weitgehend ins Leere. Während Krenz mit der Armeespitze posiert, bittet ein Soldat an der Gebetswand der Leipziger Thomaskirche um die Gebete der Demonstranten: „Auch wir Soldaten wollen keine Gewalt. Weil auch wir Angst haben."

In Dresden, Plauen und anderen Orten ist es schon zu Befehlsverweigerungen gekommen.

Fünfundzwanzigster

Während die Regierung Krenz offiziell eine Politik des „Dialogs" verkündet, ist hinter den Kulissen die Vorstellung von gewaltsamer Beendigung der Demonstrationen längst nicht ad acta gelegt. Erich Mielke weist erneut die „erhöhte Kampfbereitschaft" und das Tragen von Waffen an.

Mit der angekündigten „Dialogpolitik" versucht die Regierung Krenz, dem immer sichtbarer werdenden Volkszorn ein Ventil zu geben. Sie macht allerdings den Fehler, die Bedingungen dieses „Dialoges" allein festlegen zu wollen. So gingen die Funktionäre nicht in die Kirchen, um mit den Menschen zu sprechen, sondern luden zu Gesprächen in große Säle ein, bei denen viel örtliche Politikprominenz auf dem Podium saß und die Claqueure im Saal verteilt waren. Bestimmte Themen, wie die Notwendigkeit von Reformen innerhalb der Partei oder die Aktivitäten der Staatssicherheit, sollten nicht angesprochen werden. Das Konzept ging nicht auf. Die Menschen kamen zu Tausenden und bestimmten, worüber auf den Veranstaltungen geredet wurde. Vielerorts wurden Rücktrittsforderungen laut.

Selbst die als Claqueure bestellten SED-Mitglieder fielen immer öfter aus der ihnen zugedachten Rolle und stellten kritische Fragen.

Wie machtlos die SED den Ereignissen bereits gegenübersteht, zeigt sich am Abend in Neubrandenburg. Nach einem Friedensgebet in der Johanniskirche ziehen etwa 20 000 Demonstranten in einem „Marsch der Hoffnung" zum Markt. Dort treffen sie auf eine SED-Gegendemonstration unter Bezirkschef Johannes Chemnitzer. In seiner Rede lässt sich der SED-Funktionär zu dem Satz hinreißen: „Wenn ihr nicht ruhig seid, können wir auch anders." Er wird ausgelacht. Niemand lässt sich mehr einschüchtern.

Auch in Jena, Greifswald und Halberstadt gehen die Menschen auf die Straße.

In Sofia tritt die im April gegründete Umweltschutzvereinigung *Ekoglasnost* zum ersten Mal medienwirksam an die Öffentlichkeit. Am Rande des ersten KSZE-Treffens zum Umweltschutz in der bulgarischen Hauptstadt fordern westliche Diplomaten die offizielle Anerkennung der neu gegründeten Organisation. Das nutzen die Aktivisten, indem sie auf einer improvisierten Pressekonferenz vor ausländischen Journalisten erklären, dass sie ihre Tätigkeit als Teil der breiten europäischen Bewegung für Frieden, Menschenrechte, Freiheit und soziale Gerechtigkeit betrachten.

Damit hat sich die Gruppe öffentlich als Opposition bekannt.

Sechsundzwanzigster

Der Dialog zwischen SED-Funktionären und Bürgern in Dresden wird erstmals im DDR-Fernsehen übertragen. Walter Kempowski sitzt in Nartum vor dem Bildschirm und findet die Veranstaltung „saft- und kraftlos". „Anstatt die Leute nun an der Krawatte zu packen, laufen sie umeinander herum. Nichts Konkretes wird gesagt." Damit hat Kempowski nur zum Teil Recht. Vor den Kameras produzieren sich oft Kirchenvertreter, die es gewohnt sind, vor vielen Leuten zu sprechen. Natürlich formulieren sie vorsichtig, weil sie sich wie auf dünnem Eis fühlen. Außerdem will die Kirchenleitung den Gesprächsfaden zur SED keinesfalls abreißen lassen. Also wird alles vermieden, was „provokativ" wirken könnte.

Andere sind weniger zurückhaltend. Vertreter der *Gruppe der 20* fordern bei ihrem ersten Auftritt vor der Stadtverordnetenversammlung von Dresden freie Wahlen.

In Halle, wo keine Fernsehkameras dabei sind, verläuft die Dialog-Veranstaltung ganz und gar nicht nach den Wünschen der SED. Im Saal befinden sich 1 000 Menschen, vor dem Gebäude verfolgen weitere 5 000 die Debatte, die mit Lautsprechern übertragen wird. Die Oppositionelle Kathrin Eigenfeld fordert unter tosendem Beifall der Versammelten rechtliche Rahmenbedingungen für den Dialog, ein Ende der Bespitzelung durch die Staatssicherheit, die Presse-, Versammlungs- und Demonstrationsfreiheit sowie einen Gewaltverzicht der Staatsorgane.

In Berlin empfängt Bezirksparteichef Günter Schabowski erstmals die Initiatoren des *Neuen Forums:* Bärbel Bohley, Jens Reich und Sebastian Pflugbeil. Das Gespräch habe in einer „konkreten und entspannten Atmosphäre" stattgefunden, meldet ADN anschließend. Was „konkret" besprochen wurde, ließ die Nachrichtenagentur nicht verlauten.

Der Ministerrat glaubt die Lage entschärfen zu können, indem er Sofortmaßnahmen zur besseren Versorgung der Bevölkerung ankündigt. Dafür soll es zusätzliche Importe von Lebensmitteln und Konsumgütern geben.

In seinem ersten Telefonat mit Bundeskanzler Helmut Kohl fordert Egon Krenz die „Respektierung der DDR-Staatsbürgerschaft".

Siebenundzwanzigster

Nachdem bekannt geworden ist, dass Bärbel Bohley den ausgebürgerten Liedermacher Wolf Biermann in die DDR eingeladen hat, startet das *Neue Deutschland* wieder einmal eine Leserbriefkampagne. „Welches Recht hat Frau Bohley, so etwas in die DDR einzuladen?", artikuliert sich die Empörung. Biermann, der auf einer für den 4. November geplanten Großdemonstration in Berlin singen soll, revanchiert sich auf seine Weise. Er verspottet in einem Gedicht die„ verdorbenen Greise", denen „kein Aas" mehr glaubt. Es zähle nur noch „die gute Tat" bringt er es treffend auf den Punkt.

Zu guten Taten werden die verdorbenen Greise durch die Ereignisse regelrecht gezwungen. Wegen massiver Streikdrohungen werden die am 3. Oktober verhängten Reisebeschränkungen in die Tschechoslowakei aufgehoben. Damit ist die Abriegelung der DDR durchbrochen. Außerdem erreicht der Druck der Straße eine Amnestie für alle wegen Republikflucht Verurteilten und für die verurteilten Demonstranten. Diese Maßnahmen führen zur Verwirrung bei den Sicherheitsorganen. Wozu noch Verhaftungen vornehmen, wenn die Übeltäter so schnell wieder freikommen? Was als Befreiungsschlag gedacht ist, trägt zum massiven

Autoritätsverlust der Regierung Krenz bei, vor allem in den eigenen Reihen.

Die Demonstrationen haben nun endgültig die Provinz erreicht: Güstrow, Lauchhammer, Saalfeld, Großräschen.

Achtundzwanzigster

Noch ein Zugeständnis der Politbüro-Greise: Alle DDR-Bürger sollen Pässe bekommen und pro Jahr dreißig Tage in den Westen reisen dürfen. Dass nur privilegierte Personen im Arbeiter- und Bauernstaat über Pässe verfügten, war der Öffentlichkeit im Westen gar nicht klar. Das Ausmaß der Lügen und des Betrugs wird erst nach und nach sichtbar.

„Die SED steht mit ihrer Lügerei absolut im Regen", notiert Kempowski in seinem Tagebuch. „Es geht nicht weiter, die Macht zerbröckelt. Und so wird's kommen: Andere politische Gruppierungen (Parteien) werden zugelassen, freie Wahlen, Wiedervereinigung. Das alles wäre in zwei, drei Jahren denkbar."

An einer Stelle kommt der Wille zur Wiedervereinigung bereits zum Ausdruck, bevor er auf der Straße artikuliert wird: Bei den Behörden liegen inzwischen 747 000 noch nicht bearbeitete Ausreiseanträge.

Die Kulturschaffenden, wie sie in der DDR genannt werden, gehen immer mehr in die Offensive. Der SED-Kritiker und erster Chef des Aufbau-Verlages der DDR, Walter Janka, liest im überfüllten Deutschen Theater aus seinem nur in Westdeutschland erschienenem Buch „Schwierigkeiten mit der Wahrheit". Janka war 1956 verhaftet und ins alte Stasi-Untersuchungsgefängnis in Hohenschönhausen gebracht worden, das von den Häftlingen wegen seiner fensterlosen Kellerzellen U-Boot genannt wurde. Für die meisten Besucher des Deutschen Theaters hörte sich Jankas Bericht an, als käme er aus einer anderen Welt. Das U-Boot, das 1961 geschlossen wurde, war bereits in Vergessenheit geraten. Erst nach der Vereinigung war es möglich, die Wahrheit über diesen Keller, der heute in der Gedenkstätte Hohenschönhausen besichtigt werden kann, ans Licht zu bringen.

Während Janka liest, beteiligen sich fünfzig bekannte Wissenschaftler und Künstler, darunter Stefan Heym und Günter de Bruyn, in der Erlöserkirche in Berlin unter dem Motto: „Nachdenken über die schmerzliche Entwürdigung" an einer Diskussion gegen staatliche Gewalt. Die Schriftstellerin Christa Wolf fordert einen Untersuchungsausschuss.

Oktober

In Ungarn hat sich eine weitere Oppositionspartei formiert: Der *Bund Freier Demokraten* hat bereits am Gründungstag 6 000 Mitglieder und verlangt einen Systemwechsel.

Neunundzwanzigster

Das Scheitern der von der Regierung Krenz inszenierten Dialog-Politik wird immer offensichtlicher. Einer der größten Reinfälle für die SED ist das sogenannte Berliner Sonntagsgespräch mit Politbüromitglied Günter Schabowski und anderen Spitzenfunktionären im Roten Rathaus. Unter dem Motto „Offene Türen - offene Worte" wollen Schabowski und Genossen mit Bürgern diskutieren. Die Claqueure füllen bereits eine Stunde vor Beginn den Veranstaltungssaal. Sie hätten sich das Kommen sparen können, denn die mehr als 20 000 Menschen, die an dem Gespräch teilnehmen wollen, verändern die Bedingungen total. Die Veranstaltung muss im Freien stattfinden. SED-Propaganda wird nicht geduldet. Stattdessen setzen die Demonstranten eine Schweigeminute für die Mauertoten durch und zwingen den Polizeipräsidenten Friedhelm Rausch, sich für die Gewaltakte der Sicherheitskräfte in den letzten Tagen und Wochen zu entschuldigen. Auch wenn es den meisten Teilnehmern nicht bewusst ist: Dieser Akt ist von besonderer symbolischer Bedeutung. Unweit der Stelle, an der Rausch für die Untaten seiner Untergebenen die Verantwortung übernehmen muss, ist in der 1848er Revolution der preußische König gezwungen worden, seinen Hut vor den Toten der Märzkämpfe zu ziehen.

Der Höhepunkt der Veranstaltung sind die Rufe: „Reißt die Mauer ab!"

Der Unmut, der auf der Straße über die Berichterstattung der DDR-Medien geäußert wird, zeigt Wirkung. Die *Aktuelle Kamera,* die Nachrichtensendung des Fernsehens, verspricht ihren Zuschauern, in Zukunft nur noch wahrheitsgetreue Informationen zu senden. Damit hat der Sender eingestanden, die Wahrheit bisher manipuliert zu haben. Journalisten wollen eine Arbeitsgruppe bilden, um ein neues Mediengesetz zu erarbeiten.

In der Wohnung von Bärbel Bohley treffen sich die SPD-Politiker Horst Ehmke und Walter Momper zum ersten Mal mit Vertretern des *Neuen Forums.* Die Politiker, offizielle Bühnen gewohnt, wirken in der

Oktober

Wohnzimmeratmosphäre seltsam gehemmt, mache Teilnehmer sagen auch: geerdet.

Wenige Kilometer entfernt, im Diakoniewerk „Königin Elisabeth", wird die bisher dezentral agierende Oppositionsbewegung *Demokratischer Aufbruch* als landesweite Vereinigung gegründet. Die Delegierten wählen den Rostocker Anwalt Wolfgang Schnur zum Vorsitzenden, ohne zu ahnen, dass ihr neuer Chef unmittelbar nach der Veranstaltung einen genauen Bericht an die Staatssicherheit abliefern wird. Pressesprecher wird der oppositionelle Pfarrer Rainer Eppelmann.

In Kischinau, der Hauptstadt der Moldauischen SSR, gründet sich eine Partei der Grünen.

Dreißigster

Der gestrigen Ankündigung lässt das DDR-Fernsehen Taten folgen: Erstmals werden in der Sendung Umweltprobleme angesprochen, die bisher nicht thematisiert werden durften. Dabei werden auch die bisher als Staatsgeheimnis behandelten Luftverschmutzungsdaten veröffentlicht.

Die größte Fernseh-Überraschung gibt es jedoch am späteren Abend: Der Chefkommentator des DDR-Fernsehens, Karl-Eduard von Schnitzler, von der Bevölkerung respektlos Sudel-Ede genannt, eröffnet seine berüchtigte wöchentliche Sendung *Der schwarze Kanal* mit den Worten: „Diese Sendung wird nach fast dreißig Jahren die kürzeste sein, nämlich die letzte ... Einige mögen jubeln ... "

„Nicht, dass ich etwas zu bereuen hätte", setzt er hinzu und reiht sich damit nahtlos ein in die Reaktionen seiner Genossinnen und Genossen. Die Reuelosigkeit ist das Markenzeichen der meisten Verantwortlichen der DDR-Diktatur.

In der *Berliner Zeitung,* immer noch Bezirksorgan der SED, gibt es das erste Stück Enthüllungsjournalismus, das glaubhaft machen soll, dass sich die Medien gewandelt haben. Der Vorsitzende der IG Metall im FDGB, Gerhard Nennstiel, wird bezichtigt, den Bau seines Eigenheims aus Mitteln einer FDJ-Initiative finanziert zu haben. Nennstil tritt noch am selben Tag zurück.

Dagegen kommt der Gewerkschaftschef Harry Tisch noch einmal mit einem blauen Auge davon. Zwar ist auf Drängen der Basis der FDGB-Bundesvorstand zusammengetreten, das geforderte Misstrauensvotum spricht er aber nicht aus. Auch der Wunsch nach Gründung unabhängiger

Gewerkschaften wird nicht behandelt. Die Gewerkschaftsbosse verharren in den alten Mustern.

Außerhalb weht ein frischer Wind. In Karl-Marx-Stadt wird den Demonstranten endlich zugesichert, dass in Zukunft alle Umweltdaten öffentlich gemacht werden. Es soll sogar eine Smogverordnung für Großstädte geben. Die Zeitung *Der Morgen* lässt schon mal verlauten, dass im vergangenen Jahr insgesamt fast fünf Millionen Tonnen Schwefeldioxid emittiert wurden, was bisher als Staatsgeheimnis galt.

Weil ihre Stadt eine der am schwersten betroffenen ist, demonstrieren 50 000 Hallenser für konsequenten Umweltschutz.

In Dresden muss Oberbürgermeister Berghofer die *Gruppe der 20* als offizielle Vertretung der Einwohner seiner Stadt anerkennen. Berghofer hat inzwischen die Zeichen der Zeit erkannt und spricht sich im Gespräch mit der Gruppe für eine grundlegende Erneuerung der Gesellschaft ohne Wenn und Aber aus.

Am Abend gibt es in Leipzig mit über 200 000 Teilnehmern die bisher größte Demonstration. Hauptforderung ist die Abschaffung des Machtmonopols der SED.

Auch die Provinz ist auf den Beinen: 5 000 demonstrieren in Pößneck, 20 000 in Cottbus.

Einunddreißigster

Demonstrationen in Weimar, Meißen, und Meiningen. Überall werden Reisefreiheit und freie Wahlen gefordert. In der kleinen Kreisstadt Nordhausen in Thüringen sind allein 25 000 Menschen auf der Straße, das sind etwa siebzig Prozent der erwachsenen Bevölkerung. Die Stadtverwaltung von Nordhausen versucht vergeblich, den Demonstranten die Lautsprecheranlage abzuschalten.

In Wittenberg findet eine Großdemonstration statt, auf deren Höhepunkt die Forderungen der Demonstranten in Form von sieben Thesen an die Rathaustür geheftet werden.

Die 140 Demonstrationen in dieser Woche widerlegen die These, die friedliche Revolution hätte nur an wenigen Brennpunkten stattgefunden und die Mehrheit der Bevölkerung wäre passiv geblieben.

Die Proteste zeigen Wirkung: Postminister Rudolph Schulze lässt im DDR-Jugendfernsehen verlauten, dass die auf persönliche Initiative von

Erich Honecker verbotene Zeitschrift *Sputnik* ab 1. Dezember wieder vertrieben wird.

Erstmals veröffentlicht auch die *Magdeburger Volksstimme* Daten zur Schadstoffbelastung der Luft.

Das Politbüro kommt zu seiner wöchentlichen Sitzung zusammen. Die alte Geschlossenheit gibt es nicht mehr. Es findet sich keine Mehrheit für die Verabschiedung einer Konzeption zur „Zurückdrängung oppositioneller Sammlungsbewegungen", die am 21. Oktober in Auftrag gegeben worden war. Die Vorschläge, die Fachleute von Staatssicherheit, Polizei und der Sicherheitsabteilung des ZK der SED zusammengetragen hatten, bleiben unbeachtet. Die Politbürokraten müssen zur Kenntnis nehmen, dass die üblichen Störmethoden nicht mehr verfangen.

Diskutiert wird im Politbüro auch die Frage, wie mit der bevorstehenden Demonstration am 4. November in Berlin umgegangen werden soll. Verhindert kann sie nicht mehr werden. Also wird beschlossen, sie in eine Demonstration für die Stabilisierung der DDR zu verwandeln. Mehrere SED-Mitglieder sollen als Redner auftreten, Politbüromitglied Günter Schabowski, der ehemalige Spionagechef Markus Wolf und die Geheimwaffe der SED, Gregor Gysi.

November

Erster

Egon Krenz fliegt nach Moskau, um mit Michail Gorbatschow die sich zuspitzende Lage zu besprechen. Während des Gesprächs erteilt Krenz dem Gedanken an eine mögliche Wiedervereinigung eine Absage. Die Demonstrationen hätten seiner Meinung nach das Ziel, „das Leben in der DDR schöner zu machen". Kein Wunder, dass niemand Krenz ernst nehmen konnte.

Wieder zu Hause erlässt der Partei- und Staatschef ohne Absprache einen Befehl, der den Sicherheitskräften ihre Aufgaben bei der zu erwarteten Großdemonstration in Berlin deutlich macht. Es solle unbedingt verhindert werden, dass „Demonstranten ins Grenzgebiet eindringen". Im Falle eines solchen Eindringens seien die Demonstranten „durch Anwendung körperlicher Gewalt daran zu hindern, dass es in der Hauptstadt der DDR zu Grenzdurchbrüchen nach Berlin (West) kommt."

Am Abend sind tausende Menschen mit Begeisterung dabei, das Leben in der DDR noch schöner zu machen: auf Großdemonstrationen in Neubrandenburg, Freital, Frankfurt/Oder und Ilmenau.

Zweiter

Mit einer Welle von Rücktritten, versucht die SED-Führung wieder Herr der Lage zu werden.

Im Bezirk Schwerin muss der SED-Parteichef gehen, weil das von ihm befohlene harte Vorgehen gegen oppositionelle Demonstranten heftige öffentliche Reaktionen ausgelöst hat. Auch der Chef der Bezirksparteileitung Gera ist aus einem ähnlichen Grund gezwungen, seinen Hut nehmen. Außerdem kündigt Egon Krenz in einer Fernsehansprache die bevorstehende Abdankung zweier besonders verhasster Politbüromitglieder an: Erich Mielke und Kurt Hager. Auch in den Blockparteien trennt man sich von belastetem Führungspersonal. In der CDU wird der Rücktritt ihres Vorsitzenden Gerald Götting erzwungen.

November

Unbelastete Funktionäre sind an der CDU-Spitze knapp. Es sollte einige Tage dauern, bevor die Parteiführung sich auf einen neuen Vorsitzenden einigen kann.

Der Vorsitzende der SPD-Bundestagsfraktion Hans-Jochen Vogel verlangt öffentlich, dass die SED die Grundrechte garantiert und ihren Führungsanspruch aufgibt. Sie solle die Opposition, auch die SDP, endlich anerkennen. Damit korrigiert Vogel seine ursprünglich ablehnende Haltung zur sozialdemokratischen Neugründung im Osten.

Das *Neue Deutschland* schließt sich dem Versprechen des DDR-Fernsehens an, nur noch die Wahrheit zu berichten und dementiert eigene Meldungen über einen Fall in Ungarn. Dort soll angeblich ein DDR-Kellner von westlichen Geheimagenten mit einer Mentholzigarette betäubten und anschließend gegen seinen Willen in den Westen verschleppt worden sein. Der verantwortliche Redakteur entschuldigt sich und gelobt Besserung.

In Erfurt gibt es eine Großdemonstration. Vor 40 000 Teilnehmern verlangen drei Redner, darunter der aus Berlin angereiste SDP-Mitbegründer Markus Meckel, die SED solle ihren Führungsanspruch aufgeben. Andere sind noch nicht so weit. Der Vertreter von *Demokratie jetzt*, Ludwig Mehlhorn, erklärt in einem Interview mit der *taz*, dass er sich einen Reformprozess „in der Konfrontation mit der SED" nur schwer vorstellen könne. In der gleichen Ausgabe nimmt auch der Vorsitzende der SDP, Ibrahim Böhme, eine ähnliche Position ein.

Dritter

Weitere Politikerrücktritte werden bekannt. Die verhasste Volksbildungsministerin Margot Honecker muss gehen. Der Chef der SED-Bezirksleitung Suhl verliert seinen Posten.

In die Blockpartei LDPD kommt Bewegung. Seit der letzten Oktoberwoche präsentiert die Parteiführung, besonders deren Vorsitzender Manfred Gerlach, der Öffentlichkeit fast täglich neue Reformvorschläge. Allerdings betont man immer wieder, dass dies nicht als Opposition zu verstehen sei und man die führende Rolle der SED nicht infrage stellen wolle. Für wenige Tage avanciert Gerlach dennoch zum Hoffnungsträger der Demonstranten. Die Parteizeitung *Der Morgen* hatte Gerlachs Forderung veröffentlicht, dass nicht nur einzelne Minister, sondern die gesamte Regierung zurücktreten solle.

Egon Krenz glaubt immer noch, mit personellen Veränderungen, die aber nichts an der herrschenden Struktur ändern, die Lage in den Griff bekommen zu können. In einer Rundfunk- und Fernsehansprache erklärt er, dass mit der 9. Tagung des ZK der SED eine „neue Etappe in der Entwicklung des sozialistischen Vaterlandes" begonnen hätte.

Während immer mehr Bürger auf die Straße gehen, verlassen andere nach wie vor in Scharen das Land, vor allem über die wiedereröffnete Grenze zur Tschechoslowakei. In der Prager Botschaft der BRD befinden sich bereits wieder 6 000 Menschen. Auf Drängen Bonns gestattet Krenz ihnen die direkte Ausreise in die BRD. Als sich daraufhin binnen weniger Stunden etwa 5 000 Menschen in Prag und Umgebung einfinden, in der Hoffnung auf schnelle Ausreise, protestiert die Regierung der ČSSR energisch, weil die Flüchtlinge Unruhe ins bisher eisern regierte Land bringen. Die DDR solle ihr Flüchtlingsproblem selbst lösen und nicht auf andere Länder abschieben.

Während der SED sichtbar alle Felle wegschwimmen, wird die Frage ihrer Führungsrolle unter den Oppositionellen heftig und kontrovers diskutiert. Befriedigt registriert die Staatssicherheit, dass eine bekannte Aktivistin des *Neuen Forums* die Führungsrolle der SED nicht grundsätzlich ablehnen will. Sie müsse nur so gestaltet werden, dass sie erkennbar sei und allen diene. Dies geschah offenbar unter dem Einfluss von Rechtsanwalt Gysi, mit dem sie die Großdemonstration in Berlin vorbereitet. Während sich die Forum-Frau intern äußert, unternehmen Friedrich Schorlemmer und der Vorsitzende des *Demokratischen Aufbruchs*, Wolfgang Schnur, in der Öffentlichkeit ähnliche Vorstöße. Schnur folgt damit den Anweisungen seines Stasi-Führungsoffiziers. Im *Demokratischen Aufbruch* gelingt es ziemlich schnell, Schorlemmer und Schnur zu überstimmen. Im *Neuen Forum* dagegen bleibt die Lage diffus. Diese inhaltliche Unklarheit und die Unwilligkeit, klare Strukturen zu schaffen und deutliche strategische und taktische Ziele zu benennen, bringen dem *Neuen Forum* Mitgliederverluste ein. Es wird nicht, was viele wünschten und erwarteten, die entscheidende Gegenkraft zur SED.

Vierter

Großdemonstration in Berlin. Es ist die erste von der SED genehmigte Kundgebung, zu der nicht von der SED, einer Blockpartei oder einem anderen staatlichen Organ aufgerufen wurde. Aber die SED hat erfol-

November

greich Einfluss genommen. Dem Vorbereitungskreis gehörten nicht nur Oppositionelle und Künstler, sondern auch Vertrauensleute der SED an. Darunter Gregor Gysi, der sein rhetorisches Talent dafür eingesetzt hatte, dass neben ihm auch der ehemalige Spionagechef der Staatssicherheit Markus Wolf und Politbüromitglied Günter Schabowski einen Platz auf der endlos langen Rednerliste bekamen. Keine Chance hatte dagegen Wolf Biermann, dem an diesem Tag die Einreise in die DDR verweigert wurde.

Der Wunsch der SED-Führung ist es, mit dieser Demonstration das Heft des Handelns wieder in die Hand zu bekommen. Es soll ein Bekenntnis zu Reformen werden, mit dem Ziel, einen demokratischen Sozialismus aufzubauen. Natürlich unter Führung der SED.

Etwa 500 000 Menschen versammeln sich in Berlin, was die Kundgebung zur bisher größten der friedlichen Revolution macht.

Dass die Veranstaltung dennoch ein zwiespältiges Gefühl hinterließ, lag an ihrer Konzeption, die bewirkte, dass es am Schluss zwei Kundgebungen gab: Eine fand auf dem Podium statt, die andere auf dem Platz.

Zunächst bewegt sich der Demonstrationszug am Gebäude der Nachrichtenagentur _ADN_ vorbei zum Palast der Republik. Von dort geht es zum Alexanderplatz, eine große, zugige Freifläche. Dort ist eine hölzerne Tribüne aufgebaut, die Walter Kempowski, der vor dem Fernseher sitzt, an ein „grob zusammengezimmertes Schafott" erinnert.

Als erster Redner besteigt Spionagechef a. D. Markus Wolf das Schafott. Gysi hatte den Künstlern in der Vorbereitungsgruppe eingeredet, bei Wolf handele es sich um einen Reformer. Den Menschen vor der Tribüne ist das nicht weiszumachen. Wolf, den Kempowski als „Typ Reichswehr-Offizier" deklariert, wird bald durch Pfiffe und Sprechchöre am Weiterreden gehindert. Damit ist seine Reformkarriere beendet, bevor sie beginnen konnte.

Politbüromitglied Schabowski wagt dennoch den Versuch, die Masse auf Partei- und Staatschef Egon Krenz, auf Reformen und einen demokratischen Sozialismus einzuschwören. Er behauptet, Krenz hätte den Schulterschluss mit Gorbatschow vollzogen, stellt sogar mehr Reisefreiheit in Aussicht. Auch ihn wollen die Menschen nicht hören. Pfiffe, Buh-Rufe und Sprechchöre fordern: „Aufhören, Aufhören!"

Der Bürgerrechtler Jens Reich, der neben Schabowski steht, sieht, wie dessen Gesichtszüge entgleisen. Er kann die Zurückweisung der Menge nicht ertragen. Widerspruch auszuhalten gehört nicht zu den Tugenden eines Politbüromitglieds.

Später beschreibt Schabowski dieses Erlebnis als Wendepunkt in seinem Leben, da ihm bei dieser Gelegenheit klar wurde, dass die SED ihre Macht verspielt hat.

Gysi, der zu diesem Zeitpunkt noch unbekannt ist, kann sich mit Spitzen gegen die Stasi vor allzu vielen Pfiffen schützen. Aber auch ihm nehmen die Menschen die Reform-Rhetorik nicht ab.

Außer den vier Genannten spricht noch eine Reihe von Schriftstellern, Künstlern und Bürgerrechtlern. Alle halten sich an die Vorgaben und werben für Reformen und den demokratischen, den „richtigen" Sozialismus. Nur Christa Wolf geht auf die Demonstranten ein. Sie bekennt ihre Schwierigkeiten mit dem Begriff Wende und führt den Wendehals in die Debatte ein. Sie weist auf die Rolle der Sprache bei der Befreiung von Diktatur und Zensur hin. „Was bisher so schwer auszusprechen war, geht uns auf einmal frei über die Lippen." Aus den Sprüchen und Losungen der Demonstranten leitet sie ein leidenschaftliches Bekenntnis zur Revolution ab, die für die bekennende Sozialistin ebenfalls nur den „richtigen" Sozialismus zum Ziel haben durfte. Wenn Christa Wolf noch genauer hingeschaut hätte, wäre ihr nicht entgangen, wie sehr die Menschen auf dem Platz sich bereits vom Sozialismus verabschiedet haben.

„SED in die Opposition", lauten die Parolen der Sprechchöre und Transparente, „SED- Ade!" oder „8, 9, 10 – SED kann geh'n!". „Der Sozialismus in der DDR steht zur Disposition", ist in Abwandlung eines Krenz-Spruchs zu lesen, und „Es lebe die Straße".

Wenn die Sonne ab und zu durch die Wolken bricht, ertönt sofort der Ruf: „Reisewetter, Reisewetter"!

Gegenüber Egon Krenz sind die Demonstranten unmissverständlich: „Zirkus Krenz – die Vorstellung ist aus", „Abschaffung der Krenz-Truppe", „Krenz-Xiaoping? – Nein, danke!".

Was in Berlin an Forderungen zu sehen ist, trifft auf alle anderen Demonstrationen dieses Tages und der kommenden Wochen zu. Aufmerksamen politischen Beobachtern hätte es spätestens am 4. November 1989 dämmern müssen, dass es mit der DDR vorbei war.

Außer in Berlin gibt es Demonstrationen in fast 50 Städten und Gemeinden der DDR. Über eine Million Menschen sind an diesem Tag auf den Beinen.

Seit den frühen Morgenstunden ist die Grenze zwischen der Tschechoslowakei und der DDR wieder offen. Um zu verhindern, dass es erneut zu einer Besetzung der Prager Botschaft der BRD kommt, verkündet der Vize-Innenminister der DDR im Fernsehen, dass Anträge auf ständige Ausreise ab sofort „unbürokratisch" entschieden würden. Alle Ausreisewilligen sollten ihren Wunsch der zuständigen Polizeidienststelle mitteilen und nicht den Weg über die Tschechoslowakei nehmen.

Fünfter

Es vergeht kein Tag mehr ohne eine öffentliche Willensbekundung. In Gera fordern die Teilnehmer einer Demonstration die Streichung des Führungsanspruchs der SED aus der DDR-Verfassung.

Das Volk der DDR ist nicht wiederzuerkennen. Es zeigt immer deutlicher, dass es der SED überdrüssig ist. Auch die Opposition emanzipiert sich von der SED. Am Vorabend wurde auf der ersten ordentlichen Vorstandssitzung des *Demokratischen Aufbruchs* beschlossen, nur noch mit Gruppen zusammenzuarbeiten, die den Führungsanspruch der SED ablehnen.

In Rostock findet die letzte Dialog-Veranstaltung nach SED-Manier statt. Der erste Sekretär der Bezirksparteileitung Rostock will über Meinungspluralismus diskutieren. Als er schon bei der Frage ins Stottern kommt, was er unter Diktatur des Proletariats verstehe und auch weitere Fragen nicht beantworten kann, übernimmt kurzerhand ein Mann von *Neuen Forum* den Platz im Podium.

Eine „Gründungsinitiative" gibt den Aufruf zur Gründung einer *Grünen Partei* in der DDR heraus. Es ist eine der letzten Parteigründungen der Opposition. Sie ist schwierig, weil einige Ökologiegruppen schon längere Zeit mit der staatlichen *Gesellschaft für Natur und Umwelt* (GNU) zusammenarbeiten, die als eine Antwort auf die kirchliche Umweltbewegung ins Leben gerufen worden war. Die Diskussion, ob Strukturen der GNU in die neue Partei hineingenommen werden sollten oder nicht, wirkt sich hinderlich aus.

Ich wurde Mitglied der *Grünen Partei,* wie kurz darauf Matthias Platzeck, der für ein Gründungsmitglied der Umweltgruppe *Argus* in Potsdam gehalten wurde. Die *Grüne Partei* der DDR wurde zum Trittbrett für Platzecks politische Karriere.

November

Sechster

Stasichef Mielke ordnet die Aktenvernichtung an. Von nun an laufen Schredder und Öfen auf Hochtouren, um kompromittierendes Material zu vernichten. Mielke ahnt also, dass es mit der DDR zu Ende geht, und er weiß sehr genau um die kriminellen Delikte seines Ministeriums, die er jetzt vor der Öffentlichkeit geheim zu halten sucht.

In Dresden haben Bezirksparteichef Modrow und Oberbürgermeister Berghofer den Gedanken an eine führende Rolle in der Bewegung noch nicht aufgegeben. Sie bieten der *Gruppe der 20,* die sich im Rathaus festgesetzt hat, ihre Unterstützung bei der Organisation der abendlichen Demonstration an und erklären sich bereit, Ordner zur Verfügung zu stellen. Im Gegenzug wollen sie beide dabei sein. So kommt es, dass Modrow und Berghofer neben der *Gruppe der 20* an der Spitze des Demonstrationszuges mit 100 000 Dresdnern marschieren. Sofort verkündet der Rundfunk, die SED-Politiker hätten sich an die Spitze der Reformbewegung gesetzt. Die Demonstranten sehen das anders. „8-9-10 – SED kann geh'n!" lautet auch heute die Parole des Abends.

Den Politbürokraten dämmert inzwischen, dass die SED wirklich gehen muss, wenn es keine Rettung in letzter Sekunde gibt. Die Schwierigkeiten, in denen sie steckt, werden mit jedem Tag größer.

Bei seinem Machtantritt hatte Krenz beim DDR-Planungschef Gerhard Schürer eine Studie über den Zustand der Volkswirtschaft in Auftrag gegeben. Das Ergebnis ist verheerend. Die DDR ist bankrott. Bei seinem jüngsten Besuch in Moskau war Krenz von Gorbatschow jede finanzielle Hilfe verweigert worden. Es bleibt als Ausweg nur, sich, wie so oft, an den Klassenfeind zu wenden, obwohl Krenz in den vergangenen Tagen mit verbalen Ausfällen gegen die Regierung Kohl nicht gerade zurückhaltend gewesen war. Also schickt man die Allzweckwaffe der SED-Oberen, Devisenbeschaffer Alexander Schalck-Golodkowski, auf eine Eilmission nach Bonn, wo er mit Kanzleramtsminister Rudolf Seiters und Innenminister Wolfgang Schäuble verhandeln darf. Schalck schildert die verzweifelte Lage und fordert einen 13-Milliarden-Kredit, sozusagen als Finanzhilfe für die SED-„Reformer". Bereits 1983 und 1984 hatten zwei Milliardenkredite aus Bonn die DDR vor dem Offenbarungseid gerettet. Warum nicht ein drittes Mal? Aber Bundeskanzler Kohl verabschiedet sich von der Politik der geräuschlosen Hilfe für die

SED-Regierung. Er stellt diesmal Bedingungen und fordert die Aufgabe des Machtmonopols der SED, die Zulassung der Opposition und freie Wahlen in einem überschaubaren Zeitraum.

Diese Forderungen übermittelt Schalck an Krenz, während Kohl, Schäuble und Seiters noch in der Nacht eine Passage über den Zustand der DDR-Wirtschaft in den bereits fertig gestellten „Bericht der Bundesregierung zur Lage der Nation im geteilten Deutschland" einfügen, die den Politikwechsel öffentlich machen wird.

Auf größeres Interesse und gleichzeitig wütende Ablehnung stößt das an diesem Tag veröffentlichte Reisegesetz. Besonders wütend sind die Leute über den Satz, dass die Genehmigung einer Privatreise „keinen Anspruch auf Erwerb von Reisezahlungsmitteln" begründe. Die Regierung will ihr Volk als Bettler in die Welt schicken. Das will sich „der große Lümmel" (Heine) aber nicht mehr gefallen lassen. Auf der Montagsdemo in Leipzig sind die Reaktionen jedenfalls deutlich: „Wir brauchen keine Gesetze – die Mauer muss weg!"

Andere verabschieden sich einfach. Am späten Abend muss ADN vermelden, dass in der Zeit von Sonnabend früh bis Montagmittag insgesamt 23 000 Menschen über die offene Grenze zur Tschechoslowakei in die Bundesrepublik gelangt sind.

In Polen beschließt das Plenum des ZK der PVAP, die Begriffe „Diktatur des Proletariats" und „proletarischer Internationalismus" aus allen Dokumenten zu streichen, auf das Prinzip des demokratischen Zentralismus zu verzichten und die parlamentarische Demokratie als Staatsform anzustreben.

Siebter

Der DDR-Ministerrat tritt zurück. Es ist der verzweifelte und vergebliche Versuch von Krenz, durch Bauern- und Damenopfer bei der Bevölkerung Vertrauen zu gewinnen.

Der Exodus in den Westen geht weiter. Seit die Grenzen zur Tschechoslowakei wieder offen sind, kamen über 50 000 Ausreisewillige über diesen Umweg nach Westdeutschland. Weitere 41 000 warten an der Grenze. Das Politbüro beschließt deshalb schon wieder eine neue Fassung des Reisegesetzes, die demnächst vom Ministerrat erlassen werden soll. Auch unter Krenz hat die Regierung keinen eigenen Handlungsspielraum.

Statt eines Gesetzes fordert das *Neue Forum* einen Reisepass für jeden Bürger und ein generelles Ausreisevisum in alle Welt.

Die Ausreisewelle habe etwas „von Hysterie an sich", notiert Walter Kempowski am nächsten Tag in sein Tagebuch. Gleichzeitig flößt ihm die Opposition wenig Vertrauen ein. „Frau Bohley wirkt schüchtern und so, als ob sie gerade geweint hätte."

Er wundert sich, dass er keinen einzigen der Namen kennt, die jetzt häufiger in den Medien genannt werden. Auch Kempowski erkennt nicht, dass es sich nicht um von Einzelnen organisierte Aktionen, sondern um einen Massenaufbruch handelt.

Dieser Massenaufbruch hinterlässt in der DDR dramatische Lücken. Soldaten und Stasimitarbeiter sollen in der Wirtschaft eingesetzt werden, um diese überhaupt am Laufen halten zu können. Damit wird eine Forderung der Demonstranten aus purer Not erfüllt: „Stasi in die Produktion".

Achter

Das SED-Politbüro tritt zurück.

Bundeskanzler Helmut Kohl hält im Bundestag eine einstündige Rede „zur Lage der Nation im geteilten Deutschland". Er fordert darin wahrhaft Revolutionäres: „Wir wollen nicht unhaltbare Zustände stabilisieren. Aber wir sind zu umfassender Hilfe bereit, wenn eine grundlegende Reform der politischen Verhältnisse in der DDR verbindlich festgelegt wird. Die SED muss auf ihr Machtmonopol verzichten und sie muss freie Wahlen und damit die freie Zulassung von Parteien verbindlich zusichern." Kohl geht noch weiter. Er fordert den Umbau des Wirtschaftssystems der DDR als Voraussetzung für finanzielle Hilfen, denn es sei klar, „dass ohne eine grundlegende Reform des gesamten Wirtschaftssystems, den Abbau bürokratischer Planwirtschaft und den Aufbau einer marktwirtschaftlichen Ordnung jede wirtschaftliche Hilfe letztlich vergeblich bleiben wird." Er erklärt es zur nationalen Aufgabe, „einen grundlegenden politischen und wirtschaftlichen Wandel in der DDR zu fördern". Damit ist der Politikwechsel vollzogen. Nicht mehr die SED, sondern die bisher ignorierte Opposition kann mit der Unterstützung der Bundesregierung rechnen. Noch Jahre später wird Kohl dieser „Verrat" von Politikern der SED-PDS-Linken vorgeworfen. Kohl hätte die DDR in den Zusammenbruch getrieben, weil er nicht bereit gewesen sei, den für das Überleben nötigen Kredit zur Verfügung zu stellen, betonte die wirtschaftspolitische Sprecherin der PDS, Christa Luft, in jeder ihrer Reden im Bundestag.

In Ostberlin tagt das Zentralkomitee der SED. Von revolutionären Veränderungen ist nichts zu spüren. Es herrscht der alte SED-Geist. Mit taktischen Manövern versucht Egon Krenz, Zugeständnisse zu machen und gleichzeitig die Machtfäden in der Hand zu behalten. Was der Klassenfeind seit zwei Tagen weiß – wie Planungschef Schürer die wirtschaftliche Lage der DDR einschätzt und dass er vorschlägt, für bundesdeutsches Geld die Mauer zur Disposition zu stellen –, erfahren die Mitglieder des „höchsten Organs" der SED nicht. Dafür sind sie aber über das informiert, was die Demonstranten auf der Straße fordern: „Vorwärts zu neuen Rücktritten!" Deswegen rebellieren sie erstmals in der Geschichte der ZK-Tagungen gegen die zu zögerliche personelle Erneuerung, die ihnen von Egon Krenz vorgeschlagen wird. Fünf neue Mitglieder soll das Politbüro lediglich haben, elf alte sollen bleiben. Schon gegen den ersten Personalvorschlag gibt es entschiedenen Widerspruch: Der Hallenser Parteichef Hans-Joachim Böhme, dessen Rücktritt am Vortag von 70 000 Hallenser Bürgern gefordert worden war, wird für unwählbar erklärt. Drei weitere der von Krenz vorgeschlagenen Kandidaten werden nicht nominiert.

„Wir treffen keine Kaderentscheidung unabhängig von dem, was draußen vor sich geht", betont Modrow. Der Dresdner Bezirksparteichef erkennt damit an, dass eine „Doppelherrschaft" existiert. In Wahrheit hat die Straße die Entscheidungen bereits übernommen.

Die wichtigste Entscheidung, die das ZK an diesem Tag fällt, ist die Wahl von Hans Modrow zum neuen Politbüromitglied und seine Nominierung zum Ministerpräsidenten. Wie sich später herausstellen sollte, hatte das ZK damit die wichtigste Weiche zum Überleben der Partei gestellt. Krenz erweist sich in der weiteren Sitzung als konzeptions- und ideenlos und damit als überflüssig. Immerhin wird ein „Aktionsprogramm zur Erneuerung" beschlossen und die 4. Parteikonferenz der SED für den 15. bis 17. Dezember einberufen.

Das Innenministerium bestätigt die Anmeldung des *Neuen Forums* und nimmt damit seine Einschätzung, für eine solche Gruppierung bestehe „keine gesellschaftliche Notwendigkeit" zurück.

Abseits von den großen Schauplätzen kommt es zu einem Kuriosum, das die weitere Entwicklung der DDR vorwegzunehmen scheint. In Rüterberg, einem von drei Seiten von der Staatsgrenze umzingelten Ort, der von den Bewohnern nur durch ein Stahltor verlassen werden kann, scheitert die „Dialogpolitik" mit der SED. Die Dorfbewohner gründen einstimmig die freie *Dorfrepublik Rüterberg* und geben sich eine Verfassung nach dem Vorbild der schweizerischen Urkantone.

Diese revolutionäre Tat findet kaum Beachtung. Und auch der revolutionäre Impetus der Kohl-Rede geht kaum ins kollektive Gedächtnis der Nation ein – einfach deshalb, weil am nächsten Tag ein überwältigendes revolutionäres Ereignis alles andere überschattet.

Neunter

Das Schaufenster der Deutschen Bücherstube in der Berliner Friedrichstraße ist gefüllt mit Büchern, die verramscht werden sollen, darunter „Reden und Aufsätze" von Erich Honecker, „Ausgewählte Reden und Aufsätze" von Harry Tisch, Erich Mielke und anderen Politbüromitgliedern. Die Auswahl begleitet ein Schild: „Alles umsonst".

Mein persönlicher Mauerfall: Am Morgen des 9. November 1989 stand ich nach anderthalbjähriger Abwesenheit aus der DDR morgens auf der Westseite vor der Passkontrolle des Grenzübergangs Berlin-Friedrichstraße. Der Posten schaute abwechselnd ratlos in meinen DDR-Pass und auf den Computerbildschirm. Keine Ahnung, ob er sich an die sogenannte Liebknecht- Luxemburg-Affäre des Jahres 1988 erinnerte, in deren Verlauf führende Bürgerrechtler der DDR direkt aus dem Stasiknast Hohenschönhausen in den Westen abgeschoben worden waren. Einige davon mit DDR-Pass und der Zusicherung, nach einer bestimmten Zeit wieder in die DDR zurückkehren zu dürfen. Nun war ich wieder da, aber man wollte mich nicht zurückhaben.

Schließlich forderte der Posten mich auf, in einen Nebenraum zu kommen, damit mein komplizierter Fall geklärt werden könne, ohne den weiteren Grenzverkehr zu behindern. Ich weigerte mich jedoch, meinen Platz vor dem Schalter zu verlassen und betonte, dass ich nur in eine Richtung gehen würde: nach Ostberlin.

Hinter mir hatte sich eine lange Schlange von Rentnern gebildet. Einige fingen laut an zu murren. Als der Unmut einen vorläufigen Höhepunkt erreichte, drehte ich mich um und hielt eine kurze Ansprache. Ich stellte mich vor, sagte, dass meine Papiere in Ordnung seien, dass man mich aber nicht in die DDR einreisen lassen wolle. Da rief eine Stimme ganz hinten: „Reinlassen!", eine zweite schloss sich an, und beim dritten Mal, waren es schon alle: „Reinlassen, Reinlassen!"

Der Posten hämmerte immer hektischer auf seiner Tastatur herum. Gleichzeitig hatte er den Telefonhörer ans Ohr geklemmt und sprach ununterbrochen hinein. Schließlich knallte er mir mit einem „Gehn'se, gehn'se!" meinen Pass hin.

Als ich auf der anderen Seite stand und die berüchtigte eiserne Tür hinter mir zufiel, bekam ich einen Schreck. Was hatte ich getan? Warum war ich freiwillig ins Gefängnis zurückgekehrt? Der Bahnhof sah so trist aus wie eh und je. In der Luft hing der vertraute Geruch nach Braunkohlensmog. Von den aufregenden Montagsdemonstrationen, den angeblichen Veränderungen, war hier erst mal nichts zu spüren.

Ich schüttelte mein Unbehagen ab und machte mich auf den Weg zum Polizeipräsidium am Alexanderplatz, um ein Ausreisevisum zu beantragen. Schließlich waren meine Kinder noch in Cambridge, wohin ich zurückkehren wollte. Allerdings wollte ich vorher klären, ob mein vor einem Jahr wegen „pazifistischer Plattformbildung" aus der Berliner Carl- von -Ossietzky- Schule relegierter Sohn und seine Freunde wieder die Schule besuchen dürften.

Im Polizeipräsidium hielt man mich bis zum späten Nachmittag fest.

Immerhin las ich währenddessen in der *Berliner Zeitung,* dass es in der Stadt Smog gab. Das war neu. Jahrelang hieß Smog „Inversionswetterlage" oder „Hochnebel". Es hatte sich also doch etwas geändert. Und ich bekam sogar mein Visum.

Als ich endlich in meiner Wohnung am Pankower Amalienpark eintraf, erkannte ich mein Zuhause nicht wieder. Meine Bücher lagen zerrissen auf dem Boden, die Bettwäsche war zerfetzt, das Geschirr zerschlagen, die Möbel zerbrochen. Ich stand bis zu den Knien in den Trümmern meiner früheren Existenz. Ich hielt das nicht aus und ging zu Bekannten, die in der Nähe wohnten. Hier sah ich beim Abendbrot die Pressekonferenz von Schabowski. Wir sahen, wie ihm von links ein Zettel gereicht wurde, den er stirnrunzelnd studierte, ehe er verkündete, dass ab sofort allen DDR-Bürgern ein Pass mitsamt Ausreisevisum zu gewähren sei. Dass diese bedeutende Mitteilung nicht vom zuständigen Innenminister gemacht wurde, erschien uns in diesem Moment nicht allzu verwun-

November

derlich. Wir sahen die Journalisten zu den Telefonen rennen, dachten aber dennoch nicht an so dramatische Folgen. Wir waren mit der Frage beschäftigt, wie es in der DDR weitergehen sollte. Wir machten uns auf zu Christa Wolf, die in der Nähe wohnte, um sie zu fragen, ob sie nicht Präsidentin der DDR werden wolle. Gerhard Wolf öffnete uns, übermittelte unser Anliegen an seine Frau und kam bald darauf mit der Antwort zurück. Christa Wolf fühle sich nicht in der Lage, mehr zu tun. Sie hätte vor zwei Tagen einen Herzanfall erlitten und müsse sich schonen. Wieder auf der Straße sahen wir zwei junge Männer jubelnd herumtanzen. Als sie uns sahen, riefen sie uns zu, eben sei die Mauer an der Bornholmer Straße gefallen. Wir fuhren sofort hin, es war keine zwei Kilometer entfernt. Als wir an der Bornholmer Brücke ankamen, wälzte sich schon ein dicker Strom Menschen über die eben noch todbringende Grenze.

Die Grenzsoldaten standen zu Salzsäulen erstarrt an der Wand. In ihren Knopflöchern und unter den Schulterstücken steckten Blumen. Jeder hatte eine Flasche Wein Sekt oder Bier in der Hand, aus denen aber nicht getrunken wurde.

Ich stellte mich vor den Ranghöchsten, sah ihm ins versteinerte Gesicht und fragte ihn, wie er sich jetzt fühle. Als ich keine Antwort bekam, ließ ich mich im Menschenstrom über die Brücke treiben. Der erste klare Gedanke war: Mist, du hast den besten Teil des Tages auf dem Polizeipräsidium verbracht, um ein Visum zu bekommen, das du nicht mehr brauchst. Auf der anderen Seite der Brücke hielt ein Linienbus. Der Fahrer ließ so viele Fahrgäste einsteigen, wie der Bus fassen konnte, und fuhr sie zum Sightseeing durch ganz Westberlin.

Trotz durchwachter Nacht stand ich am anderen Morgen vor dem Volksbildungsministerium. Ich hatte meinem Sohn versprochen, dort in Erfahrung zu bringen, ob die Schüler wieder an die Schule zurückkehren dürften. Der Minister sei nicht zur Arbeit erschienen, erklärte mir der Pförtner ungefragt. Aber Frau Honeckers Staatssekretär sei da. Ich wurde ohne Umschweife in das Büro der Volksbildungsministerin vorgelassen. Man war devot, denn in mir vermutete man die neue Macht. Man versicherte mir, das Ministerium habe von den Vorgängen an der Ossietzky-Schule nichts gewusst. Andernfalls hätte man die Relegierung natürlich verhindert. Das Ganze sei eine Entscheidung auf Berliner Ebene gewesen.

November

Also ging ich zum Roten Rathaus, wo man mich schon erwartete. Man bedauerte auch dort, man habe von der Ossietzky- Affäre nichts gewusst, sonst hätte man sie verhindert. Die Entscheidung sei im Stadtbezirk gefallen, dorthin müsste ich mich wenden. Ich hatte nicht vor, noch eine Behörde aufzusuchen. Ich forderte, dass alle relegierten Ossietzky-Schüler am nächsten Tag wieder in die Schule gehen dürften und dass die Wiederaufnahme dort erfolgt, wo die Relegierung im Oktober 1988 stattgefunden hatte: in der Aula der Schule, vor der Schulvollversammlung. Ich würde das Rote Rathaus nicht eher verlassen, bis meine Forderung erfüllt worden sei. Es dauerte nicht lang, da versicherte man mir, es würde alles so geschehen, wie ich es wünschte.

Am nächsten Tag saßen die relegierten Schüler mit ihren Eltern in der ersten Reihe der Aula der Ossietzky- Schule und wurden von dem Direktor, der sie gefeuert hatte, feierlich wieder aufgenommen.

Erst da war das Glücksgefühl überwältigend. Ich wusste, wir hatten das Regime besiegt.

Zehnter

Während das Volk noch feiert und immer neue Grenzübergänge für den anschwellenden Menschenstrom geöffnet werden müssen, versucht die Politik den Mauerfall einzuhegen.

Um acht Uhr wird auf Befehl von Egon Krenz eine „operative Führungsgruppe" gebildet, die Strategien entwickeln soll, um das Geschehen wieder unter Kontrolle zu bringen.

Um neun Uhr beginnt die Tagung des ZK der SED. Krenz wirkt hilflos, weil ihm sein Faustpfand für die dringend benötigten Westkredite abhandengekommen ist. Die Mauer ist offen, mit Versprechen von Reiseerleichterungen kann keine Politik mehr gemacht werden. Das Zentralkomitee ergeht sich in erbitterten Schuldzuweisungen. Es hagelt Rücktritte und Ausschlüsse.

In die Sitzung platzt eine Nachricht von Michail Gorbatschow. Der sowjetische Parteichef verlangt eine Erklärung, macht aber gleichzeitig klar, dass Moskau nicht eingreifen wird. Krenz versichert, alles unter Kontrolle zu haben.

Das Gegenteil ist der Fall. Gorbatschow, der fürchtet, dass die bundesdeutsche Regierung jetzt auf eine schnelle Wiedervereinigung hinarbeiten wird, schickt Telegramme in alle Himmelsrichtungen, nach Amerika, Frankreich, England, Deutschland, um das zu verhindern.

Bundeskanzler Kohl unterbricht seinen Besuch in Polen, um nach Westberlin zu fliegen. Er darf nicht den direkten Weg nehmen, sondern muss über die Ostsee bis nach Kiel und von dort über einen alliierten Luftkorridor.

Am Nachmittag findet vor dem Schöneberger Rathaus eine Kundgebung statt. Die Stelle ist historisch. Viele Politiker wie Ernst Reuter, Konrad Adenauer, Willy Brandt und John F. Kennedy haben hier schon ihren Freiheitswillen bekundet. An diese großen Demonstrationen kann die Kundgebung mit Kohl, Brandt, Genscher und Momper nicht anknüpfen. Die Politiker verzichten darauf, die Einheit Deutschlands als Ziel zu benennen, auch sonst erweisen sie sich der Situation nicht gewachsen. Ihr Versuch, die Nationalhymne zu singen, geht in einem linksautonomen Pfeifkonzert unter.

Walter Kempowski resümiert vor dem Fernseher: „Entwürdigend, beschämend, widerlich". Zum ersten Mal hatten sich Vereinigungsgegner West mit den SED-Genossen zusammengetan, um gegen die Vereinigung Front zu machen, obwohl sie noch kein Thema war.

Die DDR-Opposition befindet sich im Chaos. Die Kontaktgruppe der Bürgerrechtsgruppierungen trifft sich. Manche weinen vor Freude über den Mauerfall, andere sind nicht so glücklich, weil ihnen bewusst wird, dass nun endgültig ein Akteur die politische Bühne dominiert, der nicht zu steuern sein würde: das Volk. Einige Oppositionelle äußern sich gar gegen den Mauerfall. Bärbel Bohley sagt in einem Radiointerview: „Die Menschen sind verrückt und die Regierung hat den Verstand verloren." Die Wirkung für das *Neue Forum* ist verheerend. Auch nachträgliche Relativierungen nehmen dem Satz nichts von seiner fatalen Bedeutung. Er markiert das Ende des *Neuen Forums* als Volksbewegung. Auch andere Oppositionelle kritisieren die Grenzöffnung in den Medien und sorgen damit für das abbröckelnde Vertrauen der Bevölkerung.

In den Westmedien wird jede Menge Blödsinn geredet. Während die Ostdeutschen „Wahnsinn" riefen und sich wildfremde Menschen in den Armen liegen, sind West-Moderatoren damit beschäftigt, wie Kempowski dokumentiert, den Ostdeutschen zu unterstellen, sie kämen hoch erhobenen Hauptes und kehrten aufrecht in „ihre Republik" zurück. Am liebsten hätten sie jedem Grenzgänger ein Bekenntnis zur Zwei-

November

staatlichkeit entlockt. Da sie das nicht bekommen, legen sie wenigstens selber eins ab. Die Polemik gegen die Vereinigung beginnt am Tag nach dem Mauerfall.

Erstaunlicherweise geht der politische Alltag weiter, als wäre nichts geschehen. Der Hauptvorstand der CDU tritt zusammen und wählt den Rechtsanwalt Lothar de Maizière zum neuen Vorsitzenden.

In Bulgarien tritt, von der Weltpresse fast unbeachtet, der 78-jährige Partei- und Staatschef Todor Schiwkow zurück. Schiwkow hatte seit 1956 an der Spitze der Bulgarischen Kommunistischen Partei gestanden und ab 1966 auch die jeweils bedeutendste staatliche Funktion bekleidet: Ministerpräsident von 1966-1971, danach Staatsratsvorsitzender.

Der Jagdpartner von Franz Josef Strauß hatte in Bulgarien einen „Realsozialismus" mit typischen poststalinistischen Herrschaftsstrukturen installiert. Diese Ära ging jetzt zu Ende, auch wenn das noch nicht den vollständigen Bruch mit dem poststalinistischen System bedeutete. Dass es in Bulgarien vor dem „heißen Herbst" 1989 zu keiner gesamtnationalen politischen Krise kam, die der Alleinherrschaft von Schiwkow gefährlich wurde, hatte eine Reihe von Ursachen. Die wichtigste ist sicherlich, dass in Bulgarien der Lebensstandard der Bevölkerung bis in die siebziger Jahre stetig stieg. Im Vergleich mit Vorkriegsbulgarien schnitt die sozialistische Republik in dieser Hinsicht gut ab. Erst mit Beginn der achtziger Jahre, als der Lebensstandard stagnierte und zum Teil sogar rückläufig war, wuchs die Unzufriedenheit. Der Rückstand zu den anderen sozialistischen Ländern wie der DDR oder der Tschechoslowakei oder gar zu den westlichen Ländern rückte mehr und mehr in das Bewusstsein der Bulgaren.

Verschärft wurde die Situation, als es in der Folge der Auflösung der landwirtschaftlichen Genossenschaften und der Bildung großer Agrar-Industrie-Komplexe seit Beginn der achtziger Jahre zu einem Rückgang der landwirtschaftlichen Produktion und damit zu Engpässen in der Lebensmittelversorgung und zu einem Verfall der internationalen Wettbewerbsfähigkeit, auch bei Traditionsprodukten, kam. Die Dörfer entvölkerten sich in dramatischem Ausmaß. Ein Drittel der Dorfbevölkerung war zu diesem Zeitpunkt älter als sechzig Jahre. Die Abwanderung in die Städte steigerte die dortige Wohnungsnot ins Unerträgliche. Hinzu kamen Probleme mit der Energieversorgung und sich rapide verschlechternde Umweltbedingungen. Diese und weitere Krisensymptome waren Ausdruck der Ineffektivität des wirtschaftlichen und politischen Systems, das an seiner eigenen Unfähigkeit scheitern musste.

Elfter

In der DDR sind die Vorkommnisse in Bulgarien kein Thema.
Die Revolution macht Pause. Die Ostdeutschen sind unterwegs. Sie stehen in den kilometerlangen Autoschlangen vor den Grenzübergangsstellen. Sie zwängen sich in die Interzonenzüge, die so eng besetzt sind, wie man es nur aus Nachkriegszeiten kennt. In Berlin platzen die wenigen Kontrollpunkte förmlich aus den Nähten. Von den Brüdern und Schwestern in Westdeutschland werden sie enthusiastisch begrüßt. Es gibt Freibier und Gratiskaffee für die Ankömmlinge. Es herrscht überall Volksfeststimmung.

Auf dem Kudamm dominieren die Trabbis, was einen charakteristischen Geruch mit sich bringt. Ein Reporter des britischen *Guardian* tauft ihn begeistert „*The stench of freedom*".

Ich gehe mit meinen Kindern zum ersten Mal auf die westliche Seite der Wollankstraße, die ich in Pankow nur als Sackgasse kannte. Im östlichen Teil der Straße haben sich viele Künstler niedergelassen. Zum einen gab es preiswerte Ladenwohnungen, die sich gut als Atelier benutzen ließen, zum anderen war es „schön ruhig". Ohne die Mauer, die jetzt noch die Straße teilte, würde es mit der Ruhe allerdings vorbei sein. Aber noch konnte man davon nur träumen, nicht anders als von den schönen Gründerzeitbauten, die auf der Ostseite vielleicht irgendwann ebenso restauriert sein würden wie auf der Westseite.

Die Ladenbesitzer laden uns freundlich ein, näherzutreten und überhäufen uns mit Geschenken. Auch in dem türkischen Café, in das wir schließlich einkehren, wollen sie partout kein Geld nehmen.

Ähnliche Erlebnisse haben meine ostdeutschen Landsleute überall, wo sie hinkommen. Ost und West liegen sich in den Armen.

Das *Neue Forum* meint, vor den Konsequenzen der Reisefreiheit warnen zu müssen: „Bürgerinnen und Bürger der DDR! Eure spontanen furchtlosen Willensbekundungen im ganzen Land haben eine friedliche Revolution in Gang gesetzt, haben das Politbüro gestürzt und die Mauer durchbrochen. Lasst Euch nicht von der Forderung nach einem politischen Neuaufbau der Gesellschaft ablenken! ... Ihr seid die Helden einer politischen Revolution, lasst Euch jetzt nicht ruhigstellen durch Reisen und schuldenerhöhende Konsumspritzen."

Die Helden dachten weder daran, diese Ermahnungen zu befolgen, noch sich von ihren Zielen ablenken zu lassen, die sich deutlich von denen der Aktivisten des *Neuen Forums* unterschieden.

Zwölfter

Am Morgen wird am Potsdamer Platz in Berlin der fünfte Grenzübergang geöffnet und sogleich eifrig benutzt. Auch an anderen Stellen in der geteilten Stadt wird die Mauer durchbrochen.

Allein an diesem Sonntag reisen vier Millionen DDR-Bürger nach Westdeutschland, umgekehrt kommen zehntausende Westdeutsche in die DDR. Bis zu sechzig Kilometer lange Autoschlangen haben sich vor allen Grenzübergangsstellen gebildet. Im Westen werden die Ostdeutschen begeistert empfangen. Kirchgemeinden, Vereine, Privatleute richten Verpflegungsstellen ein. Geschenke an Wildfremde werden überreicht. Viele Lokale bieten Gratis-Kaffee für DDR-Bürger an. Es herrscht überall Volksfest-Stimmung. An den Schaltern, an denen das „Begrüßungsgeld" ausgegeben wird, muss man stundenlang warten. Insgesamt spendiert der westdeutsche Steuerzahler über eine Milliarde Mark.

Den Vorschlag des Regierenden Bürgermeisters von Berlin, Walter Momper, die DDR-Bürger sollten das Begrüßungsgeld 1:4 eintauschen, lehnt die Bundesregierung ab. Ohnehin verfällt der Wert der DDR-Mark rasant. Auf dem freien Markt erzielt sie höchstens einen Kurs von 1:10 oder darunter.

Die Medien versuchen krampfhaft, etwas anderes als reine Freude an der unverhofften Bewegungsfreiheit zu finden. Walter Kempowski notiert, dass von Reportern seit vier Tagen dieselben Fragen gestellt werden: „Fühlen Sie sich freudig bewegt, oder sind Sie auch ein bisschen traurig ... ?", „Haben Sie vielleicht insgeheim ... ?", „Werden sie wirklich freundlich begrüßt?" Ein DDR-Bürger gibt die Frage zurück: „Nun sagen Sie mir mal, was Sie so fühlen!"

Bundespräsident Richard von Weizsäcker glaubt, vor „Triumphgefühlen" warnen zu müssen. Kempowski grübelt, wie man sich denn verhalten solle, um diese Warnung zu beherzigen. Der Besuch von Bundeskanzler Helmut Kohl im polnischen Kreisau bleibt unbeachtet.

Während Journalisten krampfhaft nach Haaren in der deutsch-deutschen Suppe fahnden, freuen sich die Künstler ganz entspannt über die neuen Möglichkeiten. In der Westberliner Deutschlandhalle findet ein spontanes, elfstündiges Rockkonzert mit namhaften Gruppen aus Ost und West statt. Das zwanglos gemischte, deutsch-deutsche Publikum ist begeistert.

Dreizehnter

Die Sperrzone an der innerdeutschen Grenze und entlang der Berliner Mauer wird aufgehoben. Erstmals seit 28 Jahren kann man sich von Osten her der Grenze wieder nähern.

Das ZK der SED tagt innerhalb weniger Tage zum zweiten Mal. Es beschließt auf Druck der Parteibasis, einen Sonderparteitag einzuberufen. Er soll vom 15. bis 17. Dezember in Berlin stattfinden. Die Stimmung im ZK ist panisch. Angst vor dem Volk erschüttert die gerade noch allmächtigen Genossen bis ins Mark. Sie erwarten Bestrafung, wähnen sich mitten in einer „mittelalterlichen Inquisition", auf einem „Fass Dynamit". In den Betrieben würden die Parteifunktionäre „reihenweise abgeschlachtet". Das wird behauptet, obwohl niemandem auch nur ein Haar gekrümmt wurde. Die SED-Funktionäre ernten lediglich offenen Widerspruch. Den können sie nicht aushalten. Fast alle Politbüromitglieder kündigen ihren Rücktritt an. Krenz fürchtet die verheerende öffentliche Wirkung eines solchen „Liquidatorentums". Er will die Rücktritte geheim halten.

Getrieben von den Forderungen auf der Straße wählt die Volkskammer auf ihrer 11. Tagung in geheimer Abstimmung und erst im zweiten Wahlgang Günther Maleuda, den Vorsitzenden der Demokratischen Bauernpartei Deutschlands, zu ihrem neuen Präsidenten. Anschließend wird, wieder in geheimer Abstimmung, Hans Modrow mit einer Gegenstimme zum neuen Ministerpräsidenten gekürt.

Bei dieser Gelegenheit hat Stasichef Mielke seinen letzten Auftritt vor der Volkskammer. Er muss sich mit anderen früheren Regierungsmitgliedern einer Befragung durch die Abgeordneten stellen. Der alte Mann versteht nicht, wieso seine verharmlosende Darstellung der Staatssicherheit so viel Unmut erzeugt. Schließlich ruft er verzweifelt: „Ich liebe, ich liebe doch alle Menschen"

November

Die Verwirrung der Opposition hält an. Wolfgang Ullmann von *Demokratie jetzt* versucht gar, Verbündete unter den Bürgerrechtlern für eine Forderung nach sofortiger Schließung der Grenze zu gewinnen. Zum Glück findet er niemanden, der einen solchen Aufruf unterstützen wollte. Das hätte die Opposition restlos diskreditiert. Ullmann ist überzeugt, dass diese drastische Maßnahme gerechtfertigt wäre, damit die DDR weiter existieren könne. Durch die Demonstrationen sei ein selbstbewusstes „Staatsvolk der DDR" entstanden. Der Widerspruch, dass man ein solches „Staatsvolk der DDR" nicht einzumauern brauchte, fällt Ullmann offenbar nicht auf.

Während der Wunsch nach Vereinigung bereits in der Luft liegt, kursieren innerhalb der Opposition im November allerlei Papiere, die sich mit dem Überleben der DDR beschäftigen. Keines dieser Papiere entfaltet eine Wirkung. An der Rettung der DDR ist außerhalb von SED und Teilen der Opposition kaum jemand interessiert.

Auf den Demonstrationen in Leipzig, Dresden, Karl-Marx-Stadt, Magdeburg, Cottbus, Neubrandenburg und Schwerin dominiert ab sofort: „Deutschland einig Vaterland". Nie war der Text der DDR-Nationalhymne, der seit Jahren nicht mehr gesungen werden durfte, populärer.

In Bulgarien versucht die Regierung unter dem neu gewählten Generalsekretär Petar Mladenow zu retten, was zu retten ist. Durch eine Reihe von Entscheidungen signalisiert sie ihre Bereitschaft, mit einigen der bisherigen Praktiken zu brechen. Elf Intellektuelle, die aus der Partei ausgeschlossen worden waren, werden in aller Form wieder aufgenommen. Darüber hinaus trifft sich Mladenow auch mit anderen in Ungnade gefallenen Geisteswissenschaftlern, die nicht Parteimitglied waren. Er will so die Intellektuellenfeindlichkeit seines Vorgängers Schiwkow vergessen machen.

Vierzehnter

Die innerdeutschen Feiern flauen ab, die Demonstrationen verstärken sich: Nach einem kurzen Rückgang der Teilnehmerzahlen nach dem Mauerfall steigt die Anzahl der Demonstranten nun steil an. Wenn die SED je geglaubt haben sollte, sie könne die Mauer wie ein Ventil öffnen, damit der Dampf abgelassen wird, musste sie jetzt ernüchtert ihren Irrtum erkennen. Bis zum 9. November hatte es 321 große Demonstrationen gegeben. Bis zum Monatsende werden weitere 550 Demonstrationen und Kundgebungen hinzukommen. Die friedliche Revolution erreicht damit ihren Höhepunkt.

Außer Demonstrationen gibt es eine Unzahl kleinerer Aktivitäten wie Betriebsversammlungen, die Entmachtung von örtlichen SED-Funktionären oder die Öffnung neuer Grenzübergänge.

Der Regimekritiker Rudolf Bahro, der wegen seines Buches „Die Alternative", 1977 zu acht Jahren Gefängnis verurteilt worden und nach seiner vorzeitigen Haftentlassung in 1979 in die Bundesrepublik ausgereist war, kündigt seine Rückkehr in die DDR an.

Walter Kempowski notiert, in den Medien sei oft vom „Wiedervereinigungsgequassel" die Rede, aber immer mehr Politiker und Publizisten sprächen sich dafür aus: Willy Brandt, Klaus von Dohnanyi, Rudolf Augstein, Björn Engholm. Die westdeutsche Linke sei indes noch immer „sprachlos", dass ihr „Retortenstaat" verloren geht.

Helmut Kohl unterzeichnet in Polen eine „Gemeinsame Erklärung" über die künftige deutsch-polnische Zusammenarbeit. Dort macht man sich Sorgen, ob ein vereintes Deutschland die Oder-Neiße-Grenze respektieren würde.

In der Sowjetunion verurteilt der Oberste Sowjet die Zwangsumsiedlungen in der Stalin-Ära. Die Rechte dieser Völker sollten wiederhergestellt werden. Das betrifft unter anderem die Krimtataren, Kalmücken, Deutschen, Mescheten, Inguschen, Koreaner, Griechen und Kurden.

Fünfzehnter

Die Grenze ist bereits löchrig wie ein Schweizer Käse, aber am Brandenburger Tor ist immer noch alles dicht. Als das Gerücht aufkam, das Tor würde geöffnet, standen hunderte Berliner die ganze Nacht in Erwartung dieses Ereignisses davor.

Die Opposition der DDR bleibt konzeptlos, was die weitere Entwicklung des Landes angeht. Einigkeit besteht lediglich im Hinblick auf die Entmachtung der SED, darüber hinaus können sich die Gruppierungen nicht auf ein gemeinsames Vorgehen verständigen, auch weil es an Ideen und Zielvorstellungen mangelt. Das macht sich besonders beim *Neuen Forum* bemerkbar, das den größten Mitgliederzulauf hatte und auf das die meisten Erwartungen gerichtet sind. In der Öffentlichkeit bleibt die Ziellosigkeit und Unsicherheit der Opposition nicht unbemerkt. Besonders enttäuschend finden viele Demonstranten den Wunsch von Oppositionellen, die DDR zu retten.

Die Staatliche Zentralverwaltung für Statistik gibt bekannt, dass es in Zukunft keine „statistische Schönfärberei" mehr betreiben wolle.

In Ilmenau findet wieder eine Großdemonstration statt, hauptsächlich von Studenten, Dozenten und Angestellten, für Rechtssicherheit, Offenlegung der Wirtschaftsbilanzen und Umgestaltung des Hochschulsystems.

Im rumänischen Temeswar kommt es zu einer ersten spontanen Demonstration von etwa 12 000 Hochschülern, die sich von einer Jubelfeier über die Qualifikation Rumäniens für die Fußballweltmeisterschaft in eine Gedenkfeier für den zwei Jahre zuvor im siebenbürgischen Brasow stattgefunden Arbeiteraufstand entwickelte, der im Keim erstickt worden war. Die Securitate hielt sich überrascht zurück.

Sechzehnter

Die rege Reisetätigkeit von Ost nach West führt zu einem rapiden Verfall des Umtauschkurses der DDR-Währung in D-Mark. Auf dem freien Markt sackt er auf 1:20, was prompt zu Spekulationen über eine Währungsreform führt.

Das *Neue Deutschland* verkündet auf der ersten Seite, dass es sich von seiner Chefredaktion trennt.

Die Ostberliner Akademie der Wissenschaften rehabilitiert ihre ehemaligen Mitglieder Ernst Bloch und Robert Havemann. Letzterer war der einflussreichste Dissident der DDR: ein von den Nazis zum Tode verurteilter Kommunist, der sich in seiner Zelle mit kriegswichtigen Forschungen befassen durfte und dessen Vollstreckung des Todesurteils deshalb aufgeschoben wurde.

In der DDR wurde Havemann 1964 aus der SED rausgeworfen, bekam 1965 Berufsverbot und wurde 1966 aus der Akademie der Wissenschaften ausgeschlossen. Bis zu seinem Tod im Jahr 1982 war er der bekannteste und zugleich wirkungsvollste Gegner der SED. In gewisser Weise ist er Mitbegründer der Opposition der 80er Jahre, denn der kurz vor seinem Tod von ihm und Rainer Eppelmann initiierte „Berliner Appell" für atomare Abrüstung war die Initialzündung für die Gründung von Friedenskreisen in der DDR.

Der Gründungsaufruf für eine Grüne Partei wird veröffentlicht. Darin wird ein konsequenter ökologischer Umbau der DDR gefordert, aber auch eine radikale Absage an ein „umweltzerstörerisches, rohstoffvergeudendes Wachstum". Der Text liest sich streckenweise, wie aus Wolfgang Harichs „Kommunismus ohne Wachstum" herauskopiert. Tatsächlich tauchte Harich, dessen totalitäre Tendenzen bei den westlichen Umweltschützern nur bedingt Anklang gefunden hatten, regelmäßig bei den Vorbereitungsveranstaltungen der Grünen Partei auf, um Einfluss zu nehmen. Aber aus dem blendenden Rhetoriker war ein starrköpfiger alter Mann geworden, dessen Philippiken immer weniger Anklang fanden.

Siebzehnter

Die Verhältnisse in der betonierten Tschechoslowakei kommen in Bewegung. In Prag findet eine große Demonstration zu Ehren des von den Nationalsozialisten ermordeten Jan Opletal statt. Etwa 50 000 Studenten und Professoren haben sich auf dem Wenzelsplatz versammelt. Die Demonstration ist genehmigt. Aber als die Studenten „Freiheit!, Freiheit!" zu rufen beginnen, schreitet die Polizei ein. Bei der nachfolgenden Schlägerorgie gibt es viele Verletzte.

In Ostberlin wollen sich Mitglieder des Verbandes Bildender Künstler die Freiheit nehmen und die Mauer auf der Ostseite bunt bemalen. Sie werden zwar nicht daran gehindert, aber in der Nacht werden die Bilder von Grenzsoldaten grau überstrichen.

Währenddessen tagt schon wieder die Volkskammer. Die Alibi-Parlamentarier wollen richtige Volksvertreter werden. Bei ihrer letzten Sitzung am 13. November hatten die Abgeordneten SED-Bezirkschef Hans Modrow zum Ministerpräsidenten gewählt. Nun bildet Modrow seine Regierung. Statt bisher 44 Minister weist das Kabinett Modrow „nur" noch 28 auf, darunter drei Frauen – zwei mehr als zuvor. Einige der neuen Minister sind als Inoffizielle Mitarbeiter der Staatssicherheit registriert. Die Blockparteien stellen mehr Minister als je zuvor in einer Regierung. Das Kabinett Modrow nennt sich „Koalition".

Stellvertreter von Modrow wird der für Kirchenfragen zuständige CDU-Chef Lothar de Maizière. Ursprünglich war dafür Konsistorialpräsident Manfred Stolpe vorgesehen. Da sein Vorgesetzter, der Berliner Bischof Gottfried Forck, aber Stolpes Dienstentlassung ankündigte, sollte er Mitglied der Regierung werden, zog Stolpe seine Zusage zurück. Er wusste, dass er auf den Schutz der Kirche nicht verzichten konnte.

In seiner Regierungserklärung verspricht Modrow jedem alles: die Unumkehrbarkeit der Demokratisierung, Einbeziehung der verschiedenen Interessengruppen in die weitere Umgestaltung der Gesellschaft, Aufbau rechtsstaatlicher Verhältnisse, eine Wirtschaftsreform, Umweltschutz. Für sein Programm braucht er vor allem viel Geld aus dem Westen. So einfach war das aber nicht mehr zu bekommen.

Das Ministerium für Staatssicherheit wird nicht, wie von den Demonstranten gefordert, ersatzlos aufgelöst, sondern nur verkleinert und mit neuem Namen, *Amt für Nationale Sicherheit*, versehen.

Die Volkskammerabgeordneten beginnen eine groß angelegte Säuberungsaktion. Bereits am 13. November waren 27 Abgeordnete ersetzt worden. Nun folgen weitere. Etwa die Hälfte verliert ihren Sitz. Rechtlich gesehen ist das Verfahren mehr als fragwürdig. Es zeigt vor allem, dass die Volksvertreter noch lange nicht in der Demokratie angekommen sind.

Gesäubert wird auch in Bulgarien. Todor Schiwkow wird nach scharfer Kritik auch von seiner Funktion als Staatsratsvorsitzender entbunden.

Achtzehnter

Wieder beginnt ein Besuchswochenende. Bis zu 3 Millionen Menschen sind von Ost nach West unterwegs. Die Züge der Reichsbahn sind bis „zu vierhundert Prozent ausgelastet". Auf den Bahnsteigen kommt es zu tumultartigen Szenen. Der ADAC registriert insgesamt über tausend Kilometer Stau. Der Westberliner Kudamm ist dicht. Die Polizei verteilt Schokolade statt Strafzettel.

Aber nicht alle verreisen. In Plauen versammeln sich über 10 000 Menschen vor dem Rathaus, in Suhl sind 5 000 Anhänger des *Neuen Forums* auf der Straße, in Eberswalde-Finow sind es sogar 7 000. In Dresden protestieren 50 000 Einwohner gegen den Ausverkauf von Kultur- und Kunstgütern und für den Erhalt der Baudenkmäler der Elbmetropole.

Das *Neue Forum* hält zum ersten Mal eine genehmigte Kundgebung in Leipzig ab.

Immer wieder versuchen SED-Anhänger, manchmal mit Erfolg, auf die Rednerlisten der Kundgebungen zu gelangen. Das sorgt für Missstimmung.

Walter Kempowski notiert, dass man die Westdeutschen auf einer Demo als „Monopolkapitalisten" bezeichnet hat, und ist traurig über solche Töne, die er mit Recht als konterrevolutionär empfindet.

In Prag gibt es wieder eine Demonstration auf dem Wenzelsplatz. Diesmal wird gegen die Polizeiwillkür vom Vortag mobilgemacht. Der Schriftsteller Václav Havel und der Reformer von 1968, Alexander Dubček, sprechen zu den hunderttausenden Versammelten. Die Studenten bilden erste Streikkomitees und rufen zum Streik auf. Viele Schauspieler und Künstler solidarisieren sich mit ihnen.

In Sofia findet die erste große genehmigte Demonstration der Opposition statt. Es versammeln sich 150 000 Menschen, die radikale Reformen verlangen.

Auch in Riga ist man auf den Beinen. Am 71. Jahrestag der Unabhängigkeitserklärung der Republik Lettland demonstrieren 550 000 Menschen für die Unabhängigkeit von der Sowjetunion.

In vielen weiteren Landesteilen halten die Unruhen an, darunter auch in Kischinau und in der Gulag-Stadt Workuta. In Workuta gedenken die Protestierenden des einzigen Gulag-Aufstands, der am 2. August 1953 gewaltsam niedergeschlagen wurde.

Ministerpräsident Modrow kündigt Wirtschaftsreformen an.

Die Volkskammer bildet einen Untersuchungsausschuss zur Überprüfung von Amtsmissbrauch und Korruption.

Neunzehnter

Während eines Bürgerforums in Leipzig wird bekannt gegeben, dass die durchschnittliche Lebenserwartung der Leipziger infolge der städtischen Umweltbelastung erheblich niedriger sei als in den weniger belasteten Gebieten der DDR.

Aufgrund des regen Reiseverkehrs von Ost nach West und von West nach Ost an diesem Wochenende waren sich die Deutschen so nahe wie noch nie. Gleichzeitig ist in den Medien viel vom Sozialismus, der gerade von den DDR-Bürgern verabschiedet wird, die Rede. Die DDR-Regierung scheint ihre eigenen Beschwörungen zu glauben. Sie eröffnet Auffanglager für rückkehrwillige DDR-Bürger. Im Fernsehen werden die Feldbetten gezeigt, mit gefalteten Decken darauf und Kantinen, in denen Eintopf gekocht werden kann. Bis zu 2 000 Menschen könnten untergebracht werden. Als sich nicht mehr als sieben Flüchtlinge einfinden, werden die Lager wieder geschlossen.

Die Bürgerbewegung *Demokratie jetzt* fordert einen Volksentscheid über die Abschaffung des Artikel 1 der Verfassung, der die Vorherrschaft der SED festschreibt.

Das *Neue Forum* fordert den Rücktritt von SED-Parteichef Egon Krenz. Um den ungeliebten Staatschef zu stützen, präsentiert das DDR-Fernsehen Krenz am Abend von seiner privaten Seite und zeigt sein neues Wohnhaus im Pankower Majakowski-Ring. Was deutlich machen soll, dass sich Krenz auch privat von seinen ehemaligen Nachbarn in der Politbürosiedlung Wandlitz distanziert hat. Bei der Gelegenheit versichert Krenz auf dem heimischen Sofa den Zuschauern, dass es bei der Öffnung der Grenze bleibe.

Tausende Berliner gehen lieber auf die Straße, als sich diese Schmierenkomödie anzusehen. Sie fordern freie Wahlen, eine neue Verfassung und tiefgreifende demokratische Reformen.

Um sicherzugehen, dass diese Forderungen ihre Adressaten auch erreichen, legen die Demonstranten ihre Transparente am Schluss vor dem Palast der Republik, dem Sitz der Volkskammer, ab.

In der Tschechoslowakei kommt die Revolution in Fahrt. Der Prager Wenzelsplatz erlebt seine dritte Großdemonstration. Wieder sprechen Havel und Dubček. Sie fordern die Demokratisierung des Landes. Der Druck wird verstärkt durch die Gründung des tschechischen *Bürgerforums*. Vorsitzender wird Václav Havel. Auf slowakischer Seite wird gleichzeitig die *Öffentlichkeit gegen Gewalt* sowie die *Unabhängige Initiative der ungarischen Minderheit* ins Leben gerufen.

Die Theaterschaffenden, Studenten und Schüler streiken.

Zwanzigster

Das *Neue Forum* gibt einen Aufruf mit der Forderung nach freien Wahlen bekannt. Innerhalb von sechs Wochen werden mehr als 200 000 Menschen diesen Aufruf unterzeichnen. Es ist die letzte massenwirksame Aktion der Initiative. Mit dem Entschluss, sich nicht zur Partei zu formieren, hat sich das *Neue Forum* selbst seiner Wirksamkeit beraubt.

Ebenfalls bekannt wird an diesem Tag ein „Aufruf an die Vorstände der neuen demokratischen Parteien und Bewegungen" der darum bittet,

„sich nicht in endlosen Debatten über einzelne intellektuelle Spielarten zu verlieren, die Demokratie damit zu zerreden, zu zersplittern und letztlich zu töten". Der immer noch herrschenden SED müsse ein „gleichwertiger Partner", eine „zielbewusste demokratische Opposition entgegentreten".

Wenn das nicht geschehe, verspiele die Opposition ihre Vertrauenswürdigkeit. Dann kommt der Satz, der wie ein Menetekel für die noch zu erkämpfenden freien Wahlen wirkt: „Wen sollen wir wählen, wenn ihr unser Vertrauen nicht rechtfertigt?"

Schon zu diesem frühen Zeitpunkt zeichnet sich die Wahlniederlage der Opposition ab, die sie im März erleiden wird. Sie wird an ihrer eigenen Schwäche und Unentschlossenheit scheitern.

Es wird bekannt, dass seit Beginn des Monats 100 000 Menschen in die BRD übergesiedelt sind. Diejenigen, die bleiben, gehen weiter auf die Straße. In Leipzig ist die Montagsdemonstration auf eine Viertelmillion Teilnehmer angewachsen. Während die überwiegende Mehrheit auf Transparenten und mit Sprechchören „Deutschland einig Vaterland" fordert, lehnt ein Sprecher des *Neuen Forums* die Wiedervereinigung ab.

Insgesamt demonstrieren mehr als hunderttausend in Dresden, Halle, Magdeburg, Cottbus und Schwerin. In Karl-Marx-Stadt schlägt ein Redner vor, am kommenden Sonntag eine Menschenkette quer durch das Land zu bilden.

Einundzwanzigster

Die Bürgerbewegung *Demokratie jetzt* fordert „alle demokratischen Parteien und Bewegungen der DDR" auf, sich an einen „Runden Tisch" zu setzen, damit „das Bemühen um die Erneuerung der DDR koordiniert" werden kann. Als erste Altpartei nimmt die LDPD diese Einladung an. Alle anderen sollten bald folgen. Der „Runde Tisch" stabilisierte am Ende die letzte SED-Regierung und sicherte das Überleben der SED.

Anhaltende Demonstrationen in Prag, Bratislava und anderen Städten der Tschechoslowakei. Regierungschef Ladislav Adamec verkündet, dass künftig Demonstrationen nicht mehr unterdrückt und keine Standgerichte mehr verhängt werden sollen. Gleichzeitig beginnen Verhandlungen zwischen der Regierung und der Opposition.

In Bonn erscheint ein Emissär aus Moskau: Nikolai Portugalow, der zu den Deutschland-Experten des Zentralkomitees der KPdSU gehört, hat seine Reise vor den Genossen der DDR geheim gehalten. Aus Angst, bei der Durchreise in Ostberlin von der Staatssicherheit durchsucht zu werden, hatte Portugalow nichts Schriftliches bei sich. Was er dem Kanzleramtsminister Horst Teltschik bei ihrem Treffen übergibt, ist ein handgeschriebenes Gedächtnisprotokoll. Aber das hat es in sich. Gorbatschow hätte die Instabilität der SED-Regierung erkannt und sehe Handlungsbedarf. Der sowjetische Parteichef sehe klar über den gegenwärtigen Status quo der beiden deutschen Teilstaaten hinaus.

Wie denn die deutschlandpolitischen Pläne der Bundesregierung aussähen? Die gäbe es noch nicht, muss Teltschik eingestehen, aber das würde sich ändern. Horst Teltschik wurde im Ergebnis dieses Gesprächs spontan zum Vordenker einer fundamentalen Neuausrichtung der Deutschlandpolitik Kohls. An deren Ausarbeitung machte sich der Regierungschef allerdings selbst.

Zweiundzwanzigster

Die SED braucht nicht lange zu überlegen. Ihr Politbüro, das immer noch alle innerparteilichen Fäden fest in der Hand hält, stimmt dem Vorschlag, einen „Runden Tisch" einzurichten, eilfertig zu. Der Sprecher des *Demokratischen Aufbruchs*, Rainer Eppelmann, wertet das umgehend als „gutes Zeichen". Zustimmung kommt aber auch vom *Neuen Forum* und anderen Oppositionellen.

Walter Kempowski hat das Gefühl, die „Mechanik der Revolution" in der DDR sei in „eine ruhigere Phase eingemündet". Dabei finden so viele Demonstrationen wie nie statt, mit steigenden Teilnehmerzahlen. Es ist eher eine gewisse Ermüdung bei der Berichterstattung aufgetreten.

Die DDR-Organe registrieren dagegen den Druck von der Straße sehr genau und machen weitere Konzessionen: Das Oberste Gericht der DDR spricht sich für die Reform des politischen Strafrechts und eine Überarbeitung der Verfassung aus.

Auch die bulgarischen Kommunisten reagieren auf die anhaltenden Proteste. Sie richten eine Kommission ein, welche die „Deformationen" der Politik untersuchen soll. Außerdem werden viele Parteiresidenzen und Jagdhäuser der Öffentlichkeit zurückgegeben.

In Prag bereichern die Demonstranten ihre friedlichen Ausdrucksmittel um gemeinsames Schlüsselklirren auf dem Wenzelsplatz. Ausgeführt von Zehntausenden gibt das einen nachdrücklichen Klang. Es ist die größte Demonstration seit 1968.

Dreiundzwanzigster

Nachdem die Akademie der Wissenschaften Robert Havemann wieder in ihre Mitgliederliste aufgenommen hat, wird er nun auch von der SED rehabilitiert und mit ihm auch Rudolf Herrnstadt, Lex Ende und Walter Janka.

Die Volkspolizei bewacht die Entfernung von Malereien auf der Ostseite der Mauer. Walter Kempowski kommentiert: „Es gehört wirklich nicht viel dazu, die Deutschen hassenswert zu finden."

Der Leiter des Amtes für Nationale Sicherheit, Generalleutnant Wolfgang Schwanitz teilt mit, man werde die Behörde um 8 000 Mitarbeiter reduzieren. Damit soll der Unmut der Bevölkerung gegen die Staatssicherheit gedämpft werden. Dieses Ziel wird nicht erreicht.

Der frisch gebackene Ost-CDU-Chef Lothar de Maizière spricht sich für eine Konföderation der beiden deutschen Teilstaaten aus. Auch damit ist er hinter dem zurück, was die Mehrheit der Demonstranten will: die schnelle Vereinigung ohne Wenn und Aber.

Mittlerweile kommt es zu kuriosen Parallelitäten zwischen Regierung und Teilen der Opposition.

Der Ministerrat beschließt Maßnahmen gegen „Schieber und Spekulanten". Ab sofort soll der Verkauf bestimmter Waren nur noch an Menschen mit festem Wohnsitz in der DDR gestattet sein. Bei allen hochsubventionierten Produkten soll die Vorlage des Personalausweises gefordert werden. Das gab es seit den 50er Jahren nicht mehr.

Das *Neue Forum* appelliert aus diesem Anlass an alle Landsleute, die offenen Grenzen nicht für Schiebereien und Spekulationen zu missbrauchen. „Beteiligt Euch nicht am Ausverkauf unseres Landes", werden die Bürger ermahnt. Die aber denken gar nicht daran, sich solche Belehrungen, die sie wieder zu Unmündigen degradieren, zu Herzen zu nehmen.

Eher am Rande nehmen die Menschen wahr, dass die Zentrale Parteikontrollkommission der SED den Wirtschaftsverantwortlichen des Zentralkomitees und ehemaligen Wirtschaftsminister Günter Mittag aus der Partei ausgeschlossen und gegen Erich Honecker ein Parteiverfahren eingeleitet hat.

Interessanter, jedenfalls für Berlin ist, dass am Abend im Kino International der vor über zwanzig Jahren verbotene Film *Spur der Steine* von

Frank Beyer wiederaufgeführt wird. Hauptdarsteller Manfred Krug, der zu diesem Zweck in die DDR eingereist ist, erzählt, mit welch schlimmen Methoden der Film seinerzeit aus den Kinos verbannt wurde. Extra aufgestellte „Krawallbrigaden" seien in die Vorstellungen geschickt worden, um den angeblichen „Volkszorn" zu demonstrieren. Warum die SED das für nötig hielt, konnten nur wenige Zuschauer nachvollziehen, denn der Film ist ein Plädoyer für den Sozialismus.

Vierundzwanzigster

Die Demonstrationen in der Tschechoslowakei zeigen Wirkung: Die gesamte Führung der Kommunistischen Partei tritt zurück und macht den Weg frei für Reformen und demokratische Wahlen.

In der DDR drängt die Opposition auf einen Runden Tisch nach polnischem Vorbild. Die Kontaktgruppe der Oppositionsgruppen bittet die Kirchenleitung der Evangelischen Kirche, eine Einladung zu einem Runden Tisch auszusprechen. Die Opposition ist sich mit der Kirche weitgehend über die Modalitäten einig. Die SED oder die Modrow-Regierung werden nicht nach ihrer Meinung gefragt.

Ungeachtet dessen geht am Nachmittag wieder die Reisewelle Richtung Westen los. Diesmal stellt die Reichsbahn Sonderzüge zur Verfügung. Vor den Filialen der Staatsbank bilden sich erneut lange Schlangen, um die möglichen 15 DM zu einem Kurs von 1:1 umzutauschen. Seit der Öffnung der Grenze haben 12,8 Millionen DDR-Bürger insgesamt über 200 Millionen DM auf diese Weise erworben. Das Geld musste mit Lastwagen aus der Westberliner Landeszentralbank abgeholt werden.

Das Regime von Ceaușescu befindet sich scheinbar auf dem Höhepunkt seiner Macht. Auf dem XIV. Parteitag der RKP wurde der despotisch herrschende „Conductor" stürmisch gefeiert. Er wurde nicht nur erneut zum Generalsekretär der RKP gewählt, sondern er deklarierte unwidersprochen die Politik seiner Partei als so erfolgreich, dass einem „Voranschreiten Rumäniens zum Kommunismus" nichts im Wege stünde. Ceaușescu ahnte nicht, dass sein Fall innerhalb eines Monats besiegelt sein würde.

Fünfundzwanzigster

Auf der Demonstration in Plauen wird die erste Forderung nach Wiedervereinigung erhoben. Die Zeit der verdeckten Wünsche und Anspielungen ist vorbei. Das Volk beginnt, Tacheles zu reden.

Innerhalb der Opposition hört man dazu andere Töne: Rainer Eppelmann spricht sich im Namen des *Demokratischen Aufbruchs* für eine Zusammenarbeit mit der SED aus. Keine politische Kraft könne die DDR allein aus der Krise führen.

Staatschef Krenz besucht Leipzig und nimmt anscheinend zum ersten Mal wahr, in welch ruinösem Zustand sich die Stadt befindet. Er schreibt es dem Umstand zu, dass Leipzig „von der Zentrale vernachlässigt" worden war. Dabei ist Leipzig, verglichen mit der Nachbarstadt Halle oder anderen Orten noch in einem verhältnismäßig guten Zustand, weil hier zwei Mal im Jahr eine international besuchte Messe stattfand.

Am Nachmittag zieht Krenz mit einem Tross durch die Stadt und versucht auf der Straße und im Kaufhaus mit den Leuten ins Gespräch zu kommen. Das Interesse ist außerhalb der Genossen, die auf Anweisung der Partei die interessierten Bürger mimen müssen, äußerst gering.

In Berlin konstituieren sich zwei Parteien: die *Freie Demokratische Partei* und die *Grüne Partei*. Leider typisch für die Opposition, vereinigt die Grüne Partei nicht alle ökologischen Gruppierungen. Die Grüne Liga, eine Vereinigung von Basisgruppen, fühlt sich „überrumpelt". Es hätte vorher keine Abstimmung gegeben. So wird die Zersplitterung der Opposition auch auf dem ökologischen Flügel zementiert.

Die Regierung der DDR zeigt sich nach außen hin unbeeindruckt. Sie beschließt ein Abkommen mit Österreich über eine Erweiterung der wirtschaftlichen Zusammenarbeit.

Als Zugeständnis nach innen werden alle Ehrenpensionen und geschlossenen Jagdgebiete abgeschafft.

Sechsundzwanzigster

Schriftsteller, Künstler, SED-Mitglieder, die Reformer sein wollen, und leider auch einige Bürgerrechtler veröffentlichen einen Aufruf zur Rettung der DDR. In „Für unser Land" werben sie für einen reformierten Sozialismus und eine eigenständige DDR. Der Schriftsteller Stefan Heym, der später für eine Legislaturperiode für die SED-PDS im Bundestag sitzt, verliest den Aufruf im Fernsehen. Gleichzeitig wird eine Unterschriftensammlung organisiert. Der Text wird zu Recht als Versuch verstanden, den politischen Forderungen auf der Straße entgegenzuwirken. Aber außerhalb von Intellektuellen- und Künstlerkreisen findet er kaum Resonanz. Im Gegenteil: Er bewirkt eine umgehende Polarisierung der politischen Kräfte, auch der Opposition. Es kommt zu harten Gegenäußerungen. Sogar ein Gegenaufruf wird gestartet: „Für die Menschen in unserem Land." Insgesamt macht die Diskussion klar, dass die Anhänger einer sozialistischen Reform in der DDR in der Minderheit sind.

Auch in der Tschechoslowakei geht es mit dem Sozialismus zu Ende. Die Demonstrationen erreichen ihren Höhepunkt. Über eine Million Menschen versammeln sich auf dem Wenzelsplatz in Prag. Sie fordern den Rücktritt der Spitzen von Regierung und Partei. Der Sprecher der *Charta 77* und Untergrundpriester Václav Malý betet mit der Menge das Vaterunser. Das Staatliche Fernsehen überträgt die gesamte Veranstaltung.

Premier Adamec trifft mit Václav Havel und anderen Mitgliedern des Bürgerforums zusammen. Es ist der Beginn des Dialogs mit der bisherigen Opposition.

Siebenundzwanzigster

Staatschef Egon Krenz versucht vergeblich, sich bei den Leipzigern lieb Kind zu machen. „Von dieser Stadt gingen Signale zur Erneuerung des Sozialismus aus!", verkündet er in *Neuen Deutschland*.

Dagegen machen die Leipziger am Abend auf der Montagsdemonstration mit 150 000 Teilnehmern klar, wohin die Reise gehen soll. Erstmals ist der Ruf „Deutschland einig Vaterland!" zu hören. Es ist eine Zeile aus dem verbotenen Text der DDR-Nationalhymne. Man kann das auch als Antwort der Demonstranten auf den Aufruf „Für unser Land" verstehen.

Im *Spiegel* wendet sich der DDR-Schriftsteller Rolf Schneider, gegen die Opposition die aus „höheren Angestellten, Künstlern und freischwebenden Intellektuellen" bestünde. Die Arbeiterschaft ströme seit dem 10. November über die Westgrenzen. „Ihr *Volonté générale* ist gesamtdeutsch". Mit seiner Prognose „Die deutsche Einheit wird kommen, früher, als alle vermuten" sollte Schneider ja bekanntlich recht behalten.

Die Montagsdemonstrationen bestätigen dies schon jetzt. In Leipzig, Halle und Schwerin heißt es: „Einigkeit und Recht und Freiheit" und „Wir sind ein Volk".

Die DDR-Regierung hebt den Zwangsumtausch auf. Besucher aus dem Westen können das Land ohne Visum bereisen.

Die Auflösung der Staatsjagdgebiete führt zu einer umgehenden Inbesitznahme durch die Bürger, die erstmals die seit Jahrzehnten den SED-Bonzen vorbehaltenen Wälder wieder betreten können.

In der Sowjetunion wird der Beschluss über die ökonomische Unabhängigkeit der baltischen Republiken gefasst.

In der Tschechoslowakei findet ein Generalstreik statt, weil die Spitzen von Partei und Regierung nicht schnell genug auf die Forderungen nach Rücktritt reagieren.

Achtundzwanzigster

Die Medien der DDR laufen zu großer Form auf und versuchen, sich mit Enthüllungen zu übertreffen. Sie haben sich die Politbürosiedlung Wandlitz vorgenommen und nicht nur jede Menge Konsumgüter westlicher Herkunft in der dortigen Kaufhalle entdeckt, darunter auch seltene Luxusgüter.

Die öffentliche Empörung ist umso größer, als der Verwalter der Wandlitz-Kaufhalle kurz zuvor beteuert hatte, es hätte dort nur ein „normales Angebot" gegeben.

Das Landwirtschaftsministerium muss „Gerüchte" dementieren, dass die Staatsjagdgebiete an Devisenbringer aus dem Westen verpachtet werden sollen.

Bundeskanzler Kohl legt dem Bundestag seinen am Wochenende erarbeiteten und von seiner Frau Hannelore abgetippten Zehn-Punkte-Plan zur schrittweisen Überwindung der Teilung Deutschlands vor. Damit gibt es erstmals eine Leitlinie für eine Annäherung der beiden deutschen Teilstaaten im Rahmen der bestehenden Verträge. Eine künftige Wiedervereinigung soll so möglich gemacht werden. Der letzte Punkt lautet: „Mit dieser umfassenden Politik wirken wir auf einen Zustand des Friedens in Europas hin, in dem das deutsche Volk in freier Selbstbestimmung seine Einheit wiedererlangen kann." Alle Fraktionen des Deutschen Bundestages, mit Ausnahme der Grünen, stimmen diesem Plan zu.

In Ostberlin nimmt die *Nationale Front* der DDR-Altparteien auf ihrer letzten Sitzung das Angebot an, mit den Oppositionsgruppen am „Runden Tisch" zu verhandeln. Allerdings versuchen sie, das Kräfteverhältnis durch die Einbeziehung von Massenorganisationen zu ihren Gunsten zu beeinflussen.

In der Tschechoslowakei zeigt der Generalstreik Wirkung. Die Kommunistische Partei verzichtet nach Verhandlungen mit der Opposition auf ihren in der Verfassung verankerten Führungsanspruch. Die Regierung tritt zurück. Es wird eine Koalition unter Beteiligung der Opposition gebildet.

Neunundzwanzigster

Während die *Bild-Zeitung jubelt:* „Wiedervereinigung! Der Anfang ist gemacht", sieht das *Neue Deutschland* nach dem Aufruf „Für unser Land" Perspektiven für die DDR. „Noch haben wir die Chance einer sozialistischen Alternative zur BRD", titelt das SED-Blatt. Darunter wird der volle Wortlaut des Aufrufs veröffentlicht. Dass Staatschef Krenz seine Unterschrift unter diesen Aufruf setzt, ist der Todeskuss für das Unternehmen. Viele Unterzeichner ziehen ihre Unterschrift zurück.

Um die Künstler zu beruhigen und wieder auf SED-Linie zu bringen, versichert Kulturminister Dietmar Keller, dass die Kunst- und Antiquitäten GmbH, ein Subunternehmen des KoKo-Imperiums von DDR-Devisenbeschaffer Schalck-Golodkowski, ihre Tätigkeit eingestellt habe. Dieses Unternehmen war in den letzten Jahren damit beschäftigt gewesen, Kunst- und Kulturgüter aus staatlichem und Privatbesitz an den Westen zu verkaufen. Dabei wurden die Depots der Museen ebenso geplündert wie die Archive und Sammlungen von Menschen, die in den Westen ausreisen wollten.

Letztlich wurden wir nur mit den in die BRD verhökerten Werten wiedervereinigt. Was in andere westliche Länder, in die USA oder nach Japan ging, ist für immer verloren.

Als in der Nähe Berlins eine riesige Verkaufsfläche für Devisenbringer eröffnet wurde, sprach sich das bald in Künstlerkreisen herum. Selbst staatsnahe Kulturschaffende protestierten, öffentlich oder in Privatbriefen an Politbüromitglieder.

Während man in der DDR immer noch darüber diskutiert, wird die führende Rolle der Kommunistischen Partei in der Tschechoslowakei einfach aus der Verfassung gestrichen.

Der Vatikan kündigt die Aufnahme diplomatischer Beziehungen zur Sowjetunion an.

Dreißigster

Die tschechoslowakische Regierung gibt den sofortigen Abbau aller Sperranlagen an ihrer Westgrenze bekannt.

Die DDR-Regierung kann sich freuen: „Frankreich will für die DDR ein richtiger Partner sein". Mit diesem Versprechen zeigt der französische Staatschef François Mitterand, was er von einer möglichen Vereinigung hält: Nichts.

Die neue Wirtschaftsministerin Christa Luft informiert erstmals über die wahren Verhältnisse in der Wirtschaft und im Außenhandel. Die zehn Milliarden Nettoschulden, die sie einräumt, erscheinen heute lächerlich gering. Damals waren sie so bedrohlich, dass Luft sich bemühte zu versichern, dass die Spareinlagen der Bevölkerung trotzdem nicht gefährdet seien.

Gegen sechs ehemalige Spitzenpolitiker, darunter Erich Honecker und Willi Stoph, leitet die Staatsanwaltschaft ein Ermittlungsverfahren ein: wegen Amtsmissbrauch und Vergeudung von Volkseigentum.

Alexander Schalck-Golodkowski lässt die Öffentlichkeit wissen, dass er von Erich Honecker persönlich angewiesen worden war, jährlich 6 Millionen Valutamark für die Bedürfnisse der Bewohner der Wandlitzer Waldsiedlung zur Verfügung zu stellen.

In Erfurt gehen am Abend mehr als 10 000 Menschen gegen die Privilegien des Politbüros auf die Straße.

Dezember

Erster

Die Volkskammer der DDR entschuldigt sich beim Volk der Tschechoslowakei für die Beteiligung der NVA am Einmarsch in das Land im Jahre 1968. Diese Entschuldigung ist insofern besonders interessant, weil die umbenannte SED nach der Vereinigung immer bestritten hat, an der gewaltsamen Beendigung des Prager Frühlings beteiligt gewesen zu sein.

Das Parlament, das so eifrig tagt, als gelte es, alle Versäumnisse der letzten Jahre nachzuholen, zeigt noch mehr Initiative: Die Abgeordneten streichen mit Artikel 1, Absatz 1 den Führungsanspruch der SED aus der Verfassung. Damit erledigen sich die kontroversen Diskussionen in der Opposition, ob man diesen Führungsanspruch infrage stellen dürfe oder nicht. Wie unentschlossen und wenig führungsfähig die Opposition ist, zeigt sich deutlich an einer anderen Diskussion: Angespornt durch den Erfolg der Tschechoslowaken, die mit einem Generalstreik innerhalb von einem Tag alle ihre Forderungen durchgesetzt haben, rufen Teile des Karl-Marx-Städter *Neuen Forums* zu einem Generalstreik am 6. Dezember auf. Dieser Streik sollte die Forderung nach Auflösung der Kampfgruppen in den Betrieben, des Amtes für Nationale Sicherheit und die Einführung der Sozialen Marktwirtschaft durchsetzen. Das ist inhaltlich ein willkürlicher Mix, und das Entscheidende, die Ablösung der SED-Regierung, ist ausgelassen. Trotzdem wird am Abend im DDR-Fernsehen von dem Aufruf berichtet. Sofort gibt es Widerspruch vom *Neuen Forum* in Berlin, obwohl viele Betriebsbelegschaften durchaus streikbereit sind und es immer wieder wilde politische Streiks gegeben hatte. Diese Zögerlichkeit bringt der Opposition einen neuen Vertrauensverlust ein.

Die ungeduldigen Bürger beginnen von selbst, in ihren Betrieben die Betriebsparteiorganisationen der SED aufzulösen und ihre Betriebskampfgruppen zu entwaffnen. Sie treffen dabei auf keinerlei Widerstand.

Auch die politischen Gefangenen der DDR möchten nicht mehr darauf warten, dass sich die Opposition draußen für sie starkmacht und ihre Entlassung fordert. Sie werden selbst aktiv. Gefangene mehrerer Haftanstalten verlangen die Überprüfung ihrer Urteile. Außerdem fordern sie eine menschenwürdige Behandlung in den Gefängnissen.

In Leipzig steht Wolf Biermann das erste Mal seit 25 Jahren wieder auf einer öffentlichen ostdeutschen Bühne. Es sind 6 000 Fans gekommen. Sie hören ihr Idol sagen, dass es „nicht froh über diese ‚Deutschland, Deutschland über alles-Stimmung'" sei. „Wir wären schön dumm – ihr wärt schön dumm – wenn ihr rückwärts laufen würdet ins alte Reich á la Kohl." Es spricht für Biermann, dass er diese Haltung später korrigiert. In diesem Moment illustriert er aber, wie wenig die Einschätzungen eines Teils der Opposition mit der Realität zu tun haben.

Die Bundesrepublik ist erschüttert über den Mord am Deutsche-Bank-Chef Alfred Herrhausen, zu dem sich die RAF bekennt. Dabei war Herrhausen keineswegs ein kalter Kapitalist, sondern eher ein Gutmensch, der Schuldenerlass für die Entwicklungsländer vorschlug, sich für die Umstrukturierung des Ruhrgebiets starkmachte und Ungarn behilflich sein wollte, trotz seiner hohen Auslandsschulden Mitglied der Europäischen Gemeinschaft zu werden. Er gehörte zu den Beratern von Bundeskanzler Helmut Kohl, was ihm anscheinend seinen Platz auf der Todesliste der RAF sicherte. Mit dem Anschlag wollten die Terroristen wohl klar machen, dass es sie auch noch gab. In einer guten Verfassung dürften sie sich nicht befunden haben. Mit der DDR drohten ihre Geldgeber und ihr Rückzugsraum zu verschwinden.

Zweiter

Gipfeltreffen zwischen dem amerikanischen Präsidenten George Bush sen. und dem sowjetischen Staats- und Parteichef Gorbatschow auf Malta. Die Politikinszenierung wird von den Elementen gestört, Bush muss sich im Sturm vor der maltesischen Küste mit einem kleinen Boot zu Gorbatschows Schiff vorkämpfen. In den Gesprächen geht es dann hauptsächlich um die deutsche Frage.

In Berlin tagt die Programmkommission des *Demokratischen Aufbruchs*. Diskutiert wird über Helmut Kohls Zehn-Punkte-Plan zur deutschen Einheit. In einer Erklärung am Ende der Tagung heißt es: „Was in ferne Zukunft gerückt schien, ist auf die Tagesordnung gesetzt:

Die Einigung der Nation." Damit hat die erste Oppositionsgruppe anerkannt, was von den Demonstranten auf der Straße immer lauter gefordert wird.

Dagegen kommt der Sprecherrat des *Neuen Forums*, der sich zeitgleich im Französischen Dom zu Berlin trifft, zu keinem Ergebnis. Im Anschluss an die Zusammenkunft erklärt sich der offizielle Sprecher in der deutschen Frage für nicht aussagefähig.

Ins Westfernsehen kommen allerdings nur die Stimmen gegen die Vereinigung. Walter Kempowski wundert sich und ist genervt, dass die „da drüben die Wiedervereinigung nicht wollen". Ob es sich wohl um „Armenstolz" handele, fragt er sich.

Wolfgang Schwanitz, der Leiter der Staatssicherheit, jetzt *Amt für Nationale Sicherheit* (AfNS) genannt, gibt unter dem Titel „Operative Arbeit in Sammlungsbewegungen" neue Richtlinien zur Bekämpfung der Opposition heraus. Allerdings verschlechtern sich die Bedingungen für die „operative Arbeit" rapide.

Der Zerfall der SED, in deren Auftrag die Stasi immer gehandelt hat, hinterlässt tiefe Spuren beim „Schild und Schwert der Partei". Selbst viele Inoffizielle Mitarbeiter wollen nicht mehr mitmachen.

Auch SED-Mitglieder fangen an zu rebellieren. Tausende versammeln sich am Abend vor dem Haus des Zentralkomitees und fordern eine radikale Erneuerung der Partei und den Rücktritt des gesamten Politbüros. Als Egon Krenz zu ihnen sprechen will, schallen ihm Buhrufe, Pfiffe und Rücktritt-Sprechchöre entgegen.

Dritter

Dem Vorschlag aus Karl-Marx-Stadt, um punkt zwölf von Nord nach Süd eine Menschenkette durch das ganze Land zu bilden, sind Hunderttausende gefolgt. Diese Kette soll die Entschlossenheit zur demokratischen Erneuerung versinnbildlichen. In den großen Städten kommt für eine Viertelstunde der Verkehr zum Erliegen. Viele Autofahrer steigen aus und reihen sich ein. Am Schluss soll die Kette fast lückenlos gewesen sein. Sie wurde zum Symbol für die Disziplin der Demonstranten.

Das Zentralkomitee der SED trifft sich zu seiner 12. Tagung. Die hatte Generalsekretär Egon Krenz in der Hoffnung einberufen, mit der Opferung weiterer Spitzenfunktionäre und der konzeptionellen Vorbereitung des Parteitags die innerparteiliche Lage beruhigen zu können. Dass er selbst geopfert werden sollte, davon wurde Krenz vollkommen überrascht. Ihm war entgangen, dass sich in der Partei eine starke Gruppe gebildet hatte, die ihre Zukunft ohne die alten Politbüromitglieder plante. Diese Gruppe übernimmt nun die Macht. Krenz wird lediglich mitgeteilt, dass er zurückzutreten hätte, samt dem Politbüro und dem ZK. Außerdem wurden eine Reihe von Altkadern aus der Partei ausgeschlossen, unter anderem Erich Honecker und Erich Mielke.

Auf dieser turbulenten Sitzung kommt es zu grotesken Szenen. So ergreift Altkommunist Bernhard Quand das Wort und fordert die Wiedereinführung der Todesstrafe, damit alle standrechtlich erschossen werden können, die „unsere Partei in eine solche Schmach gebracht haben".

Auf dieser Sitzung beginnt der Aufstieg von Gregor Gysi. Er wird zum Leiter einer parteiinternen Untersuchungskommission ernannt, die sich mit den Verbrechen der SED befassen soll. Noch in der Nacht lässt Gysi die Räume des Politbüros versiegeln. Danach hat man von der Untersuchungskommission kaum noch was gehört.

Inzwischen macht sich in der Bevölkerung der berechtigte Verdacht breit, die Staatssicherheit vernichte gezielt Unterlagen. Aus den Schornsteinen der Bezirksverwaltungen, die zumeist über eigene Heizhäuser verfügen, quillt Tag und Nacht Rauch. Deshalb ruft das *Neue Forum* dazu auf, Kontrollgruppen zu gründen, die Verschleierungsversuche und Manipulationen der Noch-Machthaber verhindern sollen.

Vierter

Kaum sind sie gestürzt, werden mehrere Politbüromitglieder auf Anweisung der Regierung Modrow verhaftet. Es trifft unter anderem Erich Mielke, der in die von ihm mitkonzipierte Untersuchungshaftanstalt Hohenschönhausen eingeliefert wird. Dort bekommt er Zeitungen und Bücher, darf fernsehen und seine Freigänge nicht in der Frischluftzelle, sondern im sogenannten „Rosenhof" verbringen, eine Grünanlage für die Stasioffiziere. Außerdem werden in seiner Zelle die Glasbausteine sofort gegen normales Fensterglas ausgetauscht. Er ist also zu keinem Zeitpunkt den üblichen Härten ausgesetzt, beschwert sich aber bei jeder Gelegenheit über die „unmenschlichen Haftbedingungen". Wo er recht hat, wollen wir dem Ex-Stasichef nicht widersprechen, aber es ist doch traurig, dass Mielke dabei vollkommen übersieht, dass die Haftbedingungen etwas mit seiner politischen Verantwortung zu tun haben.

Dezember

Während ihr langjähriger oberster Befehlsgeber hinter Gittern sitzt, sind die Stasimitarbeiter auf allen Ebenen fieberhaft damit beschäftigt, Akten zu vernichten. Der DDR-Hörfunk kommt seinem Versprechen nach, unabhängig zu berichten. Er bringt als erster Sender ein Stück über die Aktenvernichtung. Es wird schon am frühen Morgen ausgestrahlt und hat Folgen: Mitarbeiter des Flughafens Schönefeld alarmieren die Öffentlichkeit, dass mit Akten beladene Sondermaschinen zum Abflug nach Rumänien bereitstünden. Daraufhin veranlasst die Staatsanwaltschaft, dass alle Flüge nach Bukarest gestoppt werden.

In Erfurt beschließen die Frauen der Bürgerinitiative *Frauen für Veränderung* umgehend, gegen die Aktenvernichtung vorzugehen. Es gelingt ihnen ohne Mühe, Mitstreiter unter den Oppositionellen, Kirchenleuten, rebellischen Betriebsbelegschaften und Angestellten zu mobilisieren. Die Menge umstellte das MfS-Gebäude. Autofahrer, unter anderem die städtische Müllabfuhr, blockierten die Auffahrt. Es dauert nicht lange und die Stasi gibt nach. Sie lässt erst einige Frauen ins Gebäude, dann weitere Demonstranten. Sie finden Beweise für eine umfangreiche Aktenvernichtung. Sofort werden die Archive versiegelt und eine Bürgerwache eingesetzt, um weitere Vernichtungen zu verhindern. Noch am gleichen Tag werden weitere Stasiobjekte in der Stadt aufgespürt und besetzt.

Während die Frauen im ganzen Land längst aktiv werden, formiert sich ein *Unabhängiger Frauenverband,* der nichts von sich selbst, sondern alles vom Staat erwartet. Der Forderungskatalog beinhaltet unter anderem: einen Frauenförderungsfonds beim Ministerrat, die Schaffung von Publikationsmöglichkeiten, feste Sendezeiten im Rundfunk und Fernsehen und die Bildung von Frauenausschüssen auf allen parlamentarischen Ebenen.

In Rostock können sich die Oppositionellen noch nicht zu einer Besetzung der Stasizentrale durchringen. Sie organisieren vor den Toren eine „Mahnwache gegen die Vernichtung von Beweismitteln". Die Stasi ist wenig beeindruckt. So lange sie kann, vernichtet sie weiter.

Anderenorts gehen erstmals Angehörige von Volkspolizei und Staatssicherheit auf die Straße, um gegen Amtsmissbrauch, Korruption und Aktenvernichtung zu protestieren. Die Antwort auf die Frage, warum sie bloß protestieren, statt die Aktenvernichtung aktiv zu stoppen, bleiben die Demonstranten allerdings schuldig.

Dezember

Am Abend gibt es wieder zahlreiche Demonstrationen in Leipzig, Karl-Marx-Stadt und Cottbus. In Karl-Marx-Stadt wird die Rückbenennung in Chemnitz gefordert. In Leipzig dominiert die Forderung nach Vereinigung.

Ich war an diesem Tag mit Freunden aus Cambridge nach Leipzig gefahren. In der Nikolaikirche, wo wir am Montagsgebet teilnahmen, wurde ich von Pfarrer Christian Führer erkannt und sogleich gefragt, ob ich auf der Demonstration sprechen wolle. Natürlich wollte ich. Die Redner versammelten sich auf der Empore des Leipziger Opernhauses. Von dort konnte man gut den ganzen Karl-Marx-Platz überblicken, der schwarz von Menschen war, überwiegend männlichen Geschlechts. Die Deutschlandfahnen, die geschwenkt wurden, sorgten für zahlreiche Farbtupfer. Dazwischen glänzten die weißen Transparente, überwiegend mit Forderungen nach Vereinigung. Genau dies verlangten auch die vielen Sprechchöre an diesem Abend. In England, wo Nachrichten aus der DDR inzwischen jeden Tag zu den Spitzenmeldungen gehörten, hatte ich einen anderen Eindruck gewonnen, weil dort die Reformen in den Mittelpunkt der Berichterstattung gestellt worden waren. Weiter wusste ich durch meine tägliche Zeitungslektüre, welche Ressentiments es in Großbritannien gegen eine mögliche deutsche Vereinigung gab. Deshalb glaubte ich, vor eben dieser Vereinigung warnen zu müssen. Schon als ich angekündigt wurde, mit dem Zusatz, dass ich aus England zurückgekommen sei, begann das Pfeifkonzert, das meine gesamte kurze Ansprache begleitete. Kurz darauf wurden Ausschnitte meiner Rede in der Tagesschau gezeigt. Ich war die Heldin der Einheitsgegner, aber das tröstete mich nicht. Beim anschließenden Zug über den Ring zur „Runden Ecke" lief ich im vergleichsweise kleinen Häufchen von Bürgerrechtlern, die weiterhin auf Reformen in der DDR drängten. Ich kam mir verloren vor, obwohl wir sicher ein- bis zweitausend waren. In diesem Moment erkannte ich, dass ich umdenken musste.

Fünfter

In Leipzig wird ein unabhängiges Bürgerkomitee zur Auflösung des ehemaligen Ministeriums für Staatssicherheit gegründet. In Magdeburg desgleichen.

Allerdings lassen sich die Bürgerkomitees zu oft von der Stasi an der Nase herumführen. In Leipzig versucht der Stasichef den Bürgerrechtlern einzureden, das Amt für Nationale Sicherheit müsse unbedingt weiterexistieren, weil Rechtsextremismus bekämpft werden müsse. In Magdeburg sind es zögerliche Kirchenleute, die sich gegen eine Besetzung der Bezirksverwaltung aussprechen, um eine geordnete „friedliche Übergabe" nicht zu gefährden.

In Berlin wird die Stasizentrale in der Normannenstraße von einer Bürgerrechtlergruppe, begleitet von Medien, besucht. Die noch warmen Reißwölfe werden gefilmt, Aktenschränke versiegelt. Sogar aus Mielkes Büro gibt es erste Bilder im DDR-Fernsehen. Aber dann verlässt die Gruppe das Gebäude wieder und gibt der Zentrale die Möglichkeit, bis zum 15. Januar ungestört mit der Aktenvernichtung fortzufahren.

In Suhl hat das *Neue Forum* mehr Erfolg. Als auf einer Versammlung in der Stadthalle bekannt wird, dass in der Bezirksverwaltung der Staatssicherheit Akten vernichtet werden, zieht eine große Menschenmenge vor das Tor der Zentrale. Zwar versucht die Staatssicherheit, die Menschen hinzuhalten, muss aber dann doch dem Druck nachgeben. Eine kleine Abordnung wird durch das ganze Gebäude geführt, auch in den Archivkeller. Einige Schränke werden versiegelt. Am nächsten Tag blockieren Busfahrer mit Bussen und LKWs alle Zufahrten. Dann fährt ein Bus durch das Haupttor. Sofort strömen hunderte Suhler auf das Gelände. Der Stasichef ruft im Büro des *Neuen Forum* an und bittet um Schutz.

Es wird spontan ein Bürgerkomitee zur Auflösung der Staatssicherheit ins Leben gerufen, alle 600 Stasileute, die an diesem Tag Dienst hatten, werden umgehend entlassen. Sie werden streng kontrolliert, bevor sie das Gebäude verlassen dürfen, damit niemand noch in letzter Sekunde heimlich Akten entwendet. Damit war die Aktenvernichtung im Bezirk Suhl gestoppt.

Die Schriftstellerin Christa Wolf und der Bürgerrechtler Konrad Weiß von *Demokratie jetzt* rufen zur Bildung von Bürgerkomitees auf, um die weitere Aktenvernichtung zu stoppen.

Bild berichtet, dass Erich Honecker unter Hausarrest gestellt wurde. Das *Neue Deutschland* resigniert über fehlende Hinweise auf den Verbleib des SED-Devisenbeschaffers Schalck-Golodkowski, der am Vortag in den Westen geflüchtet war.

Während die Menschen auf der Straße längst die Vereinigung auf die Tagesordnung gesetzt haben, haben die beiden deutschen Regierungen das noch nicht begriffen. Sie lassen verkünden, dass zwischen den beiden deutschen Staaten die Schaffung eines gemeinsamen Devisenfonds vereinbart wurde. Künftig sollen alle DDR-Bürger die Möglichkeit haben, einmal im Jahr 200 DM umzutauschen. Aber die Menschen wollen nicht mehr nur die Krümelchen, sie wollen den ganzen Kuchen.

Sechster

Der gestürzte SED-Generalsekretär Egon Krenz tritt auch als Staatsratsvorsitzender zurück. Sein Nachfolger wird LDPD-Chef Manfred Gerlach, der das Amt bis zur Konstituierung der ersten frei gewählten Volkskammer innehaben wird. Später wird der kurzzeitige Hoffnungsträger übrigens Mitglied der überwiegend aus ehemaligen Stasileuten bestehenden „Gesellschaft zum Schutz von Bürgerrecht und Menschenwürde" und zeigt damit, wes Geistes Kind er immer gewesen ist.

Bild berichtet: „Die Honecker-Bande handelte mit Kokain." Mit Waffen übrigens auch, wie wenige Tage zuvor aufgedeckt worden war.

Das *Neue Deutschland* titelt weniger sensationell: „DDR und BRD vereinbaren gemeinsamen Fonds für Reisemittel." Damit können DDR-Bürger erstmals genug Geld für eine Reise eintauschen und sind nicht mehr auf Almosen von Verwandten, Bekannten Freunden oder Fremden angewiesen.

In Ostberlin treffen sich Bürgerrechtler mit dem Dalai Lama. In einem Pressestatement bekennen sie sich zur chinesischen Demokratiebewegung und zur Solidarität mit dem tibetischen Volk.

Bei der Staatssicherheit dreht sich das Personal-Karussell. Fast alle Generäle werden durch jüngere Offiziere ersetzt. Die buchstäblich in letzter Sekunde erfolgenden Beförderungen haben vor allem Folgen für die Pensionskasse im vereinten Deutschland.

In Plauen folgen die Belegschaften mehrerer Betriebe einem Aufruf des *Neuen Forums* zu einem zweistündigen politischen Warnstreik. Sie fordern die Vereinigung und dass die SED ihre Macht über die Betriebe aufgibt. In Markneukirchen legen ebenfalls mehr als 8 000 Beschäftigte ihre Arbeit nieder. Leider wird diese erfolgreiche Aktion vom *Neuen Forum* nicht zum Anlass genommen, den politischen Streik auf das ganze Land auszudehnen. Es wäre das Ende der SED-Herrschaft gewesen.

Am Abend stellt sich der flüchtige Devisenbeschaffer Schalck-Golodkowski in Westberlin den Behörden. Er stellt Antrag auf politisches Asyl und wird vorerst ins Untersuchungsgefängnis Moabit eingeliefert.

Siebter

Nach den Besetzungen einiger Stasidiensstellen hatte Wolfgang Schwanitz den Befehl gegeben, die Aktenvernichtung einzustellen. Nun ordnet Ministerpräsident Hans Modrow persönlich an, mit der Aktenvernichtung fortzufahren. Die Bürgerkomitees alarmieren sofort die Bevölkerung. Es kommt wieder zu großen Demonstrationen. In einigen Bezirksämtern wird die Bürgerkontrolle erneuert oder verstärkt. An manchen Orten kann die Vernichtung gestoppt werden. An anderen Stellen gelingt es der Stasi erneut, die Bürgerkomitees hinzuhalten oder zu täuschen. Bereits versiegelte Räume werden wieder geöffnet, Staatsanwälte und Volkspolizei kollaborieren mit der Stasi. Vor allem die Zentrale in Berlin kann ungestört weiterarbeiten, weil der Besuch von Bürgerrechtsgruppen am 6. und 7. Dezember ohne Ergebnis bleibt.

Im Dietrich-Bonhoeffer-Haus in Ostberlin konstituiert sich unter tumultartigen Begleitumständen der Zentrale Runde Tisch. Den Regierungsparteien SED, CDU, LDPD, DBD und NDPD mit je drei stimmberechtigten Teilnehmern sitzen zunächst die neuen oppositionellen Vereinigungen *Demokratischer Aufbruch, Demokratie jetzt, Grüne Partei, Initiative für Frieden und Menschenrechte, Vereinigte Linke* und SDP mit je zwei Stimmen und das *Neue Forum* mit drei Stimmen gegenüber. Draußen vor der Tür rebellieren Frauen des vor wenigen Tagen gegründeten *Unabhängigen Frauenverbandes* gegen ihre Nichtzulassung am Runden Tisch. Sie dürfen schließlich mit zwei Stimmen teilnehmen. Die Regierungsseite wird als Ausgleich mit dem *Freien Deutschen Gewerkschaftsbund* verstärkt. So verzeichnet jede Seite 17 stimmberechtigte Vertreter.

Die Bevölkerung indes ist vom Runden Tisch viel weniger angetan als die Opposition. Vor dem Bonhoeffer-Haus zieht eine große Demonstration auf, die mit Pfeifkonzerten, Stasi-Raus-Rufen und Protesten gegen die Wahlfälschung lautstark klar macht, was sie von den Verhandlungen hält.

Drinnen stellt sich die Versammlung die bange Frage, ob die Demonstranten das Haus stürmen werden, und was dann zu tun wäre. Aber das geschieht nicht. Aufatmend beginnen die Teilnehmer mit den Verhandlungen. Als Erstes wird ein „Selbstverständnis" des Runden Tisches formuliert. „Obwohl der Rundtisch keine parlamentarische oder Regierungsfunktion ausüben kann, will er sich mit Vorschlägen zur Überwindung der Krise an die Öffentlichkeit wenden. Er fordert von der Volkskammer und der Regierung, rechtzeitig in wichtige rechts-, wirtschafts- und finanzpolitische Entscheidungen einbezogen zu werden. Er versteht sich als Bestandteil der öffentlichen Kontrolle in unserem Land. Geplant ist, seine Tätigkeit bis zur Durchführung freier, demokratischer und geheimer Wahlen fortzusetzen."

Mit dieser Erklärung ist die Machtkontrolle der Opposition zum ersten Mal institutionalisiert.

Darüber hinaus wird beschlossen, dass eine neue Verfassung ausgearbeitet, ein Wahl- und Parteiengesetz formuliert und die Staatssicherheit unter gesellschaftlicher Kontrolle aufgelöst wird. Als Wahltermin wird der 6. Mai 1990 bestimmt.

Das demokratische Selbstverständnis legt die Teilnehmer der Verhandlung auf Kompromisse fest. Den Regierungsparteien wird nicht diktiert, was sie zu machen haben. In der Folge wird sich herausstellen, dass es den alten Machthabern allzu oft gelingt, ihre neuen Kontrahenten mit allen Mitteln über den Tisch zu ziehen.

Während am *Runden Tisch* die Fetzen fliegen, wird auf dem Berliner Alexanderplatz wie an jedem 7. des Monats auf die Wahlen vom 7. Mai gepfiffen. Diesmal ziehen etwa 2 000 Teilnehmer zum Staatsratsgebäude.

In Prag wird der Einheitsgewerkschaft das Misstrauen ausgesprochen. Ein Aktionsausschuss soll die Zeit bis zur Gründung unabhängiger Gewerkschaften überbrücken.

In Sofia gelingt, was in der DDR immer wieder schiefgeht: Neun Parteien und Vereinigungen bilden die *Union der Demokratischen Kräfte* (UDK).

Achter

Die SEW, der Ableger der SED in Westberlin, kündigt ihre Auflösung an.

Beinahe wäre mit der SED dasselbe geschehen: Die Mehrheit der 2 700 Delegierten auf dem in Berlin beginnenden Sonderparteitag der SED ist mit dem Willen angereist, die Partei aufzulösen. Vor allem der Wirtschaftsflügel macht sich für einen ehrlichen Neuanfang stark.

Ministerpräsident Modrow appelliert zwar, die Partei nicht zerbrechen zu lassen, denn das würde auch die sowjetische Perestroika gefährden, findet aber nicht genügend Gehör. Das gelingt dem nächsten Redner viel besser: Rechtsanwalt Gregor Gysi, bislang noch eher unbekannt, betritt das Podium und überzeugt die Genossen, diese Entscheidung zu überdenken. Denn sonst, das ist Gysis Hauptargument, wären auch das Vermögen und die Parteistrukturen verloren, was „unabsehbare Folgen" hätte, besonders für den kommenden Wahlkampf, „der schwer wird und den wir nicht kennen". Er erreicht, dass sich der Parteitag in vierzehn Tagen noch einmal treffen wird, um über den Fortbestand der Partei zu entscheiden.

In der Nacht wird anstelle des bisherigen Generalsekretärs ein Vorsitzender gewählt. Nach dem überraschenden Verzicht von Dresdens Oberbürgermeister Berghofer, der von den meisten Delegierten favorisiert worden war, wird das Gregor Gysi – mit 95 Prozent der Stimmen. Er erhält einen Besen, um dafür zu sorgen, dass SED nicht mehr mit „S wie Sauwirtschaft, E wie Egoismus und D wie Diebstahl" übersetzt wird. Gysi interpretiert diesen Auftrag auf seine eigene Weise. Eine seiner ersten Amtshandlungen ist die Gründung einer Arbeitsgruppe zur Sicherung des Parteivermögens. Außerdem verpasst er der Partei einen Zweitnamen: PDS, Partei des Demokratischen Sozialismus.

Keiner der Beobachter dieses Tricks hätte damals geglaubt, dass er funktionieren würde. Und angesichts der mehrfachen Umbenennung weiß heute kaum noch jemand, dass die Linke immer noch die alte SED ist, mit ein wenig Blutauffrischung durch die WASG, die *Wahlalternative Arbeit und soziale Gerechtigkeit*.

Ministerpräsident Hans Modrow verfügt unter dem Druck der anhaltenden Proteste der Bevölkerung die Auflösung der Staatssicherheit. Die weitere Aktenvernichtung wird erneut untersagt, geht aber an vielen Stellen heimlich weiter. Der DDR-Generalstaatsanwalt leitet gegen Erich Honecker, Erich Mielke, Willi Stoph und andere Verfahren wegen Amtsmissbrauchs und Korruption ein. Weitere Politbüromitglieder werden festgenommen. Erich Honecker erhält Haftverschonung.

In Litauen wird die Führungsrolle der Kommunistischen Partei abgeschafft.

In Bulgarien schließen sich 16 oppositionelle Gruppen zu einem „Bund demokratischer Kräfte" zusammen.

Neunter

Die Berliner Zentrale der Staatssicherheit registriert, dass von 13 Bezirksverwaltungen der Staatssicherheit vier nicht mehr, eine kaum noch, fünf eingeschränkt und nur noch drei fast normal arbeitsfähig sind. Hinter diesen nüchternen Angaben steckt die unglaubliche Arbeitsleistung der Besetzter und der Bürgerkomitees, die in diesen Tagen und Wochen bis zur physischen und psychischen Erschöpfung tätig sind. Hunderte konspirativer Objekte werden aufgespürt, konspirative Wohnungen enttarnt, Telefon- und Abhöranlagen ausgeschaltet, Akten geborgen und vor der Vernichtung bewahrt. Die sensationellste Entdeckung sind die Pläne für die Isolierungslager, die für die Opposition vorbereitet werden sollten.

Im Allgemeinen versucht die Staatssicherheit, lediglich mit Tricks und Täuschungsmanövern die Arbeit der Bürgerkomitees zu behindern. Nur die Geraer MfS-Bezirksverwaltung ruft zum Putsch gegen die friedliche Revolution auf. Ergebnislos, denn nicht mal die eigenen Genossen mochten diesem Aufruf folgen.

Der Sonderparteitag der SED wird fortgesetzt. Er distanziert sich von der stalinistischen Vergangenheit der SED und der gesamten kommunistischen Bewegung. Dabei wird die Partei auch stehenbleiben. Zu einer kritischen Bewertung der SED-Herrschaft insgesamt wird es nie kommen.

Im Berliner Lustgarten gibt es erneut eine Kundgebung, zu der Wissenschaftler und Künstler eingeladen haben. Es wiederholt sich das Muster vom 4. November: Während die Redner auf der Bühne für die Erhaltung der DDR werben, fordern die Teilnehmer die Vereinigung.

In Moskau entscheidet das Plenum des ZK der KPdSU über den allmählichen Übergang zur Marktökonomie.

Zehnter

Die Delegierten des SED-Parteitages verabschieden eine Resolution, in der sich die SED beim Volk der DDR für die von ihr verursachte Krise entschuldigt.

Gysi als neuer Parteichef macht in seiner Dankesrede klar, dass er gegen die Wiedervereinigung ist.

Das kommt nicht gut an. In Plauen sind wieder 15 000 Menschen für die schnelle Wiedervereinigung auf der Straße.

In Erfurt bilden hunderte Bewohner der Stadt einen „Bürgerwall" gegen den drohenden Verfall der historischen Bausubstanz im größten Flächendenkmal der DDR und gegen die Abrisspläne, nach denen mittelalterliche Häuser einer Stadtautobahn weichen sollen. Die Häuser stehen bereits seit zwei Jahren leer. Ihr Abriss hatte aus Geldmangel nicht erfolgen können. Das hat sie gerettet.

In der Westberliner Kongresshalle vergibt die Internationale Liga für Menschenrechte anlässlich des „Tages der Menschenrechte" die Carl-von-Ossietzky-Medaille an Antje Vollmer, Fraktionschefin der Grünen im Deutschen Bundestag, und Pastor Friedrich Schorlemmer aus Wittenberg. Schorlemmer wird dadurch erstmals einer breiteren Öffentlichkeit bekannt. In seiner Dankesrede betont er, dass der entscheidende Tag für das Land nicht der 9. November in Berlin, sondern der 9. Oktober in Leipzig gewesen sei.

In Polen richtet *Solidarność* einen dramatischen Appell an die polnische Bevölkerung, in der schwierigen wirtschaftlichen Lage gemeinsam zu handeln.

In der Sowjetunion gibt es einen ähnlichen Appell der KPdSU. Die Lage wird nicht nur, was die Wirtschaft betrifft, sondern auch wegen der Nationalitätenkonflikte, als bedrohlich eingeschätzt.

In der Tschechoslowakei tritt nach Demonstrationen und Streikdrohungen Staatspräsident Gustáv Husák zurück.

Elfter

Das *Neue Forum* hat sich entschieden, an den kommenden Wahlen teilzunehmen und in der Volkskammer eine eigene Fraktion zu bilden. Mitglieder anderer Bürgerrechtsgruppierungen könnten allerdings nicht Kandidaten auf der Forumsliste werden. Damit ist die Spaltung der Bürgerrechtsbewegung bei den Wahlen vorprogrammiert.

In West-Berlin treffen sich im Gebäude des ehemaligen Alliierten Kontrollrates auf sowjetische Einladung die Botschafter der Vier Mächte, um die Entwicklung in der deutschen Frage zu beraten. Das Treffen findet später keine Fortsetzung.

Gysi gibt dem *Neuen Deutschland* sein erstes Interview als Parteivorsitzender der SED. Laut Schlagzeile will er „Hart arbeiten für die Rettung des Landes und unserer Partei".

Der Bezirksvorstand des Schriftstellerverbandes im Bezirk Gera beschließt, den im Jahre 1977 gegen den Schriftsteller Reiner Kunze verfügten Ausschluss rückgängig zu machen. Einige Monate später wird Reiner Kunze in seinen Stasiakten entdecken, dass der langjährige Freund seiner Familie Ibrahim Böhme unter dem Decknamen Maximilian jahrelang über ihn Berichte an die Staatssicherheit geliefert hat.

Am Abend finden wieder zahlreiche Montagsdemonstrationen statt. Neben Leipzig auch in Karl-Marx-Stadt, Dresden, Neubrandenburg und Schwerin. Die Losungen gleichen sich. Sie haben überwiegend den Wunsch nach schneller Vereinigung zum Thema. Im Süden der Republik gehen ungleich mehr Menschen auf die Straße, als im Norden. Auffällig ist auch, dass jetzt viel mehr junge Arbeiter demonstrieren als Intellektuelle.

In Bulgarien wird die führende Rolle der Kommunistischen Partei aus der Verfassung gestrichen. Das Plenum des ZK der BKP konstatiert eine „tiefe Krise der Gesellschaft" und bekennt sich zur Rechtsstaatlichkeit und zur Marktwirtschaft in einem „humanistischen, demokratischen Sozialismus". Die Ausübung von Parteifunktionen wird auf zwei Wahlperioden begrenzt. Der ehemalige Partei- und Staatschef Todor Schiwkow wird aus der Partei ausgeschlossen.

In Ungarn, wo fast jeden Tag eine neue Partei oder Gruppierung gegründet wird, formiert sich die *Grüne Partei*.

Zwölfter

Endlich werden nach einem Amnestiebeschluss der Regierung die meisten politischen Gefangenen entlassen. Da es in der DDR aber angeblich keine politischen Gefangenen gibt, sondern nur Kriminelle, ist es eine allgemeine Amnestie, die auch Dieben und Betrügern zugute kommt. Ausgenommen sind Kapitalverbrechen und andere schwere Delikte.

Nicht betroffen von der Amnestie ist ein Mann aus Thüringen, der in der Haftanstalt Brandenburg wegen mehrfachen versuchten Mordes in Zusammenhang mit einem versuchten bewaffneten Grenzdurchbruch sitzt. Er ist der Sohn eines Parteisekretärs und einer Staatsanwältin. Als Kind war er immer wieder von zu Hause abgehauen. Seine Eltern ließen ihn daraufhin in den Jugendwerkhof einweisen. Als er für den Jugendwerkhof zu alt geworden war und ihr Sohn erneut wegen versuchter Republikflucht verhaftet wurde, bemühten sich die Eltern um eine dauerhafte Lösung. Eines Nachts wurde der junge Mann überraschend aus seiner Zelle geholt und in den Verhörtrakt gebracht. Hier lag ein fertiges Geständnis über einen geplanten bewaffneten Grenzübertritt bereit. Zuerst weigerte sich der Mann, das zu unterschreiben. Irgendwann wurde er von seinem Vernehmer überraschend mit Benzin übergossen. Dann zündete sich der Offizier eine Zigarette an und fragte: „Unterschreibst du nun, oder soll ich sie fallen lassen?" Der Mann unterschrieb.

Er hat mir seine Geschichte selbst erzählt – auf dem Dach der Justizvollzugsanstalt Brandenburg, auf dem sich im Frühjahr 1990 rebellierende Häftlinge verschanzt hatten, um die frisch gewählte Regierung der DDR auf ihr Schicksal aufmerksam zu machen. Ich war von den Häftlingen als Vermittlerin angefordert worden.

Der Mann kam übrigens erst 1991 nach längerer Überprüfung frei, weil sein Gnadengesuch an die Volkskammerpräsidentin Dr. Sabine Bergmann-Pohl abgelehnt wurde.

Dass etwa 30 Prozent der Insassen der Jugendwerkhöfe in der DDR von Funktionärskindern bevölkert waren, die mit ihrem Elternhaus nicht zurechtkamen, gehört zu den unbekannt gebliebenen Tatsachen.

Das *Neue Forum* fordert auf seiner Landesdelegiertenkonferenz schnellstmögliche Kommunalwahlen, außerdem Eigenständigkeit und Selbstverwaltung der Kommunen.

Außerdem erstattet es Anzeige gegen den ehemaligen Partei- und Staatschef Egon Krenz und den Leiter des Amtes für Nationale Sicherheit, Wolfgang Schwanitz, weil sich beide „der Verdunklung durch Vernichtung strafrechtlich relevanter Akten" schuldig gemacht hätten.

Im ganzen Land werden die Kontrollstellen der Staatssicherheit in den Haupt- und Bahnpostämtern aufgelöst. Bei dieser Gelegenheit wird von Geheimdienstmitarbeitern gegenüber der *Magdeburger Volksstimme* eingeräumt, dass die Staatssicherheit nicht nur flächendeckend die Post überwacht, sondern auch Telefone abgehört hat.

In Moskau wird auf dem 2. Kongress der Volksdeputierten der UdSSR eine Erklärung verabschiedet, in der das geheime Zusatzprotokoll zum deutsch-sowjetischen Nichtangriffspakt von 1939 für ungültig erklärt wird.

Auch der sowjetische Einmarsch in Afghanistan wird verurteilt.

Dreizehnter

Auf einer gemeinsamen Pressekonferenz beider sozialdemokratischer Parteien Deutschlands erklärt der SPD-Vorsitzende Hans-Jochen Vogel den Dialog mit der SED für beendet. Fortan ist nur noch die ostdeutsche SDP Partnerin der SED. Es ist der Beginn des kurzen, aber bemerkenswerten Aufstiegs des SDP-Geschäftsführers und späteren Vorsitzenden Ibrahim Böhme.

In Gera versucht der schon entmachtete Chef der Stasibezirkszentrale, neue Verbündete für die Fortführung der Aktenvernichtung zu gewinnen. Er lädt Vertreter von Parteien und Kirchen in das Stasiarchiv ein, lässt sie alles besichtigen und versucht anschließend, sie von der Notwendigkeit der Aktenvernichtung zu überzeugen. Das von der Staatssicherheit zusammengetragene Material enthalte so viel soziale Sprengkraft, dass man Gewaltausbrüche befürchten müsse, wenn das Wissen öffentlich würde.

Das Westfernsehen sendet die ersten Reportagen über die Gefängnisse der DDR: Bautzen II und Berlin-Hohenschönhausen. Walter Kempowski, der vor dem Fernseher sitzt, vermerkt kritisch, dass von dem wenige Tage zurückliegenden Gefangenenaufstand in Bautzen I nicht die Rede ist.

Der Schriftsteller Stefan Heym, der Mitinitiator des Aufrufs „Für unser Land", hält vor der IG Metall eine Rede mit dem Tenor: „Seitdem die Grenzen offen sind, gibt es Waffen bei uns." Er vergleicht die Situation mit der von 1933. Kein Wunder, dass Heym sich später direkt der SED-PDS als Zugpferd zur Verfügung stellt.

Der Psychoanalytiker Horst-Eberhard Richter reagiert auf Berichte über die katastrophalen Zustände in rumänischen Gefängnissen mit der Frage, ob denn das „bei uns" – gemeint ist die BRD – anders sei? Damit verrät der „große alte Mann" der westdeutschen Friedensbewegung seine Unfähigkeit, Leiden von Menschen, sofern sie sich im kommunistischen Machtbereich befinden, überhaupt wahrzunehmen.

In Sofia versammeln sich unmittelbar nach Abschluss des Plenums der Bulgarischen Kommunistischen Partei über 10 000 Parteimitglieder vor dem ZK-Gebäude, um sich von der Politik der alten Führung zu distanzieren und für den Neuanfang einzutreten.

Vierzehnter

Mit einem Trick versucht die Regierung Modrow, die Staatssicherheit zu retten, obwohl deren Auflösung vom Runden Tisch bereits beschlossen worden ist. Sie beschließt, zwei neue Geheimdienste einzurichten. Einen „Verfassungsschutz" mit 10 000 Mitarbeitern, als dessen Leiter Generalmajor Heinz Engelhardt bestimmt wird, und einen „Nachrichtendienst" mit 4 000 Mitarbeitern. Letzterer soll von Werner Großmann, einem führenden Offizier der Hauptverwaltung Aufklärung, der Spionageabteilung der Staatssicherheit, geleitet werden. Für alle ausscheidenden Geheimdienstler werden „Übergangsgelder" festgelegt, die zum Teil im fünfstelligen Bereich liegen. Mit den Namen der Dienste wird eine Demokratisierung vorgetäuscht. In Wirklichkeit handelt es sich um ein Unterlaufen der Beschlüsse des Runden Tisches.

Die Gruppe *Demokratie jetzt* legt „Deutschlandpolitische Thesen" vor. Es soll ein Dreistufenplan zur deutschen Einheit sein, der aber so künstlich und anmaßend ist, dass er schon am Tag seiner Veröffentlichung kaum diskussionswürdig erscheint. Die Absicht, den Forderungen der Straße nach schneller Vereinigung etwas entgegenzusetzen, ist unverkennbar. Der Demokratisierungsprozess in der DDR solle mit Reformen in der BRD einhergehen und zur Bildung einer „Deutschen Nationalversammlung" führen. Dann solle ein „Nationalvertrag" zwischen beiden deutschen Staaten abgeschlossen werden, der einen „Staatenbund" mit Schritten zu einer „Wirtschafts-, Steuer- und Finanzpolitischen Einheit ermöglichen solle. Schließlich solle im Rahmen einer Entmilitarisierung ein „Bund Deutscher Länder" gegründet werden, der sich einer „solidarischen Wirtschaftsordnung" verpflichtet fühle.

Ähnliche utopische Vorstellungen entwickelten auch andere Oppositionsgruppen und demonstrieren damit, wie weit sie sich von den Forderungen der Demonstranten auf der Straße entfernt haben.

Die Außenminister der Nato-Staaten sprechen sich für die deutsche Einheit in freier Selbstbestimmung aus.

Das *Neue Deutschland* will noch nichts davon wissen. Es träumt auf seiner Titelseite: „Die Beziehungen DDR-Frankreich werden eine große Zukunft haben."

In Bulgarien beschließt die Volksversammlung Meinungs-, Vereins- und Versammlungsfreiheit.

Fünfzehnter

Die Welt erfährt vom Tode des sowjetischen Dissidenten Andrej Sacharow, der am Vorabend in Moskau an einem Herzinfarkt gestorben ist. Wenige Wochen vor seinem Tod hatte Sacharow die Errichtung eines Denkmals vor der berüchtigten Lubjanka, dem Untersuchungsgefängnis der sowjetischen Geheimpolizei, durchgesetzt.

Walter Kempowski erinnert sich bei dieser Gelegenheit daran, wie Michael Gorbatschow dem Duma-Abgeordneten Sacharow ins Wort fiel, als der auf die Menschenrechtsverletzungen in der Sowjetunion hinwies. Gorbatschow zeigte ihm sogar einen Vogel.

In der rumänischen Stadt Temeswar verhaftet die Securitate den reformierten Pastor László Tőkés, der seit Wochen in der Sakristei seiner Kirche Zuflucht gesucht hatte. Polizei und Securitate gehen gewaltsam gegen etwa 5 000 Demonstranten vor, die zum Schutz von Tőkés eine Menschenkette gebildet haben. Die Auseinandersetzungen sind zwar brutal, aber noch unblutig.

In Karl-Marx-Stadt haben sich die Demonstranten durchgesetzt. Es wird beschlossen, dass die Stadt künftig wieder Chemnitz heißen soll.

Sechzehnter

Der Außerordentliche Parteitag der SED tritt erneut in Berlin zusammen. Die Pause hat bewirkt, dass es keine Mehrheit für die Auflösung der Partei mehr gibt. Stattdessen legt sich die SED einen zweiten Namen zu: PDS – *Partei des Demokratischen Sozialismus.* Kaum jemand glaubte an den Erfolg dieses Manövers. Die SED schien so diskreditiert zu sein, dass sie keinerlei Zukunftsaussichten zu haben schien, auch nicht mit neuem Zweitnamen. Wohl deshalb ist es den Bürgerrechtsgruppen niemals in den Sinn gekommen, die Partei zu enteignen. Spätestens Gysis Hinweis auf das verloren gehende Vermögen bei einer Auflösung der Partei hätte ein Signal sein müssen, die Herausgabe genau dieses Vermögens zu fordern. Das nicht getan zu haben, war einer der fatalen Fehler der Opposition, der bis heute nachwirkt.

Die von Gysi umgehend eingesetzte innerparteiliche Gruppe zur Vermögenssicherung war außerordentlich effektiv. Nach Schätzungen der ZERV, der Zentralen Erfassungsstelle für Vereinigungskriminalität, sind unter der politischen Verantwortung von Modrow und Gysi etwa 24 Milliarden DM in dunklen Kanälen verschwunden. Der Mammutteil dieses Vermögens ist bis heute nicht entdeckt, weil alle beteiligten SED-PDS-Funktionäre wie Gregor Gysi, Dietmar Bartsch, Roland Clauss und André Brie vor dem Bundestagsuntersuchungsausschuss die Aussage verweigert haben. Bis heute gibt es keinen relevanten öffentlichen Druck, um die Genannten zur Preisgabe ihres Wissens zu bewegen.

In Temeswar wird das Gebäude des Bezirksparteikomitees gestürmt. Es findet eine Großdemonstration statt. An die 10 000 Menschen fordern ein Ende der Tyrannei. Nachdem das eingesetzte Militär den von Ceauşescu telefonisch erteilten Schießbefehl verweigert hat, geht die Securitate mit Waffengewalt gegen die Demonstranten vor. Es kommt zu Straßenkämpfen, bei denen 72 Menschen von der Securitate getötet werden.

Während in Temeswar Blut fließt, vereinbart Bundesaußenminister Genscher in Bukarest die weitere Umsiedlung der deutschen Minderheit in Rumänien nach Deutschland gegen eine „Kopfquote".

Siebzehnter

Der SED-Parteitag geht zu Ende. Mit dem Beschluss, die Partei zu erhalten, erfüllen sich die Hoffnungen des Parteiapparats und der Hardliner. Die ehrlichen Reformer sind gescheitert.

Auch bei der Opposition gibt es eine Veranstaltung, die in eine Art Parteitag mündet: Der *Demokratische Aufbruch* erklärt sich zur Partei. Der Gründungsparteitag in Leipzig spricht sich nach langer Programmdebatte für Marktwirtschaft und die deutsche Einheit aus.

Für die Bürger von Potsdam gibt es an diesem Sonntag eine Vorweihnachtsüberraschung: Bundespräsident Richard von Weizsäcker besucht in Begleitung von Ministerpräsident Modrow unangekündigt das alljährliche Weihnachtssingen in der Nikolaikirche.

In Rumänien und vor allem in Temeswar geht es weniger beschaulich zu. Dort konstituiert sich ein Arbeiterkomitee, das den Rücktritt von Partei- und Staatschef Ceauşescu und der gesamten Partei- und Staatsführung fordert. Außerdem verlangt es freie Wahlen und eine Verurteilung der Verantwortlichen für das Blutbad in der Stadt. Mehrere Betriebe werden vom Arbeiterkomitee besetzt.

Achtzehnter

Im Gegensatz zum *Demokratischen Aufbruch* spricht sich der Sprecherrat des *Neuen Forums* gegen eine Wiedervereinigung und für die Anerkennung der bestehenden Grenzen aus: „Wir dürfen nicht von einer Konfrontation in die Konföderation fallen."

Wie sich herausstellen sollte, bestand diese Gefahr nie.

Das *Neue Deutschland* ist ab sofort nicht mehr das „Zentralorgan der SED", sondern eine „Sozialistische Tageszeitung". An der Art der Finanzierung ändert sich nichts. Das Blatt bleibt abhängig von der Partei, die neuerdings den Doppelnamen SED-PDS trägt. Gehorsam titelt das ND: „Parteitag der SED setzte klare Zeichen: Wir stellen uns der Pflicht, für dieses Land Verantwortung zu tragen".

Die Menschen auf den Straßen der DDR sehen das anders. Ihnen geht die Vergangenheitsbewältigung der SED längst nicht weit genug. In Leipzig gibt es einen Schweigemarsch mit 150 000 Teilnehmern für die Opfer der Kommunistischen Diktatur. Alle Leipziger Kirchen läuten aus diesem Anlass die Glocken.

Auch in Dresden, Schwerin, Halle und Ostberlin finden Demonstrationen zu diesem Thema statt.

Der „Runde Tisch" befürwortet „eine Vertragsgemeinschaft" beider deutscher Staaten. Ansonsten befasst er sich auf seiner zweiten Zusammenkunft fast ausschließlich mit der Stasiproblematik. Die Bürgerrechtsgruppen protestieren gegen die Gründung zweier neuer Geheimdienste durch die Regierung Modrow und verlangen eine Beteiligung an der von Modrow gebildeten Kontrollkommission.

Auf ein energisches Vorgehen gegen Modrow und seine Regierung kann sich der „Runde Tisch nicht verständigen, obwohl der Ministerpräsident die Vorgaben des Gremiums sichtbar unterläuft.

Auch ein anders Vorhaben scheitert: Martin Gutzeit fordert im Namen der SDP die „Offenlegung der gegen Friedens-, Umwelt- und Menschenrechtsgruppen angewandten Vorgehensweisen sowie die Benennung der in diese Gruppen eingeschleusten Personen". Das wird sowohl vom SED-Vertreter Lothar Bisky abgelehnt als auch vom Vertreter des *Neuen Forums,* Reinhard Schult, der keine „Stasispitzeljagd" an diesem Tisch möchte, eben das aber später zu seinem Hobby macht. Die Ironie der Geschichte ist, dass neben Gutzeit als zweiter Vertreter der SDP, Ibrahim

Böhme sitzt, der zu den in die Opposition eingeschleusten Personen gehört. Er stimmt neben Gutzeit als Einziger dem Antrag zu, weil er nicht befürchten muss, dass er angenommen wird.

Neunzehnter

Bundeskanzler Helmut Kohl trifft in Dresden ein, um mit Ministerpräsident Hans Modrow über eine Vertragsgemeinschaft der beiden deutschen Staaten zu verhandeln. Aber die Dresdener demonstrieren deutlich, dass sie etwas anders wollen. Schon am Abend vor seiner Ankunft wird demonstriert. Als Kohl am Morgen landet, bereiten ihm tausende Menschen einen begeisterten Empfang. Auf dem Flugplatz und auf den Straßen vor dem Hotel stehen sie mit Deutschlandfahnen und rufen in Sprechchören „Helmut!" und „Deutschland einig Vaterland".

Nach den Verhandlungen mit Modrow wird eine „Gemeinsame Erklärung" verabschiedet, in der die Öffnung des Brandenburger Tores für Weihnachten angekündigt wird. Auf Modrows Forderung nach einem milliardenschweren „Lastenausgleich" geht Kohl nicht ein.

Diese merkwürdige Idee stammte aus der Bundesrepublik und war von Modrow dankbar aufgenommen worden. Der „Ausgleich" wurde mit den Reparationsleistungen begründet, die von der DDR an die Sowjetunion gezahlt werden mussten.

Als Kohl am späten Nachmittag an der Ruine der Frauenkirche die hölzerne Tribüne betritt, erwarten ihn mehr als 100 000 Menschen. Über den Köpfen wogt ein Meer von Deutschlandfahnen und die Sprechchöre sind wie am Vormittag: „Wir sind ein Volk" und „Deutschland einig Vaterland". In seiner sehr vorsichtigen Rede vermeidet Kohl alles, was die Stimmung anheizen könnte. Er betont, die Selbstbestimmung stünde allen Völkern zu, „auch den Deutschen", aber der Prozess der Wiedervereinigung müsse mit allen Nachbarn abgestimmt werden. Geschichtlich begründete Ängste müssten ernst genommen werden. Dann ergreift die Stimmung der Massen Kohl doch so sehr, dass er bekennt: „Mein Ziel bleibt – wenn die geschichtliche Stunde es zulässt – die Einheit der Nation."

Zwanzigster

Frankreichs Staatspräsident Mitterand trifft in der DDR zum Staatsbesuch ein. Er wird mit militärischen Ehren empfangen. Die DDR kann die brüderliche Hilfe des Franzosen nicht mehr retten.

Während in Rumänien die Zahl der Toten bereits auf 4 000 geschätzt wird, darunter viele Kinder, weilt der Diktator Ceauşescu seit drei Tagen im Iran. Bei seiner Rückkehr am Abend verkündet er im Fernsehen den Ausnahmezustand im Kreis Temesch. Gleichzeitig behauptet er, es seien lediglich „Warnschüsse" auf „einige Rowdys" abgegeben worden.

Einundzwanzigster

In Rumänien lässt Diktator Ceauşescu nach tagelangen blutigen Unruhen eine Solidaritätskundgebung für sich in Bukarest organisieren. Er selbst zeigt sich an der Seite seiner Frau Elena auf dem Balkon der Bukarester Parteizentrale, um einer seiner üblichen Ansprachen an seine Untertanen zu halten. Aber diesmal ist alles anders. Statt des gewohnten Jubels gibt es Pfiffe und Protestrufe. Die Kameras, die wie immer bei Ceauşescus Auftritten dabei sind, fangen das Erschrecken des Diktators ein. Er weicht regelrecht zurück. Die Securitate eröffnet das Feuer auf die Demonstranten.

Währenddessen folgen viele Menschen im Land einem Aufruf zum Generalstreik. Auf Protestkundgebungen gegen die blutige Niederschlagung von Demonstrationen solidarisieren sich Soldaten und Offiziere mit den Demonstranten. Es kommt zu Befehlsverweigerungen. Nach einem der letzten Befehle Ceauşescus, dass die Teilnehmer des Volksaufstandes zu liquidieren seien, wird darauf noch vereinzelt mit öffentlichen Hinrichtungen reagiert.

Zweiundzwanzigster

Unter großem Jubel wird das Brandenburger Tor in Berlin geöffnet. Nun kann der Verkehr ungehindert von West nach Ost fließen, mitten durch das Symbol der Trennung hindurch. Obwohl es in Strömen regnet, stehen viele Menschen auf dem breiten Podest auf der Westseite des Tores, auf das die DDR-Regierung bisher ihre Staatsgäste zu führen pflegte, um den Verkehrsstrom zu bestaunen. Ein Mann hatte seine Trompete mitgebracht und spielte „Nun danket alle Gott".

In Rumänien gehen die Straßenkämpfe weiter und dehnen sich auf das ganze Land aus. In Bukarest demonstrieren Zehntausende mit Sprechchören wie „Nieder mit Ceaușescu!" und „Wir wollen Brot!". Daraufhin wird das Stadtzentrum mit Panzern abgeriegelt. Es kommt zu weiteren bewaffneten Auseinandersetzungen. Ceaușescu verhängt den Ausnahmezustand und besteigt dann zusammen mit seiner Frau einen Hubschrauber, um zu fliehen. Doch sie kommen nicht weit. Inzwischen ist auch die Armee so erbittert, dass sie nicht mehr vorbehaltlos hinter dem Diktator steht. Die Blutbäder in Klausenburg und Hermannstadt haben das Fass zum Überlaufen gebracht. Die Ceaușescus werden von Militärs gestoppt und interniert.

Dreiundzwanzigster

Das *Neue Forum* macht öffentlich einen selbstquälerischen Prozess durch. Soll es sich zur Partei umbilden oder Bürgerbewegung bleiben? Immer noch erwarten viele Menschen, dass sich die Vereinigung entschlossen an die Spitze der revolutionären Bewegung setzt. Als sich eine Mehrheit der *Neuen-Forums*-Aktivisten gegen eine Parteibildung entscheidet, wenden sich etliche Anhänger enttäuscht ab.

In Rumänien toben noch immer Straßenkämpfe. Die Lage ist sehr unübersichtlich. Oft sind es Kämpfe, die sich aus einem Übermaß an Hass und Erbitterung speisen. Auch wollen allzu viele Securitate-Mitarbeiter nicht aufgeben. Sie fürchten die Rache der Bevölkerung.

In Bukarest wird eine *Front zur Nationalen Rettung* (FNR) gegründet. Sie stützt sich auf die Armee und vereinigt alle Organisationen und Gruppierungen, die Demokratie und Freiheit anstreben. Noch am selben Tag stellt der Rat der FNR ein Zehn-Punkte-Programm vor, in dem die Zerschlagung der bisherigen Machtstrukturen auf allen Ebenen und die Übernahme der Macht durch die FNR gefordert werden. Es wird eine neue Regierung unter Ministerpräsident Petre Roman gebildet.

Vierundzwanzigster

Die Revolution in der DDR macht Weihnachtspause. Das DDR-Fernsehen überträgt am Heiligabend erstmals die Evangelische Christvesper und die Christmesse des Papstes aus dem Vatikan. Die beteiligten Journalisten und Kameraleute werden es genossen haben, ohne Genehmigung einer Behörde einfach nach Rom fahren und ihre Idee umsetzen zu können.

In Rumänien werden die Kämpfe auch an den Festtagen nicht unterbrochen. In den Fernsehstudios ist die Schlacht dagegen schon entschieden. Hier versammeln sich Oppositionelle und kommunistische Gegner des Diktators, um den Verlauf der Revolution und die Verhaftung des Diktatoren-Ehepaares zu kommentieren und zu feiern. Ein Name für dieses Phänomen ist schnell gefunden: „Televerolution". Die Nachricht vom angeblichen Selbstmord des Verteidigungsministers Vasile Milea kann die Partystimmung kaum trüben.

Ich habe Weihnachten zum zweiten Mal in meinem Leben in Cambridge gefeiert, diesmal mit Freunden aus der DDR. Sie überredeten mich endgültig zur Aufgabe meines Plans, lieber meine Dissertation in Ruhe zu Ende zu schreiben und die Revolution von Ferne zu beobachten.

Habe ich das später bereut? Nicht wirklich, denn es war eine einmalig spannende Zeit. Sie hautnah mitzuerleben wäre von Cambridge aus kaum möglich gewesen.

Wir haben uns vom Realsozialismus befreit, nicht aber von den Gefährdungen der Demokratie. Ich habe gelernt, dass Demokratie nie stabil sein kann, sie ist lebendig, weil sie sich ständig verteidigen, zur Not auch neu erfinden muss.

Fünfundzwanzigster

Nach schweren Kämpfen zwischen Spezialeinheiten und der Leibwache Ceaușescus beginnt sich die Lage im Land langsam zu normalisieren. Aber in Târgoviescu wird das Diktatoren-Ehepaar Ceaușescu nach einem nur vierzig Minuten dauernden Prozess hingerichtet. Rechtsmittel gab es keine. Damit gleicht dieser Prozess eher denen der kommunistischen Willkürjustiz als einem rechtsstaatlichen Verfahren.

Der ungarische Oppositionelle György Dalos kommentierte, das sei für die Demokratisierung Rumäniens kein guter Anfang gewesen.

Die Übergangsregierung, die sich nach dem Sturz des Diktators schnell gebildet hatte, erklärte alle bisherigen Machtstrukturen für aufgelöst und verkündete eine Wiedereinführung einer zivilen Gesellschaft, die Freiheit, Menschenwürde und Marktwirtschaft garantieren sollte.

Sechsundzwanzigster

In Berlin genießen zehntausende Berliner einen Weihnachtsspaziergang durch das Brandenburger Tor. Im Schauspielhaus findet ein großes Festkonzert statt. Leonard Bernstein ist in die Stadt gekommen und dirigiert mit großer internationaler Orchester- und Chorbesetzung Beethovens IX. Symphonie – mit leicht geändertem Schiller-Text: „Freiheit, schöner Götterfunken". Friedrich Schiller hätte seine Freude daran gehabt.

Freude zeigt sich auch beim Kulturminister der DDR: Bernstein wird zum Professor ernannt und nimmt als Letzter den „Großen Stern der Völkerfreundschaft" entgegen.

In Rumänien flauen die Kämpfe nach Bekanntwerden der Hinrichtung des Ehepaares Ceaușescu ab. Auch wenn es nicht die in westlichen Medien kolportierten 60 000 Toten gab, ist die Bilanz der blutigen Auseinandersetzungen erschreckend: Vom 17. bis zum 26. Dezember 1989 sind 1 104 Tote zu beklagen. Im Vergleich dazu sind während des Ungarischen Aufstands, wo von allen Seiten scharf geschossen wurde, zwischen dem 23. Oktober und dem 31. Dezember 1956 2 652 Menschen ums Leben gekommen.

Die Rumänen erfahren immer mehr Einzelheiten aus dem Leben ihres Diktators. Es soll ein Vergewaltigungszimmer für den Sohn Nicu gegeben haben, der die größte Pornosammlung der Welt besaß. Jeden Tag soll es ein 6-Gänge-Menü gegeben haben, auch zu Zeiten, da das Volk hungerte und fror. Und angeblich soll Ceaușescu nur in Mineralwasser aus dem Westen gebadet haben.

Auch wenn diese Nachrichten auf Übertreibungen beruhen sollten, spiegeln sie gut wieder, was die Rumänen ihrem „Titan der Titanen" zutrauten. Ähnlich wie der Nazi Hermann Göring soll Ceaușescu Museen ausgeraubt und Kunstschätze für seinen privaten Gebrauch requiriert haben.

Im Westen, wo Ceaușescu lange ein positives Image als kommunistischer Rebell gegen Moskau genoss, war man entsetzt, als man die Fakten, die sich hinter der Fassade verbargen, zur Kenntnis nehmen musste.

Siebenundzwanzigster

Der Zentrale Runde Tisch tritt zum vierten Mal zusammen. Wieder ist die Auflösung der Staatssicherheit Thema. Schließlich wird ein Beschluss angenommen, der die Bildung neuer Geheimdienste bis zur Wahl am 6. Mai untersagt.

Diese Auseinandersetzung zeigt das schier unlösbare Problem des Runden Tisches. Auf der einen Seite die in der Revolution entstandenen neuen Gestaltungsansprüche der Oppositionsgruppierungen, auf der andern Seite der Versuch der SED, mittels des Runden Tisches ihre bröckelnde Macht zu stabilisieren. Dafür will sie auch die Bürgerbewegung instrumentalisieren. Die SED bringt am Runden Tisch einen von Ministerpräsident Modrow angeregten „Entwurf einer Ordnung über die Tätigkeit von Bürgerkomitees" ein. Darin wird behauptet, dass die Regierung die Bürgerbewegung unterstütze. Es könnten sich allerdings nur Bürgerkomitees gründen, die an „die Verfassung, die Gesetze und andere Rechtsvorschriften" gebunden seien. Sie sollten eine „Sicherheitsgemeinschaft" mit der „Volkspolizei und den anderen zuständigen Organen" bilden und „kommunale Probleme und Anliegen der Bürger gemeinsam mit den dafür zuständigen staatlichen Organen" bearbeiten.

„Die Handlungsfähigkeit der örtlichen Volksvertretungen, ihrer Räte und anderer Staatsorgane muss gewährleistet bleiben." In Konfliktfällen sollten die „übergeordneten Staatsorgane" das letzte Wort haben.

Im Klartext: Modrow versuchte, mit diesem Coup die Bürgerrechtsbewegung in eine Art Neuauflage der Nationalen Front zu locken, die der SED vierzig Jahre zu Diensten war und erfolgreich zu ihrer Machtsicherung beigetragen hatte. Allerdings war der Entwurf in einer Sprache abgefasst, der allzu sehr an die alte SED erinnerte, sodass seine Annahme durch den Runden Tisch scheiterte. Nur die SED stimmte ihrem Text zu. Nicht einmal die Blockparteivertreter wollten dafür ihre Hand heben. Die Opposition machte noch einmal unmissverständlich klar, dass sie auf einer öffentlichen Kontrolle der Regierung bestand. Lothar de Maizière von der CDU und Lothar Bisky von der SED hielten dagegen, dass ein „Vetorecht" des Runden Tisches zur Regierungspolitik die Lage im Land „destabilisieren" könnte.

Dennoch wurde beschlossen, dass alle Gesetzes- und Regierungsvorlagen dem Runden Tisch vorgelegt werden müssten. Unklar blieb, ob Ministerpräsident Modrow sich auch daran halten würde.

Achtundzwanzigster

In der Nacht vom 27. zum 28. Dezember wird in Ostberlin das Ehrenmal in Treptow mit nationalistischen Parolen beschmiert. Der Ehrenhain ist den im 2. Weltkrieg gefallenen sowjetischen Soldaten gewidmet. Die Parolen sind geeignet, die Sowjetunion und besonders die in der DDR stationierte Westgruppe der Sowjetischen Streitkräfte zu provozieren. Daneben diskreditieren sie den Einheitswillen der Mehrheit der DDR-Bevölkerung. Die SED reagiert, als hätte sie die Schmierereien bestellt, worauf viele Indizien deuten, was aber nie bewiesen werden konnte: Sie wirft ihre Propagandamaschine an. In den grellsten Farben malt sie eine angeblich durch die mögliche Vereinigung drohende neonazistische Gefahr. Dabei verschweigt sie natürlich, dass es in der DDR schon lange ausgeprägte neonazistische Tendenzen gegeben hat, die bis in die Reihen der Nationalen Volksarmee hineinreichten. Die offizielle Erklärung lautet, Neonazis aus dem Westen wären die Verursacher gewesen, ohne dass je ein Täter dingfest gemacht werden konnte.

Die SED nimmt die Vorfälle in Treptow zum Anlass, noch einmal einen „antifaschistischen" Konsens zu propagieren, bei der die Partei und ihr „Schild und Schwert" eine tragende Rolle spielen sollen. Die SED-Vorfeldorganisationen „Komitee der Antifaschistischen Widerstandskämpfer" und die „Gesellschaft für Deutsch-Sowjetische Freundschaft" rufen zu einer „Kampfdemonstration" auf und fordern eine „Einheitsfront gegen rechts". Die Staatssicherheit ihrerseits demonstriert gegen den Auflösungsbeschluss des Runden Tisches, weil ohne sie der Kampf gegen den Rechtsradikalismus nicht gewährleistet sei.

Kurzfristig geht die Rechnung der SED-PDS nicht auf. Langfristig gelingt es ihr allerdings, die Atmosphäre im vereinten Deutschland erheblich zu vergiften. Die Warnungen vor einer angeblichen Gefahr von rechts dringen bis ins bürgerliche Lager vor. So warnt Friedbert Pflüger, damals CDU-Bundestagsabgeordneter, später in seinem Buch „Deutschland driftet" vor einem Rechtsruck im Land.

Tatsächlich ist das Land, wenn überhaupt, nach links gedriftet und allmählich auf dem linken Auge so erblindet, dass die linksradikalen Gewalttaten der letzten Jahre, ja Jahrzehnte so lange als Problem geleugnet wurden, bis ein explosionsartiges Anwachsen dieser linksradikalen Gewalt es unmöglich machte. Ein nachhaltiger Sieg der alten SED-Ideologie, der so lange Bestand haben wird, wie die Verengung des antitotalitären Konsens der Nachkriegszeit auf den „antifaschistischen Kampf" beschränkt bleibt.

Neunundzwanzigster

Zwar hat die friedliche Revolution in der DDR begonnen, aber nun wird sie von den Ereignissen in der Tschechoslowakei eingeholt. Václav Havel, der Gründer der *Charta 77* und der Kopf dieser oppositionellen Bürgerrechtsbewegung, wird einstimmig zum Präsidenten der Republik gewählt. Am Vortag war Alexander Dubček Präsident des Parlaments geworden. Alles ohne Wahlen, die in Ruhe nachgeholt werden sollen.

In Bukarest wird Marin Ceaușescu, der Bruder des Diktators, erhängt in einem Keller aufgefunden.

In Warschau bestätigt der Sejm eine weitere Novellierung der seit 1952 geltenden Verfassung. Dabei werden vor allem Abänderungen im politischen und ökonomischen Gefüge vorgenommen.

Es verändert sich auch die Staatsbezeichnung und das Staatswappen. Die ehemalige Volksrepublik heißt jetzt Republik Polen. Die Führungsrolle der Kommunisten wird aus der Verfassung gestrichen.

In Ostberlin versucht das *Neue Deutschland* Panik zu schüren. Es meldet aus der Bundesrepublik: „250 000 freie Stellen, aber Zehntausende suchen Arbeit."

Wie anders ist es doch in der Noch-DDR, wo die Arbeitslosigkeit versteckt ist, weil notfalls die Menschen mit dem Erstellen von Betriebswandzeitungen oder anderen unproduktiven Dingen beschäftigt werden. Außerdem wirbt die weiter von der SED-PDS finanzierte Zeitung für eine „Sicherheitspartnerschaft gegen Neofaschismus".

Dreißigster

In seiner Neujahrsansprache, die vorab veröffentlicht wird, würdigt Bundeskanzler Kohl den Kampf der Menschen in der DDR und den anderen Staaten Osteuropas um Freiheit, Menschenrechte und Selbstbestimmung.

Bild glaubt: „Es wird ein wunderbares Jahr 1990!"

Das *Neue Deutschland* ist sich sicher, dass „zwei Drittel der Bevölkerung für eine souveräne DDR" sind. Das ist blankes Wunschdenken.

Walter Kempowski bemerkt in seinem Tagebuch: „Heute eine Sendung im ZDF über die politischen Sturzbäche des Jahres '89 ... Schenk meinte, es stünde zu *befürchten* (wieso eigentlich), dass die DDR uns ‚anheim falle'."

Es müsste Vorher-Nachher-Ausstrahlungen geben, wünscht er sich, in denen man die Kommentatoren „mit dem Quatsch konfrontiert, den sie von Zeit zu Zeit von sich geben".

Einunddreißigster

In Rumänien gibt es auch am Silvestertag politische Neuigkeiten: Der Chef der rumänischen Geheimpolizei Securitate, General Iulian Vlad, wird verhaftet.

In Ostberlin herrscht Partystimmung. Erstmals wird vor und hinter dem Brandenburger Tor gefeiert. Das ZDF überträgt.

Walter Kempowski sitzt vor dem Fernseher und schreibt: „Die Bilder waren von einer gewissen Schönheit, das Brandenburger Tor mit den krabbelnden Menschen drauf, Hunderttausende im Scheinwerferlicht der TV-Stationen, Feuerwerk darüber hinzischend, Fahnenschwenken, Freude. Ja, wer hätte das gedacht ... Was für ein Jahr! Im Jahr des 100. Geburtstags von Hitler eine reguläre bürgerliche Revolution! Und wir waren dabei! – Mit Augen und Ohren: ‚Wahnsinn', wie die Leute sagen."

Weiterführende Literatur

Walter Kempowski: *Alkor Tagebuch 1989*. München 2003

Robert Weiß: *Chronik eines Zusammenbruchs – Der „heiße" Herbst 1989 und seine folgen in den Ländern des Warschauer Paktes*. Berlin 1990

Ehrhart Neubert: *Unsere Revolution - Die Geschichte der Jahre 1989/1990*. München 2008

Joachim Jauer: *Urbi et Gorbi – Christen als Wegbereiter der Wende*. Freiburg 2008

György Dalos: *Der Vorhang geht auf – Das Ende der Diktaturen in Osteuropa*. München 2009

Hannes Bahrmann und Christoph Links: *Chronik der Wende – Die DDR zwischen 7. Oktober und 18. Dezember*. Berlin 1994

Stefan Heym und Werner Heiduczek (Hrsg.): *Die sanfte Revolution*. Leipzig 1990

Personenverzeichnis

Achromejew, Sergei 57
Adamec, Ladislav 244
Adenauer, Konrad 232
Albertz, Heinrich 206
Albrecht, Ernst 92
Allende, Salvador 37
Almeyda, Clodomiro 37
Althaus, Dieter 125
Augstein, Rudolf 122, 238

Bahro, Rudolf 238
Bartsch, Dietmar 111, 271
Becker, Boris 140, 178
Berger, Gerhard 90
Berghofer, Wolfgang .. 196, 197, 203, 216, 224
Bergmann-Pohl, Sabine 267
Bernstein, Leonard 277
Beyer, Frank 247
Biermann, Markus 221
Biermann, Wolf 65, 212
Bisky, Lothar 272, 278
Blüm, Norbert 133
Bloch, Ernst 239
Böhme, Hans-Joachim 227
Böhme, Ibrahim . 147, 164, 193, 219, 268, 273
Bölling, Klaus 107
Boeselager, Csilla von 156, 158
Bohley, Bärbel .. 33, 60, 98, 174, 179, 205, 212, 214, 226, 232
Bonner, Jelena 88
Bräuer, Heinz 115, 118
Brandt, Willy 128, 232, 238
Brie, André 111, 271
Bucerius, Gerd 122
Bush, George H. W. ... 104, 113, 126, 142, 254

Ceauşescu, Elena 274
Ceauşescu, Marin 280
Ceauşescu, Nicolae ... 102, 103, 192, 271, 274, 276
Ceauşescu, Nicu 277
Chemnitzer, Johannes 211
Cheney, Dick 93
Chissano, Joaquim 109, 110
Chruschtschow, Nikita 49
Clauss, Roland 271
Cunhal, Álvaro 139

Dalai Lama 260
Dalos, György 276
Damm, Sigrid 173
Daubner, Susanne 149
de Bruyn, Günter 213
de Maizière, Lothar 233, 240, 246, 278
Demke, Christoph 206
Diepgen, Eberhard 30, 33
Dohlus, Horst 32
Donanyi, Klaus von 238
Dubček, Alexander ... 242, 243, 280

Eberlein, Werner 18
Eigendorf, Lutz 144
Eigenfeld, Kathrin 212
Eisenfeld, Bernd 73
Ende, Adolf 'Lex' 246
Engelhardt, Heinz 269
Engholm, Björn 39, 238
Eppelmann, Rainer 42, 110, 132, 184, 215, 239
Eppler, Erhard 127

Führer, Christian 182
Ferguson, Sarah 110
Feyl, Renate 119
Fink, 'IM Heiner' Heinrich 192

283

Fischer, Oskar 27, 134, 138, 166
Fojtik, Jan 40
Forck, Gottfried 50, 241
Freudenberg, Winfried 59
Fuchs, Jürgen 37, 43, 100
Führer, Christian 54

Gauck, Joachim 162
Gaus, Günter 83, 208
Geissler, Heiner 50
Genscher, Hans-Dietrich 27, 142, 147,
   163, 183, 201, 232, 271
Geremek, Bronislaw 139
Gerlach, Manfred 200, 219, 260
Gienke, Horst 124
Götting, Gerald 218
Gorbatschow 142
Gorbatschow, Michail 22,
   57, 64, 66, 67, 80, 82, 83,
   88, 93, 105, 113, 125, 126,
   128, 134, 139, 141, 144,
   145, 149–152, 182, 189,
   190, 200, 207, 218, 221,
   224, 231, 245, 254, 270
Gorbatschowa, Raissa 126
Grósz, Károly 45, 67
Großmann, Werner 269
Gromyko, Andrej 138
Gueffroy, Chris 40, 77
Gutzeit, Martin 147, 164, 272
György, Konrád 23
Gysi, Gregor 111, 176, 177, 217, 220–
   222, 256, 263–265, 270

Habsburg, Otto von 159
Habsburg, Walburga von 159
Hager, Kurt 100, 218
Haussmann, Wolfgang 61
Havel, Václav 23, 37, 44, 51–53,
   64–66, 105, 142, 242, 243,
   280
Havemann, Katja 169
Havemann, Robert 239, 246
Hein, Christoph 209
Hempel, Johannes 94
Hermlin, Stephan 44, 172

Herrhausen, Alfred 254
Herrmann, Joachim 204
Herrnstadt, Rudolf 246
Heym, Stefan 213, 248, 268
Hilsberg, Stephan 193
Holwas, Günter 42
Honecker, Erich 16, 18, 20,
   21, 27, 33, 37, 39, 45, 53,
   57, 73–75, 77, 84, 90–92,
   95, 101, 105, 109–111,
   124–126, 128–130, 134,
   135, 138, 139, 141, 155,
   157–159, 164, 166, 172,
   176, 179–181, 186, 190,
   196, 198–201, 203–206,
   217, 228, 246, 252, 256,
   259, 263
Honecker, Margot 125, 219
Honecker, Sonja 37
Horn, Gyula .. 49, 163, 166, 170, 171
Husák, Gustáv 265

Jahn, Roland 198
Janka, Walter 213, 246
Jarowinsky, Werner 58
Jaruzelski, Wojciech 97, 135, 146, 148
Jauer, Joachim 96
Jelzin, Boris 64, 110, 149

Küttler, Thomas 191
Kádár, János 49, 140
Kaden, Klaus 185
Kant, Hermann 83
Kashoggi, Adnan 87
Keller, Dietmar 251
Kempowski, Walter 9,
   18, 21, 25, 52, 53, 62, 75,
   93, 97, 102, 118, 124, 133,
   150, 167, 168, 172, 204,
   207, 209, 211, 213, 221,
   226, 232, 238, 242, 245,
   246, 255, 268, 270, 281
Kennedy, John F. 232
Kessler, Harry Graf 25
Kim Il-Sung 113
Kirsch, Roland 97

Klier, Freya 25, 55
Knoch, Gerald 69
Kohl, Helmut 31, 77, 82, 84, 113, 125,
   128, 133, 158, 160, 163,
   187, 205, 212, 224, 226,
   232, 235, 238, 245, 250,
   254, 273, 280
Krack, Erhard 207
Krawczyk, Stephan 25
Krenz, Egon 65, 98, 111, 121,
   198–201, 203–207, 209,
   210, 212, 218, 220–222,
   224, 225, 227, 231, 236,
   243, 248, 249, 251, 255,
   256, 260
Krug, Manfred 247
Krusche, Günter 132
Kuby, Alfred 208
Küttler, Thomas 188
Kulow, Sven 132
Kunze, Reiner 266
Kurras, Karl-Heinz 107

Lafontaine, Oskar 81, 82, 121
Lambsdorff, Otto Graf 77, 111
Leć, Stanisław Jerzy 9
Leich, Werner 57, 206
Lembke, Robert 18, 25
Li Peng 106
Liebknecht, Karl 20
Löffler, Kurt 94
Löwenthal, Gerhard 153
Luft, Christa 227, 252
Luther, Martin 28
Luxemburg, Rosa 20

Magirius, Friedrich 19
Malý, Václav 249
Mariam, Haile 105
Matschie, Christoph 164
Maxwell, Robert 186
Mazowiecki, Tadeusz 163
Meckel, Markus 147, 164, 219
Merkel, Angela 184
Mielke, Erich 31, 32, 38, 40,
   78, 144, 159, 161, 165, 180,
   181, 192, 196, 203, 204,
   210, 218, 224, 228, 236,
   256, 259, 263
Milea, Vasile 276
Mittag, Günter . 81, 82, 165, 180, 204,
   246
Mitterand, François 252, 274
Modrow, Hans 86, 125, 154, 196, 224,
   227, 236, 240–242, 261,
   263, 270–273, 278
Molotow, Wjatscheslaw 161
Momper, Walter . 33, 45, 64, 84, 122,
   128–130, 232, 235
Müller, Heiner 172
Müller, Herta 102
Müntzer, Thomas 28

Nagy, Imre 49, 127, 140
Negt, Oskar 108
Németh, Miklós 134, 163
Nennstiel, Gerhard 215
Neubert, Ehrhart 58, 130, 184
Notev, Martin 129
Nováky, Balázs 96

Ohnesorg, Benno 107
Opletal, Jan 240

Palach, Jan 51
Pflüger, Friedbert 279
Pflugbeil, Sebanstian 212
Popiełuszko, Jerzy 95
Poppe, Gerd 60
Poppe, Ulrike 130
Portugalow, Nikolai 244
Pozsgay, Imre 36, 159
Priesnitz, Walter 147
Prinz von Monaco, Albert 106

Rajk, László 140
Rakowski, Mieczysław 24, 53
Rau, Johannes 133
Reich, Jens 212, 221
Reuter, Ernst 149, 232
Reuter, Wolfgang 176
Ribbentrop, Joachim von 161

285

Richter, Horst-Eberhard 268
Rinser, Luise 113
Röllig, Mario 111
Rushdie, Salman 52

Sacharow, Andrej 37, 87, 88, 270
Schabowski, Günter ... 207, 209, 212,
 214, 217, 221, 229
Schäuble, Wolfgang 224
Schalck-Golodkowski, Alexander 15,
 79, 224, 251, 252, 259, 260
Schefke, Siegbert 198
Schenk, Fritz 281
Schewardnadse, Eduard 101, 104, 139
Schierholz, Henning 120
Schiwkow, Todor 233, 266
Schmidt, Horst 27
Schmidt, Wolfgang 111
Schneider, Peter 121
Schneider, Rolf 249
Schnitzler, Karl-Eduard von 215
Schnur, Wolfgang 215, 220
Schönherz, Edda 60
Schorlemmer, Friedrich 220, 265
Schürer, Gerhard 79, 104, 224
Schult, Reinhard 272
Schwanitz, Wolfgang .. 246, 255, 261
Schwarzer, Alice 93
Seiters, Rudolf 138, 224
Selassie, Haile 74
Sindermann, Horst 121
Späth, Lothar 53
Stahmer, Ingrid 155
Stalin, Josef 109
Stolpe, Manfred 16, 77, 111, 117, 178,
 206, 209, 210, 240
Stoph, Willi 181, 204, 252, 263
Strauß, Franz Josef 81, 233
Sudhoff, Jürgen 183
Süssmuth, Rita 50, 120

Teitelboim, Volodia 138
Teltschik, Horst 245
Templin, Wolfgang 61
Thälmann, Ernst 109
Theissen, Horst 99

Tisch, Harry 54, 228
Tőkés, László 270
Tübke, Werner 28, 179
Ullmann, Wolfgang 237

Vass, Laszlo 159
Vlad, Iulian 281
Vogel, Hans-Jochen 83, 110, 148, 205,
 219, 268
Vogel, Wolfgang 169, 176, 180
Voigt, Karsten 111, 148
Vollmer, Antje 265
Voscherau, Henning 53

Wałęsa, Lech 12, 37, 41, 67
Weizsäcker, Richard v. . 31, 108, 125,
 235, 271
Wolf, Christa . 65, 172, 173, 213, 222,
 230
Wolf, Markus 62, 217, 221
Wonneberger, Christoph 180, 182

Zhao Ziyang 106
Zschocke, Joachim 189

Danksagung

Zwei Menschen bin ich zu besonderem Dank verpflichtet:

Herrn Dr. Bernd Freistedt für seine technische Hilfestellung und moralische Unterstützung.

Frau Petra Müller, Inhaberin der Agentur Claretto, hat das Manuskript nicht nur durchgesehen, sondern mich in vorbildlicher Weise beraten und vor Fallstricken und Fehlern bewahrt.
Ihre Ergänzungen erwiesen sich als wertvoll.

Eventuell noch verbleibende Fehler und Irrtümer im Text gehen allein zu meinen Lasten.